'협력'의
경영전략

'협력'의 경영전략

권기대 · 김현규 지음

한국학술정보㈜

▎ 머리말

　정보통신기술(IT)의 발달, 신기술의 확산과 기술변화속도의 가속화, 이에 따른 제품수명주기 단축, 기술의 복합성과 고정비용의 증가, 세계무역의 자유화와 전자상거래 증대로 인한 시장접근의 다양화 등 세계적으로 개별 기업간 경쟁체제에서 기업 네트워크간 경쟁체제로 전환되고 있는 만큼 기업에 있어서 협력의 경영은 어느 때보다 절실한 실정이고, 특히 부존자원이 부족한 우리나라는 글로벌 시대에 살아남기 위해 협력에 바탕을 둔 상생 경영전략이 필수적이다.

　기업간 협력의 경영은 기업간(양대조직)의 정보공유를 바탕으로 기업들의 핵심역량을 결집함으로써 기업 및 제품의 전문화, 특성화, 차별화를 가능하게 하고, 수요자의 요구에 신속하게 대응할 수 있으며, 환경변화에 유연하게 대처할 수 있는 능력을 제공한다. 이런 주장을 증명이라도 하듯 경영학 분야(마케팅, 전략, 인사·조직 등)에서 기업의 성공을 위해 협력의 경영을 받아들이고 있으며, 특히 조직간 협력경영에 관해 많은 학자들이 관심을 기울이고 있다.

　그러나 현실적으로 대기업의 우월한 시장지배력 남용으로 대기업의 성장이 중소기업의 성장으로 연결되는 적하효과(tickle-down effect)가 나타나지 않는 것도 문제점으로 대두되고 있는 실정이다. 기업간 외형적 공정성은 상당히 개선된 반면, 진정한 의미의 상생협력은 아직까지도 미흡하다. 기본적으로 상생협력은 경쟁력을 확보할 수 있는 틀 안에서 전략을 채택하고, 개별기업의 경쟁력을 네트워크 경쟁력으로 확대해 나가자는데 의미가 있다.

기업간·조직간·개인간 협력의 경영전략은 바로 특정한 기업이 치열한 경쟁시장에서 또 다른 경쟁기업과의 경쟁을 뛰어넘은 협력의 결속을 뜻하는 것으로 레드오션이 아닌 일종의 블루오션전략이다. 이는 기존시장 공간 안에서의 숨 막히는 경쟁자들 간의 혈투를 통한 경쟁에서의 이기는 것이 아닌 경쟁자 없는 새로운 시장공간의 창출을 통한 가치 비용(우위)의 병행 추구를 의미하는 새로운 수요창출을 말한다.

협력의 경영전략은 결코 새로운 것이 아니다. 많은 국가들이 다음 세대에 이익이 되는 인프라를 구축하기 위해서 여러 사람들의 노력을 성공적으로 결합시킨 인적자원들에 의해 협력이 구축된 것이다. 현대의 비즈니스 세계에서는 이런 협력의 경영을 구축하는 기술이 과소평가되고 있기에 다시 한번 협력경영에 대한 위력을 살펴보고, 여기에 다시 초점을 맞춰야 하는 시대적 아젠다(agenda) 이기에 지금까지 학회에 발표하고 게재한 여러 논문을 모아 출간하게 된 것이다.

현명한 비즈니스 리더와 정치 리더, 비영리 조직의 리더들은 꽤 오랫동안 이런 협력의 효력을 제대로 활용한 사람들이다. 이제는 모든 조직 심지어 모든 사람들이 열린 자세로 이를 본받아야 할 때이다.

Contents

기업의 분권화에 의한 전략적 적합성(fit)이 사업부 성과에 미치는 영향*

---

* 본 원고는 한국경제통상학회「경제연구」제22권 제2호(2004. 06)에 게재된 논문입니다.

I. 서 론

기업의 성장방법에는 단일 영역에서 확장을 통한 시장점유율의 증대 또는 수익성의 추구를 시도하는 경우와 단일 사업 영역에서 획득한 여유자원의 활용을 통해 신규 사업 영역으로 확장해 가는 방법이 있다. 전자는 기업의 초기 발전단계에서 시작하여 단일 기업으로만 존재하며, 후자는 다각화(diversification)를 의미한다. 다각화[1]는 일반적으로 다양한 사업 영역에서의 활동을 통한 시너지 효과의 추구나 위험의 분산 또는 경영자의 만족추구라는 요인에 의해서 시도되며, 사업부제적인 조직구조를 취한다(Chandler, 1962).

미국 등 선진기업들은 한 기업 내에서 사업부 조직의 확대를 통하여 기업규모를 확장시켜 왔지만, 국내기업들은 모기업을 정점으로 새로운 계열사를 만드는 과정을 통하여 기업의 규모를 팽창시켰다. 이러한 형태의 기업성장은 근본적으로 본사와 사업부 간에 있어 조직 내부적으로 관리상의 문제가 생기게 된다. 문제의 발생요인은 조직 내부적으로 전략의 수립 시 발생하는 정보처리의 문제가 그것이다.

기업이 다각화과정에서 나타나는 증가된 정보처리의 문제는 기업이 성장하는 과정 속에서 접하는 환경의 복잡성이나 불확실성으로 인하여 처리해야 할 정보의 양이 단일사업을 영위하는 경우보다 기하급수적으로 증가한다.[2] 증가된 정보를 처리하기 위해서는 조직 내

---

1) 국내 대기업에 관한 연구는 연구자에 따라 대기업 전체를 다각화된 기업으로 간주(김영욱, 1993; 정구현, 1987)하거나 계열기업 혹은 독립기업의 다각화된 정도(조동성, 1986)를 다각화로 평가하고 있다.

부적으로 분권화 정도와 공식화 정도의 변화가 요구된다. 즉 조직 내부의 분권화나 공식화에 의해서 환경적인 요인으로 발생한 증가된 정보처리 문제3)를 해결할 수 있다. 분권화－조직의 어느 수준에서 발생한 문제를 처리하는가의 결정, (과)와 공식화－어떠한 방법으로 해결할 것인가의 문제는 기업본부뿐만이 아니라 사업부의 입장에서는 매우 중요하다.

조직의 분권화 및 공식화 정도를 결정하는 데 중요한 요인으로는 기업의 전략을 들 수 있다.4) 기업본부의 전략을 분석함으로써 조직의 변화정도를 가늠하고 전략에 적합한 정도의 기업본부전략이나 사업부전략을 조직의 내부적인 요인들과 연계하여 분석함으로써 각 전략에 적합한 분권화와 공식화의 수준을 설정해야 한다. 특히 기업본부전략과 분권화·공식화의 정도, 사업부전략과 분권화·공식화의 정도에 맞게 기업본부－사업부의 전략적인 적합성이 이루어진다면 조직의 성과에는 많은 영향을 미치게 될 것이다.

결국 기업경영자관점에서는 기업이 성장하는 과정에서 전략의 적합성을 바탕으로 한 조직의 변화를 항상 염두에 두어야 할 것이다. 전략은 전략이 영향을 미치는 부분의 범위에 따라서 상위전략과 하위전략으로 구분이 된다(Schendel and Hofer, 1979). 즉 전략의 계층

---

2) 정보처리이론에 의하면 기업이 접하는 환경의 불확실성 증가, 예외적인 상황의 증가로 인하여 경영자가 내리는 의사 결정의 양은 증가한다고 주장하고 있다.
3) 일반적으로 의사결정(문제해결)을 하는 데 있어 필요한 정보의 양은 증가한다.
4) 환경, 전략, 조직 3가지 요인들 간의 관계에 전략이 조직 구조에 영향을 미친다는 상황이론적 접근방식의 연구를 토대로 전략적 관점에서 조직의 변화를 알아보는 것이다.

화가 이루어지고 그 전략의 계층에 따라 각 전략은 전략이 영향을 미치는 수준에서 각각의 전략은 전략적인 목적을 달성하는 하나의 수단이 된다. 달리 표현하면, 각 전략 간에는 상위전략 범위 내에 하위전략이 포함되는 전략 간 영향 관계가 성립이 되고, 하위 수준의 전략은 상위 수준의 전략을 실현하는 수단이 된다. 다시 말해서 상위전략과 하위전략 간에는 목적-수단의 관계가 형성이 되고, 상위전략에 의해 하위전략의 실행은 제약을 받는다. 따라서 효과적인 전략의 실행을 위해서는 하위전략인 사업부의 전략은 상위전략인 기업본부의 전략을 구체화하는 과정에서 상위의 전략과 일관성을 유지해야 한다(Gupta and Govindarajan, 1984).

앞의 내용을 정리하면 기업 성장에 있어 발생하는 정보처리의 문제를 해결하기 위해서는 기업본부와 각 사업부 간의 적절한 권한의 위양과 분배를 바탕으로 한 기업본부의 전략과 사업부전략 간에는 전략적인 적합성(fit, match)을 이루어져야 한다는 논리이다.

본 연구에서는 기업의 성장을 다각화관점에서 정의하고 기존의 다각화 연구에서 간과한 기업본부-사업부 관계를 기업성장 때에 나타나는 조직 내부적인 요인들의 변화를 분권화맥락에서 살펴본다. 본 연구의 필요성은 일반적으로 전략의 구분에 있어 자주 거론되는 Miles and Snow(1986)방식-마케팅 관리자의 개인 특성에의 적용과 Porter(1987)의 본원적 전략방식-기업단위에서 적용은 기업의 전략과 사업부의 전략에 국한되기보다는 상황에 적합하게 여러 분야에서 응용되고 있는데 여기에서 기업본부의 전략은 전략유형(Miles and Snow, 1986)에 따라 분류하고, 사업부전략은 경쟁전략(Porter, 1987)에 의해 분류하고 각 전략이 조직의 분권화와 가지는 관계를 바탕으로 기업본부-사업부 간 전략의 적합성을 유도하는 데 그 의의가 있다.

Ⅱ. 이론적 배경과 가설정립

1. 기업본부전략-분권화 관계

기업본부전략은 진취적 전략(Prospector)과 방어적 전략(Defender)(Miles and Snow, 1986)으로 분류되며, 분권화(Decentralization)(Blau, 1973)는 환경의 불확실성, 기술, 상호의존성관점(Gupta, 1987)에서 나눈다. 전략과 분권화 맥락에서 먼저 진취적 전략은 방어적 전략보다 더 높은 환경 불확실성(environmental uncertainty)(Govindarajan, 1986)에 접하게 된다. 왜냐하면 진취적 전략은 신제품·신시장의 개발을 위해 노력하고, 넓은 범위의 제품으로 인한 이질적인 환경요소와 새로운 제품·시장이 가지는 위험으로 인한 미확인 조건 등을 감시한다. 그러므로 진취적 전략은 더 많은 위험에 직면하게 되는 것이다. 진취적 전략성장의 핵심요인은 신제품·신시장 개발이므로 한 가지의 핵심기술에 집착하지 않는다. 그래서 진취적 전략은 기술적인 탄력성(technological flexibility)을 유지하기 위해 다양한 능력을 지닌 인적자원을 활용하며 시장의 요구조건을 토대로 마케팅의사결정을 한다(Hage and Aiken, 1969). 결론적으로 진취적 전략은 기술의 일상화보다는 다양한 기술을 이용한 사업을 영위한다는 뜻이다.

방어적 전략은 좁은 범위의 제품과 시장개척을 위해 노력하고 사업 영역 이외의 부분에는 관심을 가지지 않는다. 방어적 전략은 좁은 범위의 제품생산으로 인하여 발생하는 동질적인 환경에 직면하고 사업환경에 익숙해진다. 그래서 방어적 전략의 환경은 더 안정적이고 처리해야 될 정보의 양 또한 적으므로 분권화로 인한 이점은 많지 않다. 방어적 전략의 핵심은 현재 선택한 사업 영역을 강력히 유지하는 데 있다. 즉 방어적 전략은 현 시장 영역에서 점진적인 진입을 시도하게 되며 핵심기술을 이용하여 조직 내의 변동성(variability)과 불확실성을 감소시키려는 방향으로 대량생산을 시도한다. 따라서 전략목표를 달성하는 데 사용되는 기술의 차이로 인하여 진취적 전략을 선택하면 분권화가 효과를 발휘할 수 있게 된다.

진취적 전략과 방어적 전략에 대해 상호의존성(interdependence) 측면에서 설명하면(Miles and Snow, 1986; Vancil, 1980) 전자는 효율성보다는 변화에 탄력적인 반응에 주목적을 둔다. 따라서 개별 사업부의 경우 타 사업부와 의존성에 제한을 두게 된다. 왜냐하면 사업부 간의 상호의존성이 커질수록 환경의 변화에 반응하는 조직의 탄력성이 줄어들기 때문이다. 후자는 효율성과 비용감소를 추구하는 과정 속에서 사업부 간 의존성이 증가하게 된다. 또한 외부환경의 영향을 줄이기 위한 노력의 일환으로 조직 내의 수직적 통합을 시도하고 사업부 간에는 호혜적인 상호의존성을 추구한다. 따라서 앞의 내용을 토대로 분권화와 관련한 가설을 설정하면 다음과 같다.

가설 1: 기업본부의 전략이 조직 내 분권화가 진행될수록 사업부의 성과와는 정(+)의 관계를 가질 것이다.

가설 1-1: 진취적 전략을 취하는 기업본부는 조직 내 분권화가 진행이 될수록 사업부의 성과와 정(+)의 관계를 가질 것이다.

가설 1-2: 방어적 전략을 취하는 기업본부는 조직 내 집권화가 진행이 될수록 사업부의 성과와는 정(+)의 관계를 가질 것이다.

상기 가설은 사업부의 성과에 영향을 미치는 요인 중에서 기업이 취하는 전략과 분권화 요인을 살펴보는 것이 아니라 두 요인의 공동적인 영향이 성과(Gupta and Govindarajan, 1984)와 어떤 관계를 가지는가를 알아보려는 가설이다. 즉 분권화 요인에 의해 전략이 정해지고, 분권화 수준에 의해 정해진 전략은 분권화 요인과 결합하여서 다시 사업부 성과에 영향을 미친다는 것이다.

2. 사업부 경쟁전략 - 분권화 관계

사업부의 경쟁전략은 차별화 전략(differentiation strategy)과 원가우위전략(costleadership strategy)으로 분류할 수 있으며, 먼저 차별화 전략은 기업이 속해 있는 산업에서 독특하다고 인식되는 제품을 제공하려는 전략으로 정의된다. 차별화 전략은 외부 지향적이고 창의적인 노력이 요구되며 그 이유는 고객이 원하는 형태의 제품을 제공해야 하기 때문이다. 고객이 인지하는 차별성의 달성은 제품, 마케팅, 고객 서비스 등을 토대로 전개되고, 차별성을 인식하게 만드는 방법은 다양함 속에 상대적으로 많은 양의 정보처리가 필요하다. 저 원가 전략은 표준화된 제품을 시장가격 이하로 제공한다는 기본목적 이 있기 때문에 규모의 경제(economics of scale)나 학습곡선 등을 제품의 생산에 활용한다. 저원가 전략을 성공하기 위한 전제는 저원 가의 달성이라는 단 하나의 목표에 집중을 해야 한다. 따라서 저원 가 전략을 추구하는 사업부의 경영자들은 기업 내부의 생산이나 기 술적인 부분에 많은 관심을 가지게 된다(Hill, 1988). 이와 같이 전략 목표를 달성하는 방법에 있어서 제품의 차별화를 위한 수단은 저원 가의 달성 방법보다 다양하다. 즉 정보처리의 관점에서 본다면 차별 화 전략을 취하는 사업부는 저원가 전략을 선택하는 사업부에 비해 많은 정보처리를 해야 하기에 차별화 전략은 환경의 불확실성이 높 은 것이다.

기술적인 요인과 경쟁전략의 관계를 살펴보면 차별화 전략은 제품 의 차별성을 부각시키기 위해서 시장점유율의 감소를 감내해야 하고 배타성의 인식(a perception of exclusivity)이 전제되기 때문에 생산되 는 제품라인이 더 많아지고 증가된 제품라인으로 인하여 제품의 생 산에 투입되는 기술의 표준화가 용이하지 않다. 저원가 전략은 저원 가를 통한 시장점유율의 확대라는 목적을 가지고 있기 때문에 제품 이나 제조공정에서의 표준화를 추구하게 된다. 즉 전략목표 달성을 위해 사용이 되는 기술은 차별화 전략을 추구하는 사업부가 저원가 전략을 추구하는 사업부보다 더 다양한 것이다.

상호의존성과 관련된 경쟁전략에 있어서면 저원가 전략은 규모의 경제를 달성해야 할 필요성이 차별화 전략보다 크기 때문에 개별 사업부 간 공유되는 활동의 양이 증가하게 된다. 만약 활동을 공유하게 되면 발생하는 비용이 공유된 활동을 통해 발생하는 수익보다 큰 경우, 규모의 경제는 무의미하다.

이러한 맥락에서 사업부의 경쟁전략이 다른 사업부와의 활동 공유에 영향을 미친다는 실증 연구 결과를 보여주면서 차별화 전략을 취하는 사업부는 낮은 수준의 상호의존성인 분권화가 존재하고, 저원가 전략의 경우 높은 수준의 상호의존성인 집권화가 존재한다고 주장했다(Hamermesh and White, 1984; Govindarajan, 1986; 권기대·박재림, 1998, 1999). 앞에서 논의한 내용들을 정리하면 경쟁전략과 분권화에 대한 다음의 가설들을 도출할 수 있다.

가설   2: 경쟁전략을 추구하는 사업부에서 분권화가 될수록 사업부의 성과는 정(+)의 관계를 가질 것이다.

가설 2-1: 차별화 전략을 추구하는 사업부에서 분권화가 될수록 사업부의 성과는 정(+)의 관계를 가질 것이다.

가설 2-2: 저원가 전략을 추구하는 사업부에서 집권화가 될수록 사업부의 성과는 정(+)의 관계를 가질 것이다.

3. 경쟁전략 - 전략의 적합성

기업본부 및 사업부전략은 전략 계층상에 서열이 정해진다. 상위 전략인 기업본부전략은 사업부전략을 포괄하는 성격을 가짐에 따라

기업본부전략에 영향을 받는 사업부전략은 상위전략인 기업본부전략과 적합성(fit)을 이룰 경우 전략의 수립이나 실행에 있어 전략상의 우위를 누릴 수 있게 된다. 앞의 논의에 의해 기업본부전략과 사업부전략 간의 전략적인 적합성을 찾아보면 다음과 같다.

기업본부전략이 진취적 전략을 취할 때 분권화와 성과 간에는 정(＋)의 관계를 가지는 반면, 방어적 전략일 때는 분권화와 성과는 부(－)의 관계를 가진다. 그런데 사업부의 전략과 분권화의 관계가 차별화 전략을 선택할 때 분권화와 성과는 정(＋)의 관계를 가지고 저원가 전략과 분권화는 부(－)의 관계를 가진다. 즉 기업본부전략이 진취적 전략이고 사업부전략이 차별화 전략을 취하는 경우 기업본부와 사업부 간에 분권화가 이루어진다면 진취적 전략－차별화 전략의 경우가 진취적 전략－저원가 전략보다 성과에 있어서 우위를 가지게 될 것이다.

동일한 맥락에서 기업본부와 사업부 간의 집권화 경향을 나타낼수록 기업본부전략은 방어적 전략이며, 사업부전략이 저원가 전략일 경우 방어적 전략－차별화 전략의 경우보다 성과에 있어서 우위를 가지게 될 것이다. 따라서 앞의 전략과 적합성을 바탕으로 다음의 가설이 성립할 것이다.

가설   3: 기업본부와 사업 간의 경쟁전략의 적합성이 사업부의 성과에 향상이 있을 것이다.

가설 3 - 1: 기업본부와 사업부 간 분권화가 이루어진 경우 기업본부－사업부 관계에서 진취적 전략－차별화 전략의 결합이 진취적 전략－저원가 전략의 경우보다 사업부의 성과에 향상이 있을 것이다.

가설 3 - 2: 기업본부와 사업부 간 집권화가 이루어진 경우 기업본부－사업부 관계에서 방어적 전략－저원가 전략의 결합이 방어적 전략－차별화 전략의 경우보다 사업부의 성과에 향상이 있을 것이다.

Ⅲ. 연구조사방법

1. 분석수준의 결정과 표본선정

본 연구의 분석을 위한 통계자료는 우리나라 기업의 다각화 과정에서 나타나는 조직 내부의 조직, 자원, 통제방법 간의 관계를 분석한 연구자료를 활용한다(권구혁, 1997). 본 연구의 분석 대상은 다각화된 국내 그룹사에 있어서 그룹과 사업부의 관계에서 분권화의 영향을 알아보는 것이다. 따라서 연구에 사용된 설문지는 사업부 수준에서 전개하였던 논리와 가설을 우리나라 실정에 맞게 수정한 그룹 및 사업부 설문지이다(Gupta and Govindarajan, 1984). 설문서 대상 기업으로는 국내 30대 그룹을 표본으로 선정하였고, 계열사 차원의 설문서는 30대 그룹에 속한 계열사 160여 개를 선정하였다. 사업부에 대한 설문서는 위에서 선택된 계열사 중 독립된 사업부를 가지고 있는 계열사를 선정하고 이들 계열사에 속한 사업부 중 매출액이나 중요성이 가장 큰 사업부를 하나씩 선정하였다.

설문내용의 타당성과 신뢰성을 제고하기 위해 최종적으로 설문서를 작성하기 전에 두 개의 서로 다른 응답자집단을 대상으로 시험테스트(pilot tests)를 실시하였다. 한 응답집단은 경영전략을 전공하면서 다각화이론에 대한 수업에 참여한 석, 박사과정 학생들을 대상으로 설문의 전체적인 구성뿐만 아니라 변수 자체의 성격과 구성타당성을 검증했다. 다른 응답집단은 경영대학원에서 경영전략을 수강하는 기업체의 경력사원들을 대상으로 설문서가 응답자들이 이해할 수 있을 만큼 평이하게 작성되었는지, 설문서의 항목은 응답가능한 질문인지 등 직접 설문조사를 하는 과정에서 발생할 문제들을 사전적으로 검토하였다.

최종적으로 완성된 설문지는 경영전략을 수강하는 학부의 학생들이 20시간 이상 연구내용에 대한 교육을 거친 후에 설문을 할당받아 직접 그룹, 계열사 혹은 사업부를 방문하였다. 설문서 협조를 구하는 과정에서 설문서 이외에 그룹, 계열사 혹은 사업부의 경영방식과 관리 실태에 대하여 담당자와 평균적으로 1시간 이상의 인터뷰를 행하였다. 이는 설문 항목에서 알 수 없는 기업 내부의 현상들을 알아보기 위한 것이었다. 인터뷰의 방식이 비구조화된 것이었기 때문에 가설검증에 직접적으로 활용될 수 있는 자료를 제공하지는 못하였으나 기업 전체의 분위기와 조직과정에 관련된 보다 소프트웨어적인 측면에 대하여 주요한 정보를 제공받을 수 있었다.

응답자의 신뢰도를 측정하기 위해 설문서 항목에 각각에 대하여 그룹, 계열사 및 사업부의 복수응답자들 응답의 상관관계를 측정하였다. 이를 통해 연구의 전체 표본에 대한 응답자 간 신뢰도(inter rater reliability)를 측정하고 신뢰도가 높은 경우에는 복수응답자 중 상급자의 응답내용을 기초로 최종분석을 행하였다(Kotha and Vadlamani, 1995). 상급자의 설문을 분석에 활용한 이유는 설문서의 내용이 기업 전체의 경영방식과 관련된 것이기 때문에 직위가 높을수록 기업 전체에 대한 보다 고급적인 정보와 이에 대한 해석능력을 가지고 있을 것이라고 판단하였기 때문이다.

2. 연구방법

본 연구의 목적은 각각의 전략(기업본부전략, 사업부전략)이 조직 내부의 구성 요소(분권화, 자원공유)들 간의 적합성이 있어야 하며 이들 변수들 간에 교호작용이 사업부의 성과에 영향을 미칠 것이라는 점에 초점이 맞추어져 있다. 본 연구에서는 조직의 분권화와 각 전략의 상호작용이 각각의 성과에 미치는 영향을 교호항이 있는 다중회귀식을 통하여 검증한다(Gupta and Govindarajan, 1986; Govindarajan, 1986). 일반적으로 회귀식에 교호항이 포함이 되는 경우 다른 변수들과의 다중공선성(multicollinearity)으로 인하여 통계적 추정에 문제가 있을 수 있으나 교호항에 관한 가설검증에만 관심이 있는 분석에서는 큰 문제가 되지 않는 것으로 판단된다. 따라서 분권화와 각 전략의 관계에서 비교대상이 되는 전략 집단 간 권한 분배의 차이가 기업의 성과에 영향을 미친다는 것을 가설 1과 가설 2의 분석은 교호항이 포함된 회귀 분석을 이용하고 앞서의 가설을 토대로 설정한 가설 3에는 전략 간 적합성을 이룬 집단 간의 전략과 성과의 관계를 알아보기 위해서 회귀분석을 이용한다.

1) 기업본부전략 – 분권화 검증방법

기업본부의 전략과 분권화의 관계를 알아보는 가설 1의 검증은 그룹사의 설문지를 이용하여 그룹의 전략유형에 따라 분류하고 그룹사의 입장에서 평가하는 계열사의 성과와의 관계를 회귀분석을 이용한다(Miles and Snow, 1986).

검증에 이용되는 회귀식은 다음과 같다.

$$CORP1 = e + A1CORPs + A2DECT1 + A3CORPsDECT1$$

    e: 절편 혹은 상수항

    CORP1: 기업본부의 입장에서 평가한 사업부의 13개 항목의 성
             과 달성치 평균

    CORPs: 기업본부의 전략유형

    DECT1: 분권화 정도

    CORPsDECT1: 기업본부 전략과 분권화 정도의 상호작용

    CORP1(실제값)과 예측치 오차항: $CORP1 - (e + A1CORPs + A2DECT1 + A3CORPsDECT1)$

2) 사업부전략 – 분권화 검증방법

기업의 사업부의 경쟁전략과 분권화의 관계를 알아보는 가설 2의

검증은 사업부 설문지를 활용하여 사업부의 경쟁전략을 분류하고 사업부관점에서 본 기업본부와 사업부 간의 분권화 요소를 살펴보고 사업부의 입장에서 평가한 성과와의 관계를 회귀분석을 이용 분석한다.

검증에 이용되는 회귀식은 다음과 같다.

$BUSI1 = e + A11BUSIs + A21DECT11 + A31BUSIsDECT1$

   e: 절편 혹은 상수항

   BUSI1: 사업부의 평가한 계열사의 13개 항목의 성과 달성치의 평균

   BUSIs: 사업부의 전략유형

   DECT11: 사업부의 입장에서 본 사업부와 기업본부 간 분권화의 정도

   BUSIsDECT1: 사업부의 전략과 분권화의 상호작용의 정도

   BUSI1(실제값)과 예측치 오차항: $BUSI1 - (e + A11BUSIs + A21DECT11 + A31BUSIsDECT1)$

3) 전략의 적합성 검증

가설 3은 전략의 적합성이 이루어진 집단과 부적합성 집단 간 성과에 있어서의 차이를 비교한다. 가설 3−1의 비교대상이 되는 집단은 기업본부와 사업부 간 분권화가 되어 있는 상황에서 기업본부의 전략과 사업부의 전략이 진취적 전략−차별화 전략인 경우와 진취적 전략−저원가 전략인 집단 간 사업부의 성과를 말한다. 또한 가설 3−2의 검증을 위해서 비교대상이 되는 집단은 그룹본부와 사업부 간

집권화가 되어 있는 경우의 기업본부 전략과 사업부전략이 방어적 전략－저원가 전략인 경우와 방어적 전략－차별화 전략을 취하는 집단 간에 있어서 사업부들의 성과의 비교이다.

이와 같은 집단 간의 성과 차이를 비교하기 위해서 그룹사의 설문지를 분석하여 그룹이 가지는 전략의 유형을 파악하고 여기서 파악된 그룹의 전략유형을 그룹별 사업부 설문지에 포함을 시켜 그룹의 전략형태에 따라 2개의 집단으로 분류를 한 후 각 집단 내에서 경쟁전략과 분권화가 성과에 미치는 영향을 분석한다. 이렇게 분류하는 것은 모그룹의 특성이 사업부의 전략이나 분권화에 미치는 영향을 통제하기 위해서이다. 가설의 검증을 위해서는 앞의 가설검증과 마찬가지로 회귀분석을 통해 검증한다.

가설 3－1의 검증을 위한 회귀식은 다음의 형태를 가진다.

$$\text{PERF1(계열사의 성과)} = A + A1\,PORTER1 + A2\,DECT1 + A3\,PORTER1DECT1^{5)}$$

가설 3－2는 3－1의 검증을 위한 회귀식과 동일한 형태의 회귀식이 이용되지만 분석의 대상은 그룹이 방어적 전략을 취한 집단의 사업부 자료가 된다.

---

5) A는 절편 또는 상수항, PORTER1은 계열사의 경쟁전략, DECT1은 분권화의 정도, PORTER1DECT1은 계열사의 경쟁전략과 분권화의 공동 영향을 의미한다.

3. 변수의 정의 및 측정

1) 기업본부전략

기업본부의 전략변수는 전략유형을 뜻한다(Miles & Snow, 1986). 기업 본부의 전략 측정은 그룹사 설문지에서 각 기간별로 그룹 전체가 가지는 전략유형을 묻는 항목에서 1990~1994년 사이에 그룹이 선택한 전략의 형태에 관한 응답에서 선택을 하였다. 그룹사의 경우 그룹사별로 평균 2개의 설문지가 회수되었기 때문에 전략 유형선택의 경우 진취적 전력이나 방어적 전략이 아닌 방어적 전략(reacter), 분석적 전략(analyzer)의 응답을 한 경우에는 분석에서 제외시켰다.

2) 경쟁전략

경쟁전략에 대한 변수는 본원적 전략(Porter, 1980)을 세분화한 경쟁전략유형을 사용하였다(Miller, 1987). Porter(1980)의 본원적 전략은 실제로 존재하며(Hambrick, 1983; Miller and Friesen, 1986) 구성 타당도가 있음은 이미 입증되었다(Dess and Davis, 1984; 권기대·박재림, 1998, 1999). 그래서 Porter(1980)의 본원적 전략 중 차별화를 마케팅차별화와 R&D차별화로 세분한 전략유형을 사용한 것이다 (Miller, 1987). 전략변수의 구성 타당도를 측정하기 위해서는 6개 항목에 대한 계열사의 경쟁우위 정도를 7점 척도로 측정하여 이들 각 항목과 경쟁전략과의 상관관계를 측정하였다.

3) 분권화

그룹사에서 전략이나 정책의 결정과정에서 사업부에 부여하는 자율성의 정도로 7점 척도를 측정하여 그룹사-사업부 관계에서의 분권화를 알아보았다.

사업부의 분권화는 사업부의 관점에서 평가한 분권화의 정도에 관해 의사결정과 관련된 14개 항목에 대하여 권한이 하부에 위양되는 정도를 7점 척도로 측정하였다(Govindarajan, 1988; Miller and Friesen, 1982; Vancil, 1980). 14개의 의사결정 내용에는 사업 영역의 변경 및 다각화, 인수합병, 조인트 벤처, 계열사의 예산수립, 계열사의 장기자본조달, 계열사 임원에 대한 인사권, 계열사 조직구조의 개편, 사업영역 내 전략의 수정, R&D투자 순위 및 액수, 종업원채용 및 해고, 신제품개발·신기술도입, 제품가격 및 판매 방법의 결정, 생산 계획의 결정, 업무 수행방법의 결정, 예산 이상의 지출 등 의사결정이 그룹에서 하는가 아니면 사업부의 책임자가 가지는가의 정도로 알아보았다. 통계처리에 사용된 것은 각 문항의 응답을 평균한 수치이다.

4) 성과변수

일반적으로 기업의 성과는 기업의 성장률, 매출액, 수익률 등 정량적인 자료를 이용한다. 이런 자료를 이용할 경우 자료가 가지는 신뢰성에 문제가 발생하게 된다. 따라서 이 연구에서의 성과치는 설문의 응답자들이 지각하는 수준에서의 성과의 달성치를 사용했다.

성과의 측정은 그룹사의 관점에서 계열사에게 기대했던 성과 수준의 달성치를 7점 척도로 알아보았다. 성과의 측정에 포함된 내용은 일반적인 성과, 비용절감 노력, 매출액 및 그 성장률, 인재개발, 시장점유율, 다른 계열사와의 협력도, 이익창출, 그룹에 대한 기여도, 현금흐름, 정치적인 문제해결 능력, 연간목표달성, 연구개발 투자, 신제품 개발 및 신시장 개척 등이 있으며 응답자가 생각하는 수준에서의 기대치의 달성 여부로 판단을 한다.

사업부의 성과치는 그룹사의 성과치 측정에 사용한 문항과 동일한 내용의 설문을 가지고서 계열사의 응답자들이 그룹사의 기대치에 부응하는 수준의 정도를 평가한 항목을 이용하였다. 실제 통계처리에 사용된 수치는 계열사의분권화 변수들과 마찬가지로 응답 항목들이 평균치를 사용했다.

4. 통제변수

가설의 검증에 필요한 것은 전략과 분권화가 성과에 미치는 영향을 알아보는 것이다. 따라서 사업부의 전략이나 성과에 영향을 미칠 수 있는 모기업의 영향을 통제해야 한다. 이에 사업부가 속해 있는 그룹의 특성이 전체 사업부의 전략이나 분권화에 관한 영향을 배제하기 위해 설문지에서 평가한 그룹의 전략을 진취적 전략을 취하는 사업부 집단, 방어적 전략을 취하는 사업부 집단 2개의 집단으로 분리하여 분석하여 모그룹의 영향을 배제하였다.

Ⅳ. 연구가설의 검증

1. 기업본부전략 - 분권화의 검증

기업본부전략과 분권화의 관계를 알아보기 위한 가설 1에 대한 분석의 결과에서 가설검증의 중요한 요인으로 작용한 기업본부 전략과 분권화 정도의 상호작용(CORPsDECT1)의 경우 그룹의 성과를 설명하는 설명력은 30.9%($P<0.05$) 유의한 결과를 나타내고 있으며 그룹 성과의 설명변수로서는 분권화 정도, 그룹의 전략 순으로 나타났다. 가설의 검증에 사용된 변수들 간의 상관계수표는 <표 1>과 같다.

〈표 1〉 그룹의 전략 분권화 성과의 상관계수표

	평균	분산	CORP1	DECT1	CORPsDECT1	CORPs
CORP1	3.9236	0.709	1.00			
DECT1	5.154	1.190	0.255	1.00		
CORPsDECT1	1.731	2.721	0.222	0.384	1.00	
CORPs	1.731	0.308	0.098	0.269	0.973**	1.00

가설검증에 사용된 회귀식에 포함이 된 변수들 간의 회귀식은 다음과 같다.

그룹의 성과(CORP) = 4.15 + 0.671(DECT1CORP1) −
            0.055(DECT1) − 0.09(CORP1)

〈표 2〉 그룹의 성과와 전략 * 분권화 관계

		자유도	분산		평균분산
Regression		3	3.94		1.31
Residual		22	8.61		0.391
변수	B	SE B	Beta	T	Sig T
전략 * 분권화	0.671	0.238	2.57	2.82	0.01
분권화	−0.055	0.283	−0.093	−0.425	0.125
전략	−3.59	1.32	−2.38	−2.721	0.6751
상수항	4.15	0.66		6.271	0.000

$R^2 = 0.3139$ F = 3.355 Significance F = 0.038

<표 2>의 회귀분석 결과에서 결정계수(R^2)의 값은 0.3139로 독립변수들의 종속변수에 관한 설명력은 높은 것으로 나타났으며, 회귀식에 관한 F검정결과 F값이 3.355로서 회귀식은 95%의 신뢰도하에서 유의한 것으로 나타났다. 따라서 가설 1에서 제기한 전략 및 분권화가 성과에 미치는 영향에 관한 가설은 채택이 되었다.

〈표 3〉 교호항을 제외한 그룹전략과 분권화 성과

		자유도	분산		평균분산
Regression		2	0.8275		0.4135
Residual		22	11.7327		0.5102
변수	B	SE B	Beta	T	Sig T
전략	0.0485	0.3151	0.0322	0.154	0.8790
분권화	0.1466	0.1246	0.2461	1.176	0.2516
상수항	3.1535	0.6390		4.938	0.0001

$R^2 = 0.0658$ F = 0.0811 Significance F = 0.4567

특히 전략과 분권화의 교호작용이 미치는 영향을 알아보기 위해서 교호항을 제외하고서 회귀분석을 해본 결과 독립변수(전략, 분권화)의 그룹 성과에 설명력은 약 7%로서 낮았고 회귀계수의 유의성은 보이지 않았다. 교호항을 제외한 회귀분석 결과는 <표 3>과 같다.

2. 사업부전략 – 분권화의 검증

사업부전략과 분권화된 관계를 분석하기 위한 가설 2에 대한 사업부전략과 분권화가 성과에 미친 영향을 분석한 회귀식의 결과를 살펴보면 가설검증의 중요한 요인으로 작용한 사업부전략과 사업부 입장에서 본 분권화의 정도(BUSIsDECT)는 그룹의 성과를 설명하는 설명력이 28.6%(P<0.01)로 유의한 결과를 나타냈다. 또한 사업부 성과의 설명변수로는 그룹 성과의 설명변수와 마찬가지로 분권화 정도와 계열사의 전략 순이었다.

가설검증에 사용된 회귀식에 포함된 변수들 간의 회귀식은 다음과 같다.

그룹의 성과($BUSI_1$)=
  2.11(상수항)+0.248($DECT_1BUSI_1$) · 0.441($DECT_1$)−0.05($BUSIs$)

앞의 회귀식에서 보듯이 전략과 분권화의 교호항이 사업부의 성과에 미치는 영향은 가설과 마찬가지로 정(+)의 관계를 보이고 있다.

한 가지 의외의 결과는 전략이 성과에 미치는 영향이 부(-)의 관계를 보인다는 점이다. 앞의 회귀식을 바탕으로 이용된 변수들의 계수값과 계수의 유동성 등을 정리하면 <표 4>와 같다.

〈표 4〉 계열사 성과와 전략, 분권화 관계

		자유도	분산		평균분산
Regression		3	10.043		3.34
residual		167	94.92018		0.57
변수	B	SE B	Beta	T	Sig T
전략 * 분권화	0.248	0.19	0.446	2.65	0.008
분권화	0.441	0.16	0.57	1.247	0.2142
전략	-0.05	0.038	-0.057	-1.443	0.1509
상수항	2.11	0.8718		2.421	0.016

R^2 =0.292 F=5.78 Significance F=0.0009

<표 4>의 회귀결과에서 독립변수들이 종속변수를 설명하는 설명력은 29.2%로서 상당히 높은 수준이며 회귀식에 관한 F검정에서 F값은 5.78로서 99.9%의 신뢰도하에서 유의한 것으로 나타났다. 따라서 가설 2에서 교호항을 제외한 회귀분석에서는 분권화 요인이 사업부의 성과를 설명하는 중요한 요인이 되며 분권화에 의한 회귀식의 설명력은 약 28%로 나타났다.

3. 전략의 적합성 검증

1) 그룹전략 – 진취적 전략

분권화를 매개로 해서 그룹의 전략이 진취적 전략을 채택하는 사업부전략과의 적합성을 알아보기 위한 가설 3을 분석하기 위해서는 먼저 사업부를 그룹의 전략유형에 따라 사업부를 진취적 전략에 속하는 집단으로 묶어야 한다.6) 그룹 설문지에서 파악한 그룹의 전략유형을 사업부 설문지에 포함시켜서 사업부들을 진취적 전략을 취하는 그룹의 사업부로 나눈다. 가설 3의 하위가설의 분석에 유의한 설문지는 전부 48부였고 이를 바탕으로 회귀분석을 한 결과는 다음과 같다.

〈표 5〉 진취적 전략과 경쟁전략의 적합성 검증

		자유도	분산		평균분산
Regression		3	1,11348		0,37823
Residual		44	25,8520		0,5875
변수	B	SE B	Beta	T	Sig T
전략 * 분권화	0,1335	0,5636	0,233	2,37	0,038
경쟁전략	−0,237	0,1004	−0,266	−0,236	0,167
분권화	0,2568	0,3502	0,3014	0,673	0,2046
상수항	3,13	1,92		1,623	0,1116
$R^2 = 0.2050$			F = 6,4383 Sig F = 0,0047		

6) 본 연구에 이용된 사업부의 설문지는 총 200부였으나 전략유형을 구분할 수 없는 32개의 사업부 설문지는 분석에서 제외되었다. 진취적 전략을 취하는 그룹에 속한 사업부의 수 48개였고 방어적 전략을 취하는 그룹의 사업부는 120개였다.

$$사업부 \ 성과 = 3.13 - 0.237(계열사의 \ 전략) + 0.2568(분권화의 \ 정도)$$
$$+ 0.1355(전략 * 분권화 \ 정도)$$

회귀식의 결과를 정리하면 <표 5>와 같다.

<표 5>의 회귀결과에서 독립변수들이 종속변수를 설명하는 설명력은 20%이고 회귀식에 관한 F검정에서 F값은 5.78로서 회귀식은 99%의 신뢰도하에서 유의한 것으로 나타났다. 따라서 가설 3-1에서 제기한 분권화가 이루어질 때 그룹전략이 진취적 전략인 경우 사업부전략은 차별화 전략을 취하는 것이 방어적 전략을 취할 때보다 성과에 있어 우위를 가진다고 할 것이다. 따라서 가설 3-1은 채택되었다.

2) 그룹전략 - 방어적 전략

분권화를 매개로 한 그룹전략이 진취적 전략을 취할 때 사업부전략과의 적합성을 알아보는 가설은 3-2이다. 연구가설 3-2의 전략적 적합성을 분석하기 위해서는 각 전략 집단 간에 있어 분권화를 중심으로 전략 간 적합성을 이룬 경우와 부적합성 간 성과의 차이를 알아보아야 한다. 따라서 방어적 전략을 중심으로 방어적 전략-저원가 전략과 방어적 전략-차별화 전략 간 사업부의 성과를 비교한다. 방어적 전략을 취하는 그룹의 사업부 설문지는 모두 120부였고 이 설문지 내용을 중심으로 회귀분석을 하였다.

$$PERF_2 = 1.3825 + 0.3862PORTER_2 + 0.5794DECT_2 -$$
$$0.0834PORTER_1DECT_2$$

회귀식의 결과를 정리하면 <표 6>과 같다.

위의 회귀결과에서 독립변수들이 종속변수를 설명하는 설명력은 20%이고 회귀식에 관한 F검정에서 F값은 5.30으로 회귀식은 99%의 신뢰도하에서 유의한 것으로 나타났다. 그렇지만 가설 분석의 중심요인인 경쟁전략＊분권화의 경우 회귀계수의 값이 가설과의 반대인 부(－)의 관계를 보임으로 가설은 기각이 된다.

〈표 6〉 방어적 전략과 경쟁전략의 적합성 검증

		자유도	분산		평균 분산
Regression		3	8.76251		2.92860
Residual		116	67.3578		0.58067
변수	B	SE B	Beta	T	Sig T
전략＊분권화	−0.0834	0.0448	−0.8441	−1.859	0.0656
경쟁전략	0.3862	0.2290	0.6923	1.686	0.0945
분권화	0.5794	0.2043	0.7505	2.836	0.0054
상수항	1.3825	1.055		1.310	0.1929
$R^2 = 0.1151$			F = 5.3104	Sig	F = 0.0026

V. 요약 및 제언

1. 연구결과의 요약과 시사점

본 연구의 목적은 사업본부전략과 분권화, 사업부전략과 분권화 그리고 전략의 적합성문제―그룹전략과 진취적 전략, 그룹전략과 방어적 전략―를(을) 검증하는 데 있다. 앞 단락에서 검증한 연구가설들을 통한 요약과 전략적 시사점은 다음과 같다.

먼저 가설 1의 그룹전략과 분권화의 관계에 있어서 그룹전략이 진취적 전략을 선택하면 그룹과 사업부 간의 관계에서 사업부로 의사결정의 권한이 이전될수록, 즉 분권화의 경향을 보일수록 사업부의 성과는 높아진다는 것이다. 진취적 전략을 취하는 기업은 환경의 다양한 요소를 파악해야 하고 새로운 제품과 시장의 개발을 위해서 외부의 불확실한 요소들에 대한 분석을 증가하게 되고 환경의 탐색, 사업기회의 포착 등에 있어서도 능동적인 태도(proactive attitude)를 취한다. 또한 환경의 변화에 단순히 따라가기보다는 자신들이 직접 환경의 변화를 만들어 내고 지속적으로 사업의 기회를 추구한다. 달리 표현하면, 다양한 신제품 개발을 통해 기업의 성장을 추구한다고 할 수가 있다. 이러한 진취적 전략은 방어적 전략에 비해서 보다 많은 의사결정이 필요하게 되고 의사결정의 신속성도 요구된다. 특히 조직 내부적으로도 효과적인 의사결정을 통한 전략의 실행이 요구되기에 분권화의 결정요인들에서 제기한 전략의 실행을 위해서 하부조직으로의 권한 위양(empowerment)이 필요하게 된다.

　동일한 논리로서 그룹전략이 방어적 전략일 때 그룹과 사업부 간의 관계에서 사업부로 의사결정의 권한이 이전이 될수록, 즉 분권화의 경향을 보일수록 계열사의 성과는 낮아진다는 결론이 유도되었다. 다시 말해서, 방어적 전략을 취하는 그룹의 경우 사업부로 의사결정을 위양하는 것보다 그룹이 사업부에 관한 통제력을 더 가지는 것이 사업부의 성과에 유리하다는 것이다. 이것은 방어적 전략이 가지는 속성에 의해서도 알 수 있다. 방어적 전략은 기존에 영위하는 사업의 유지를 통해서 안정적인 성장을 추구하고 기존의 사업과 유사한 방향으로 기업의 성장을 시도한다. 그러므로 급격한 환경의 변화가 발생하지 않는 한 기업의 생존은 안정적으로 유지할 수 있는 장점이 있다. 그리고 방어적 전략에서는 새로운 기회의 탐색이나 환경의 변화에 신축적인 대응보다는 기업의 안정을 중요시하는 경향이 있다. 그러므로 기업의 안정성 확보 측면에서 문제의 해결을 위한 의사결정 권한의 위양보다는 집권화로 인한 성과의 향상을 기대하는 것이 유리하다.

　둘째, 사업부전략과 분권화의 관계를 알아본 가설 2에서 얻은 결과는 처음에 의도한 대로 차별화 전략은 분권화를, 저원가 전략은 집권화를 취하는 것이 사업부의 성과에 긍정적인 영향을 미친다는 것이다. 이것은 분권화에 관련된 요인들인 환경, 기술, 상호의존성과 경쟁전략의 관계에서 파악을 하며 쉽게 이해된다. 차별화 전략은 경쟁기업과 다른 차별성 부각이 전략의 중요한 목표가 된다. 따라서 조직 내의 창의적인 분위기 형성이 필요해지고 이는 그룹-사업부 관계에서 분권화를 통한 사업부의 경쟁전략 실행이 보다 성과에 영향을 미칠 수 있다는 것을 의미한다. 저원가 전략은 전략이 추구하는 기본적인 목표의 달성을 위해서 보다 집권화된 형태의 통제로는 전략의 목표 달성이 어렵다. 즉 상위수준에서 의사결정 권한 통제가 이루어진 후 저원가의 달성이라는 전략 목표를 추구해야 한다.

셋째, 전략과 분권화의 관계를 토대로 제기한 가설 3의 하위가설 3-1과 3-2에서 가설 3-2는 기각되었다. 가설 3-1은 진취적 전략과 차별화 전략 간 적합성이 분권화라는 매개체를 통해서 적합성을 이루는 경우, 즉 상위전략(진취적 전략)을 실행하는 과정에서 하나의 수단이 되는 경쟁전략(차별화 전략)은 진취적 전략이 가진 속성의 하나로서 작용한다는 생각을 가질 수 있다. 달리 말해 전략의 계층화 과정이 전략의 적합성에 의해서 의미를 가질 수 있게 된 것이다. 가설 3-2는 가설의 기각을 통하여 연구에서 얻으려고 한 전략의 적합성을 이루지 못하는 결과를 가져왔다. 이는 진취적 전략에서 본 차별화 전략의 경우와 달리 방어적 전략에서 해결하려고 하는 기술적 문제(engineering problem)의 해결 방식과 저원가 전략이 가지는 이질적인 성격에 기인한다고 할 수 있다. 전략의 계층화 과정에서 상위 수준이 전략(방어적 전략)의 실행을 위해 필요한 하위 수준의 전략으로서 저원가 전략이 되어야 한다고 주장하였지만 실제적으로 전략의 실행 과정에서는 오히려 분권화가 더 유리하다는 결론이 도출된다. 이는 가설의 설정과정에서 제기하였던 문제가 현실적으로 보이고 있다는 것을 의미한다.[7]

---

7) 그룹-사업부 관계에서 집권화의 수준이 높아질수록 사업부 책임자가 가지는 권한은 줄어들게 되고 이는 사업부 내부적으로는 분권화의 경향이 증가한다고 할 수 있을 것이다.

가설 3의 검증결과를 종합하면 그룹전략과 사업부전략이 분권화를 통해서 적합성을 이룰 때 전략과 성과의 관계는 진취적 전략−차별화 전략의 경우에는 적합성을 이루고 방어적 전략−저원가 전략의 경우에는 전략 간 적합성이 이루어지지 않는다는 결론이 유도되었다. 이는 기업이 실행하는 전략은 복수의 형태를 가진다는 실제의 현상을 간과했기 때문에 발생한 문제라고 할 수 있다.

2. 연구한계 및 연구제언

본 연구는 분권화와 전략에 관련된 연구가설을 제기(Gupta, 1987)한 것을 국내의 기업들에 적용하여 실증적 분석을 하고 전략 간의 적합성을 알아보려고 했다는 데서 연구의 의의를 찾을 수 있다. Gupta(1987)의 연구에서 제기되었던 가설들은 사업부의 수준에서 논의된 전략들이었다. 또한 권기대·박재림(1998)의 경쟁전략과 전략적 자산이 분권화에 미치는 영향과 자원기반관점에서 마케팅전략과 기업의 핵심역량(core competence)이 마케팅전략실행에 있어서의 분권화에 미치는 영향(권기대·박재림, 1999)의 연장선상에서 재검증을 확인한 연구로서 평가할 수 있다.

그러나 이 연구에서는 진취적−방어적 전략을 상위의 전략 개념으로 파악하고 상위의 전략과 하위의 전략을 조직 내부 구성요인 중의 하나인 분권화를 중심으로 연계시켜 보았다. 가설의 검증결과 일부 가설만이 지지되어 엄밀한 의미의 전략 간 적합성은 유도하지 못한 한계가 있지만 기존의 전략 분류 범위를 확장시켰다는 의의 또한 가질 수 있다. 분권화 요인을 중심으로 전략과 적합성을 시도한 것은 기존의 다각화 이론에서 간과하였던 조직 내부의 요인들이 기업의 성장에 관련이 되어 어떤 관련을 맺는지 알아보려는 의도로서 이는 기존의 다각화 연구가 가지는 한계를 보완하려는 맥락에서였다. 기업의 다각화 과정에서 발생하는 문제가 다양함에도 불구하고 기업의 규모가 확장이 될수록 효율적인 의사결정의 필요성도 증가하지만 기존의 다각화 연구에서는 이러한 문제들의 해결보다는 단순히 다각화의 동기, 다각화의 방향, 다각화의 방법이라는 문제에만 집착하는 한계가 있다.

본 연구에서 제기한 분권화의 문제는 기업이 성장할 때 발생하는 문제의 해결에 많은 기여를 한다고 했을 때 분권화가 가지는 중요성은 어느 요인들보다 많은 관심을 가져야 한다. 특히 최근에 많은 기업에서 시도되는 조직혁신과 관련되어 분권화의 중요성은 더 높아질 것이다. 이런 측면에서 분권화가 기업의 성장 과정에서 발생하는 문제해결에 보다 많은 긍정적인 영향을 미치게 된다.

그러나 본 연구가 가지는 다음의 몇 가지 한계점을 극복하여 보다 향후 연구에 반영되어야 할 것이다. 첫째, 선행연구의 부족으로 기존의 연구를 활용할 수 있는 여건이 조성되지 않았다. 둘째, 전략의 적합성을 중요한 요인으로 고려한 분권화가 조직의 특성을 가장 잘 보여주는 변수이지만 분권화 이외에 성과에 영향을 미치는 요인들을 고려하지 않는 단점이 있다. 셋째, 기업본부-사업부의 관계를 중심으로 분석된 외국의 이론을 국내 현실에 적용시키는 데 있어 명확한 대응관계가 이루어지지 않았다. 외국 대기업과 국내의 그룹 간

대응은 어느 정도 될 수 있을지 모르나 외국기업의 사업부 조직과 국내기업의 사업부의 대응에 있어서는 많은 문제점이 발생한다. 국내 그룹 사업부의 경우 외국기업의 사업부와는 달리 독립적인 외부의 감시기구라든가 자체적인 성과평가의 기준을 가지고 전략을 수행하는 경우가 많이 있다. 따라서 기업본부의 영향을 받는 사업부의 경우보다는 국내기업 사업부가 어느 정도 의사결정에 있어서 자율성을 가진다고 할 것이다. 이는 오히려 그룹-사업부 관계에서 기업본부의 영향력이 다른 요인들에 의해서 감소되는 과정이라고 할 수 있을 것이다. 넷째, 전략 계층화가 가지는 장점은 복잡한 전략의 개념을 쉽게 이해하는 데 도움을 주지만 실제적으로 전략의 계층화는 그리 용이한 작업이 아니다. 특히 국내 기업조직을 볼 때 그룹의 여러 사업부를 운영하는 경우를 보면 그룹사의 입장에서 보는 사업부의 전략은 사업전략의 성격을 가지지만 사업부관점에서 자신들의 전략을 바라보는 경우 기업전략이 되는 이중적인 성격을 띤다. 이것은 단순히 전략을 추구하는 목적만이 아니라 어느 시각에서 전략을 정의하는가에 따라서 전략의 성격은 달라질 수 있음을 의미한다. 특히 국내기업의 전략을 연구하는 경우 전략의 명확한 분류를 위해서는 국내기업이 가지고 있는 조직에 관한 분명한 정의가 전제되어야 한다. 다섯째, 연구의 결과가 논리적 설득력이 존재할지라도 기업의 분권화에 따른 전략의 취사선택에 있어서 기업문화(corporate culutre)의 중시와 신뢰에 기반을 둔 파트너십을 통한 분권화의 시도는 또 다른 성과를 동반할 수 있을 것이다(권기대, 1998, 권기대·김종웅, 2003).

향후의 연구과제로는 분권화만이 아니라 조직의 다양한 요소들도 기업의 다각화 과정에서 고려해야 한다. 단순히 기업의 다각화 동기,

방향, 방법 등에 관련되어 영향을 미치는 요인들 이외에 고려해 볼 수 있는 것들을 제시한다면 사업부 성과방법의 주·객관성, 사업부 전략의 통제방법, 성과에 대한 보상제도 등이 있으며 여러 연구 분야를 통합한 형태의 다각화 연구가 되어야 할 것이다.

□ 참고문헌

권구혁, 1997, "다각화전략의 실행에 관한 연구의 문제점 및 개선방향: 자원개념을 중심으로 한 통합모형", 『경영학연구』, 제26권 3호, 한국경영학회, 531-566.

권기대, 1998, "유통경로상에서 구매자-판매자의 관계적 특성이 파트너십에 미치는 영향", 연세대학교 경영학 박사학위논문.

권기대·김종웅(2003), "벤처기업-대기업 협력유형 연구", 『경제연구』, 제21권 제4호, 한국경상학회·한국국민경제학회, 221-252.

권기대·박재림, 1998, "경쟁전략과 전략적 자산이 분권화에 미치는 영향", 『상품학연구』, 제19호, 한국상품학회, 23-51.

권기대·박재림, 1999, "마케팅전략과 기업의 핵심역량이 마케팅실행에 있어서의 분권화에 미치는 영향", 『경상논총』, 제17권 1호, 한국경상학회, 175-198.

김영욱(1993), "삼성의 다각화 과정과 지배구조에 관한 연구", 서울대학교 대학원 경제학과 박사논문.

정구현, 1987, 『한국기업의 성장전략과 기업구조』, 대한상공회의소.

조동성, 1986, 한국기업의 다각화전략, 이학종(편저), 『한국기업의 구조와 전략』, 법문사.

Blau, P. M., 1973, *Decentralization in Bureaucracies*, in M. N. Zald(ed.), Power in Organizations, Nashville, TN: Vanderbilt University Press.

Chandler, A. D., 1962, *Strategy and Structure*: Chapters in the History of American Industrial Enterprise, Cambridge, MA: MIT press.

Govindarajan, V., 1986, "Decentralization, Strategy, and Effectiveness of Strategic Business Units in Multibusiness Organization", *Academy of Management Review*, Vol.11, 844－856.

Govindarajan, V., 1988, "A Contingency Approach to Strategy Implementation at the Business－Unit Level: Integrating Administrative Mechanism with Strategy", *Academy of Management Journal*, Vol.31, 828－853.

Gupta, A. K., 1987, "SBU strategies, Corporate－SUB Relations, and SUB Effectiveness in Strategy Implementation", *Academy of Management Journal*, Vol.30, 477－500.

Gupta, A. K. and Govindarajan, V., 1984, "Business Unit Strategy, Managerial Characteristics, and Business Unit Effectiveness at Strategy Implementation", *Academy of Management Journal*, Vol.27, 25－41.

Gupta, A. K. and Govindarajan, V., 1986, "Resource Sharing among SBUs: Strategic Antecedents and Administrative Implications", *Academy of Management Journal*, Vol.29, 695－714.

Hage, J. and Aiken, M., 1969, "Routine Technology, Social Structure and Organizational Goal", *Administrative Science Quarterly*, Vol.14, No.3, 366－377.

Hambrick, D. C., 1983, "Some Tests of Effectiveness and Functional

Attributes of Miles and Snow's Strategic Types", *Academy of Management Journal*, Vol.26, 5 − 26.

Hamermesh, R. G. White, R. E., 1984, "Management beyond Portfolio Analysis", *Harvard Business Review*, Vol.62, No.1, 103 − 109.

Hill, C., 1988, "Differentiation versus Low Cost or Differentiation and Low Cost: A Contingency Framework", *Academy of Management Journal*, Vol.25, 265 − 298.

Kotha, S. and Vadlamani, B. L., 1995, "Assessing Generic Strategies: An Empirical Investigation of Two Competing Typologies in Discrete Manufacturing Industries", *Strategic Management Journal*, Vol.16, 75 − 83.

Miles, E, E & Snow, C. C., 1986, "Organization New Concepts for New Forms", *California Management Review*, Vol.28, No.3, 62 − 73.

Miller, D., 1987, "Structural and Environmental Correlates of Business Strategy", *Strategic Management Journal*, Vol.8, 55 − 76.

Miller, D. & Friesen, P. H.(1986), "Porter's Generic Strategies and Performance: An Empirical Examination with American Data", *Organization Studies*, Vol.7, 37 − 55.

Porter, M. E., 1980, *Competitive Strategy*, New York: Free Press.

Porter, M. E., 1987, "Form Competitive Advantage to Corporate Strategy", *Harvard Business Review*, May − June, 43 − 59.

Schendel, D. & Hofer, C, W., 1979, *Strategic Management: A new View of Business Policy and Planning*, Boston: Little, Brown, 1 − 22.

Vancil, R. F., 1980, *Decentralization: Managerial Ambiguity by Design*, New York: Financial Executives Research Foundation.

벤처기업의 신제품 구매요인과 그 전략방안

— 산업재를 중심으로 —*

* 본 원고는 연세대학교 경영연구소 「연세경영연구」 통권 66호(1998. 10)에
게재된 논문입니다.

Ⅰ. 서 론

국제통화기금(IMF) 관리체제하에 있는 작금의 우리나라 경제상황은 저성장과 장기적 경기침체, 치솟는 물가와 높은 세금, 부도 도미노와 대량실업, 해외자본의 적대적 인수합병(M&A)과 경영권 방어 그리고 언제 또다시 밀어닥칠지 모를 금융 외환위기의 공포가 그것이다. 다른 한편으로는 상여금 반납, 신구사대 조직, 신물산장려 운동, 국산품 애용하기 등 우리 시장과 우리 기업체 살리기에 관심이 커지고 있다.

한편, 지난 70~80년대만 하더라도 우리나라는 국민들의 타고난 부지런함과 양질의 저임 노동력으로 생산한 제품이 국제경쟁력의 원동력이였으나, 민주화 열풍, 기업의 신제품 개발의 지연과 소홀, 기업들의 외형 중심의 문어발식 경영확장으로 인한 경쟁자원의 분산화 등 요인이 오늘의 경제 난국을 초래하게 된 것이다.

예외 없이, 국내 전자산업의 경우도 선진 기술국과 동남아 개발도상국의 협공하에 있으며, 이것은 몇몇 재벌 기업과 많은 중소기업들이 공존공생하는 긴밀한 협력관계의 체제를 구축하고, 동태적 환경에 대한 고객의 욕구를 파악하기보다는 단순조립의 임가공에 의한 제품의 가격 경쟁력을 유지하고, 신제품의 개발 역시 독자적 설계능력에 의한 개발보다는 선진 리더기업의 제품 복제에 따른 신제품 내부의 전기전자적 특성의 몰이해로 원가절감과 물류비 절감 등의 한계에 이르렀기 때문이다. 더욱이, 선진기업 신제품의 복제에 따른 부품 목록표(part lists)는 일반적으로 국내에 생산되는 대체 부품으로 수배하여 구매할 수 있음에도 불구하고 연구실이나 설계실의 단순복제 능력 이외의 창의적 발상의 능력부재로 국내 제품의 과감한 적용이 쉽지 않는 것이 산업현장의 모습이라고 볼 수 있다.

물론, 신제품을 개발한 벤처기업의 관점에서는 최고의 품질, 경쟁력 있는 가격, 유연성 있는 납기가 곧 기존의 동종기업에 대한 경쟁우위를 획득하는 것으로 간주하여 쉽게 신시장 진입의 가능성을 진단하였을지도 모른다. 그러나 산업현장에서 이러한 3박자가 잘 구비되어 있더라도 벤처기업들의 신시장 개척이 여의치 않는 까닭은 무엇인가? 그 첫째 요인은 무엇보다도 수출 완제품의 경우 해외 구매자(buyer)로부터 신제품(부품) 사용의 승인을 획득하여야 하는 구조적인 힘의 문제가 거론되기 때문이며 둘째, 신제품 승인에 따른 조직 내부의 관련부서 구성원들의 타스크 포스팀(task force team) 구성 등 적지 않는 번거로움과 비용의 유발이 수반된다. 셋째, 벤처기업의 단일 신제품 구매가능성은 기존 거래자가 제품구색(product assortment)과 선점전략(first mover advantage) 차원에서 더 많은 경제적 이점을 제공함으로써 무산되는 경우가 허다하며 그리고 넷째로는 현 구매제품이 생산라인에서 품질의 문제, 납기의 지연 등에 대해 전혀 문제가 되지 않는 상태에서 굳이 신제품으로의 대체는 위험과 본전 생각이라는 이율배반적인 양면을 함유하고 있으며, 또한 조직구성원의 보신주의와 기술엔지니어의 보수주의가 한몫한다고 지적할 수 있다.

이러한 요인으로 신제품 개발에 전력질주하고 있는 유망한 벤처(venture)기업이나 수입대체용 신제품을 이미 개발한 영세한 중소기업의 경우 신제품 개발의 열의가 저하되고 벤처기업의 창업정신이 무너

져 내리는 것은 장기적 관점에서 국가적 손실임에 부인할 길이 없다.

따라서 이에 본 연구는 벤처기업(공급자)의 관점에서 막대한 연구비용으로 개발한 신제품을 기존시장에 진입하기 위해 산업재를 생산하는 구매자들의 구매요인을 실증적으로 분석해 봄으로써 벤처기업으로 하여금 신제품에 대한 신시장 개발마케팅 전략(developmental marketing strategy)(Kotler, 1997, p.16)방안을 제공하여 동태적인 환경하에서 보다 효율적이고 효과적인 시장대응능력의 제고에 있으며, 완제품 생산기업(구매자)의 관점에서는 기업의 본원적 경쟁력의 생성은 어느 일부분의 원가절감이나 경영혁신이 아닌 공급체인관리(supply cahin management) 차원에서 공급자와 구매자의 유기적인 파트너십의 중요성에 달려 있다는 시사점을 제공하는 데 그 목적이 있다.

Ⅱ. 이론적 배경

벤처기업이 개발한 산업재 신제품이란 "다른 제품이나 서비스의 창출을 위해 투입되는 재화 및 서비스의 대체 상품"으로 그 정의를 내릴 수 있으며, 산업재를 생산하는 기업간의 거래활동은 교환(exchange)을 전제로 한 쌍방관계에 있으며(Baggozi, 1979, 1980), 구매자-판매자 간의 거래 관련 주체들이 복잡하게 얽혀 있는 네트워크(network) 구조를 형성하고 있다(Anderson et al., 1994). 즉 신제품인 산업재 구매조달의 특징은 조직에서 직간접적으로 구매과정에 참여하는 비공식적 조직의 형태인 구매센터와 판매과정에 참여하는 구성원으로 이루어진 판매센터 간의 교환과정의 참여라고 할 수 있다(Hutt and Speh, 1995).

산업재 조직구매행동에 관한 연구는 로빈슨과 페리스, 윈드(Robinson, Faris and Wind, 1967), 웹스터와 윈드(Webster & Wind, 1972), 쉐스(Sheth, 1973) 쵸프리－릴리언(Choffray－Lilien, 1978)의 모델을 거치면서 이론적 토대가 정립되었다. 먼저, 로빈슨과 페리스, 윈드(1967)의 구매등급모델(buyclass model)은 구매상황인 신규구매, 수정재구매, 반복재구매에 따른 구매행동의 안정적 형태에 기반을 둔 모델(Anderson, Chu and Weitz, 1987)로서 상세하고 검증가능한 명제를 포괄하고 있어 다른 연구모델(Bunn, 1994; Iyer, 1996; Wilson et al., 1991)에 토대를 제공한다. 둘째, 웹스터와 윈드(1972)의 모델은 조직구매결정의 변수로 환경, 조직, 구매센터, 개인 등 4가지 차원(Webster and Wind, 1996)에서 접근을 하고 있으나, 구성변수들의 상호관련성에 대한 영향력의 정도를 설명하는 데 한계가 있다. 쉐스(1973)모델은 웹스터와 윈드(1972) 모델의 조직행동결정의 4가지 변수를 확대 및 종합하였으며, 제품구매결정에 참여하는 구성원의 심리적 배경과 공동 및 단순의사결정을 구분하는 상황, 공동의사결정에 따른 갈등 및 갈등의 해소과정 등 관련변수들의 상호작용을 다루고 있다. 이 모델은 프레임워크를 만들고, 구매센터, 구매틀(buying grid)을 포함한 구매의 유형, 의사결정, 갈등과 관련된 문제를 제시하고 모델의 기반을 제공하였다(Sheth, 1996). 넷째, 쵸프리－릴리언(1978)의 모델은 통제가능변수, 의사결정과정, 외부척도 등 3개의 수평적 부분과 인지, 허용, 개인평가, 집단의사결정모형 등 4개의 하위모형으로 구성되어 있으며, 특징은 조직구매를 소비자 구매에서 구분시킬 수 있는 두 가지 측면인 집단적 선택모형을 조작화한 점과 산업재 시장을 거시와 미시로 세분화하였다는 데 의의가 있다. 그러나 구매결정에 많은 영향을 미치는 요인들인 시간적 압박, 지각된 위험, 개인적 차이 등을 간과한 것이 흠이다.

그 밖에 많은 연구가 지속적으로 기존 모델을 기반으로 유지·발전되고 있으며(Bunn, 1994), 특히 존스톤과 르윈은 기존 모델을 통합화하고 있다(Johnston and Lewin, 1996).

또한, 최근 부각되고 있는 주제로는 조직구매에 미치는 기업문화 또는 조직분위기(culture and climate) 관점에서의 연구이다(이학종, 1994; Day, 1994).

한편, 산업재 신제품의 구매요인은 구매담당자와 관련되는 타 부서의 담당자들도 참여하여 공동으로 의사결정을 한다는 점에서, 이것을 구매센터(buying center)로 정의를 내렸다(Johnston and Bonoma, 1981). 주목할 만한 구매센터와 관련된 연구(Dholakia et al., 1993; Karathanos, 1994)에 따르면, 기술변화가 불확실한 환경에서 신제품을 구매하는 경우 조직의 구매센터에 참여하는 타스크포스팀 구성원들 가운데, 특히 기술관련 담당자들의 영향력이 강화된다는 사실의 발견이다. 아울러, 모든 신제품에 대해 각각 특유의 구매결정단계가 있으며(Choffray and Lilien, 1978), 때로는 구매결정이 연속적(sequential process)이 아닌 반복적 과정(iterative process)을 거치거나 아니면 순환적 형태를 취한다(Gummesson, 1978; Moriarty and Galper, 1978; Ghingold, 1986). 따라서 조직의 구매결정은 그 조직이 구매목적을 달성하기 위하여 문제의 인식단계에서 구매결정 또는 구매 후 평가에 이르기까지 다양한 단계로 구성된 복잡한 과정임을 알 수 있다.

산업재 신제품에 대한 일반적인 구매요인 평가기준은 국가, 산업, 기업 그리고 구매상황에 따라 매우 상이하기 때문에 구매요인 평가 기준의 표준화 지침은 사실상 용이하지 않다. 그러나 산업재 구매자 들은 신제품의 구매결정 시 위험을 감소시키고 보다 효율적, 경제적 구매를 위해, 다량의 정보를 획득하기 위해 포괄적인 외부정보탐색 에 보다 열중하는 것이 관례화되어 있다. 이에 본 연구는 미국 내의 전자제품 제조업체와 전기용품 회사를 인구비례로 임의추출하여 담 당자를 대상으로 연구(Dempsey, 1978)한 구매평가 기준표를 국내 기 업의 유사한 업체에 적용하였다.

또한, 산업재 신제품 구매에 대한 신뢰할 만한 정보의 원천을 인 적, 비인적, 상업적, 비상업적 부분으로 분류(Moriarty and Spekman, 1984)하고 있으며, 모노키(Monoky, 1973)는 산업재 구매자들이 구매 상황별로 정보의 원천에 대한 선호도가 구매에서 발생할 수 있는 불 확실성의 함수라고 주장하였다.

그리고 산업재 신제품 구매에서 특히 지각된 위험(perceived risk) (Henthorne, LaTour, and Williams, 1993)을 감소시키기 위해 조직구 매자의 동태적인 구매결정속성의 합리적 과정을 거치고 있음이 밝혀 지고 있다(Choffray and Johnston, 1979).

Ⅲ. 가설의 설정

1. 조직의 구매센터 및 구매센터의 구성원

산업재를 생산하는 기업의 구매센터(buying center)란 특정제품이나 서비스의 구매결정에 영향을 주는 모든 조직원들의 집합체로서 조직구조, 구매상황 그리고 구매의사결정단계 등 주변상황에 따라 그 구조와 영향관계가 시시각각으로 변화되는 비공식적, 비정형적인 구매의사결정 집단을 뜻한다. 즉 기업조직의 구매센터 구조는 구매상황에 따라서 지각된 위험수준이 결정되었을 때, 조직 내에서 구성되는 의사결정집단의 구조를 나타내는 개념을 의미한다.

일반적으로 우리나라 산업조직의 구매센터에 있어서 신제품에 대한 구매의사결정 참여자는 산업상, 조직 내부 특성에 따라 달라질 수 있으나 본 연구에서는 조직간 의사교환창구인 구매부, 신제품의 개발 및 설계업무를 주도하는 연구소(설계 또는 개발부서), 신제품의 품질문제를 검사하는 품질관리부, 신제품의 적용에 대한 생산성관점에서 관리하는 생산부서 그리고 조직 내부의 완제품에 대한 해외 수입 의존도를 줄이고, 또한 완제품에 대한 원가절감을 관리하는 신제품 기획추진팀을 구매센터 참여자로 간주한다.

> **가설 1:** 산업재 조직구매센터에 있어서 구매유형별로 구매의사결정과정의 차이가 날 것이다.

가설 1 - 1: 산업재 신제품에 대한 신규구매일수록, 기존 제품의 재구매보다 구매결정과정의 참여도가 높을 것이다.

가설 1 - 2: 산업재 신제품에 대한 신규구매일수록, 기존제품의 재구매보다 구매결정과정의 중요도가 높을 것이다.

2. 벤처기업의 산업재 신제품에 대한 구매요인 평가기준

벤처기업의 산업재 신제품에 대한 구매요인 평가기준이란 조달의 필요성을 인식하고, 관련부서에 의견을 타진하며, 부품의 규격을 선정, 유사 부품 규격 및 정보수집으로 대안의 선택, 조달할 부품의 공급자 및 유사 부품류에 대한 신뢰성을 평가한 뒤, 공급선을 선택 및 결정하는 데 사용될 지침서를 의미한다.

이 구매요인 평가기준은 사실상 각 산업재 생산조직의 기업문화와 구매상황 그리고 제품의 중요성 등에 따라 상이할 수가 있으며, 효과적인 구매를 위하여 벤더(vendor)에 대한 구매업체의 평가방법에 대해 많은 체계적인 연구가 수행되었으나(Lehmann and O'Shaughnessy, 1974, 1982; Kelly and Coaker, 1976; Kiser and Rao, 1977; Ford, 1984), 오늘날 산업현장의 구매요인 평가기준에 비추어 볼 때, 본 연구는 뎀프세이(Dempsey, 1978)의 20개 속성을 채택·사용하여 미국과 어떤 차이가 있는지를 파악해 보고자 한다. 즉 그가 사용한 구매요인 평가기준의 속성은 우리나라 완제품 메이커들이 거래를 위한 사전적인 평가 기준표의 지침과 유사한 일면이 있으며, 또한 산업재 신제품을 개발한 유망한 벤처기업들을 선별하는 잣대로 충분한 역할을 한다고 평가할 수 있다. 이에 대한 구체적 항목을 언급하면, 먼저 공급자의 명성, 재무상태, 공급사의 위치, 경영과 조직, 의사교환(communication), 애프터서비스, 노동기록, 관리시스템, 납기 준수, 교육 제공, 도덕 및 법률적 문제, 연구개발(R&D) 능력, 생산시설 등 13개의 속성이 공급자 조직의 재무상태와 조직 관련기준에 해당되며, 두 번째로, 품질, 가격, 포장능력, 성능이력, 입찰 등 5개 속성은 제품관련 속성에 해당되며, 세 번째로, 구매자의 태도, 협조와 조언 등 2개의 속성은 공급자와 구매자 간의 상호관련성의 기준에 해당된다.

가설   2: 산업재의 경우, 구매요인 평가기준은 구매유형에 따라 차이가 날 것이다.

가설 2 - 1: 산업재 신제품의 신규구매결정일수록, 구매요인 평가기준들이 재구매보다 중요하게 평가될 것이다.

3. 산업재 신제품에 대한 정보의 원천 및 지각된 위험

산업재 생산조직의 구매의사결정자는 구매로부터 발생할지도 모르는 위험을 감소시키기 위해서 신제품 공급자의 재무상태와 신제품에 대한 광범위한 정보를 이용하고자 한다. 이들 정보의 원천은 상업적 정보원과 비상업적 정보원 그리고 인적 정보원과 비인적 정보원으로 분류할 수 있다. 일반적으로 조직의 구매결정의 초기에는 구매결정자들이 비인적, 상업적 정보원에 의존도가 높으나 점차 최종 단계로 진행되어 갈수록 내부에서 형성된 인적, 비상업적 정보원에 대한 의존도가 높은 것으로 파악되고 있다.

지각된 위험은 조직의 구매담당자가 구매결정과 관련하여 지각하는 불확실성의 수준으로서 구매결과에 대한 불확실성의 확률과 잘못된 구매결정으로 인하여 입게 될 손실의 크기로부터 발생되는 주관적 개념을 의미한다. 따라서 조직에 있어서 산업재 신제품에 대한 신규구매의 경우 잘못될 잠재적 위험이 매우 크다면, 종종 포괄적인 문제해결에 착수하게 된다. 산업재 조직의 구매센터는 보다 포괄적인 정보탐색을 시작하고, 부적합한 제품을 구매하거나 자격미달의 공급자에게 주문을 하는 위험을 최소화하기 위해 대안을 철저하게 분석한다. 즉 새로운 구매임무의 책임을 지고 있는 조직구매센터의 구성원들은 합리적인 구매결정을 위해 제품부류에 대한 지식의 양이 적은 까닭으로 정보탐색과 정보처리 활동과 양을 높여 신중한 대안의 선택을 위해 구매지연의 사태까지 일어날 수가 있다.

가설 3: 정보원천의 선택은 구매유형에 따라 차이가 날 것이다.
가설 3 - 1: 산업재 신제품의 신규구매일수록, 정보원천의 종류에 따라 신뢰도의 차이가 날 것이다.
가설 4: 지각된 위험은 구매유형에 따라 차이가 날 것이다.
가설 4 - 1: 산업재 신제품이 신규구매일수록, 지각된 위험에 대한 구매결정영향이 커질 것이다.

Ⅳ. 연구방법 및 분석결과

1. 변수의 조작적 정의

먼저, 벤처기업의 산업재 신제품이란 국내에서 자체개발 생산하지 않고 미·일 해외 선진 기업체에서 수입하여 공급한 제품을 국내의 유망하고 견실한 기업들인 벤처기업이 산·학·연을 통하거나 벤처기업의 독자적인 연구개발력에 의해 제품을 국산화하여 시장화한 경우를 뜻한다. 그리고 구매유형은 신규구매와 재구매로 분류하며, 전자는 ① 과거 해외에서 조달했던 부품을 현시점에서 국내의 외산 대체 신제품 공급자로 공급선을 변경한 경우, ② 국내의 기업이 해외 선진기업으로부터 부분품을 수입·조립하여 구매했던 제품을 현재 국내의 다른 산업재 신제품 업체로 공급선을 변경한 경우를 뜻한다. 후자는 ① 과거 해외에서 조달했던 산업재 제품을 현시점에서 기존에 구매했던 국내의 동일한 공급자로 변경한 경우, ② 과거와 현재 국내 혹은 해외기업이든 간에 동일 공급선에서 조달하는 경우를 말한다. 본 연구에서는 벤처기업의 수입대체 신제품의 구매요인을 분석하는 것이므로 ②번째 항목을 의미한다고 볼 수 있다.

둘째, 산업재 신제품의 구매요인 평가기준은 구매기업으로서 조직의 구매 목적을 달성하는 데 필요한 관련부서의 공동된 표준 지침을 말한다.

셋째, 조직의 구매센터는 구매유형에 따라 지각된 위험수준이 결정되었을 때, 조직 내에서 구성되는 비공식적, 비전형적 구매의사결정 집단을 의미한다.

넷째, 신뢰하는 정보의 원천은 산업재 신제품 구매로부터 발생할지도 모르는 위험을 감소하기 위해서 공급자 제품에 대한 종합적인 정보를 말한다.

다섯째, 지각된 위험은 구매결과에 대한 불확실성, 구매결과의 효과에 대한 불확실성으로부터 발생되는 주관적인 위험을 뜻한다.

2. 조사대상 및 자료수집

본 연구의 의의는 현재 우리나라 경제가 국제통화기금(IMF) 관리체제하에서 국내 완제품 전자 메이커 및 동종기업들이 현재 선진 미·일의 주요 메이커로부터 산업재를 수입 조달하는 상황에서 벤처기업들이 개발한 산업재 신제품을 산업 조직에서 새로운 공급자라는 파트너(partner)로 선정되기 위해서 과연 산업재 조직구매의 관점에서 수입품을 대체하는 신제품에 대해 어떤 구매의사결정(buying decision making)을 하는지 분석 및 평가함으로써, 앞으로 미·일의 선진 유수기업들이 독점적으로 공급하는 산업재 제품의 비탄력적인 시장에 벤처기업들이 개발한 신제품이 적용되고 또한 산업재 신제품 개발에 도전하는 유망한 벤처 관련업체들의 보다 효율적이고 효과적인 마케팅 전략수립을 위한 방안을 제시하는 데 있다.

따라서 설문은 직접면접조사(direct interview research) 방법인 대인면접법을 이용하였으며, 조사대상은 산업재 신제품을 구매하는 전국에 위치한 전기·전자 관련 완제품 제조기업을 중심으로 이루어졌으며, 편집과정을 거쳐 실제로 최종적인 자료처리에 이용된 237개의 설문지를 통해 응답한 인구통계변수에 대한 빈도분석(frequency analysis)을 실시한 결과 설문지 집단의 특성을 살펴보면 다음과 같다.

조사 대상자가 속한 산업의 종류를 살펴본 결과, 가전기기 산업에 속한 경우가 27.5%로 가장 많았으며, 그다음은 통신, 전기, 보일러 컨트롤러, 전자식 안정기, 산업기기 등 업종순으로 나타났다. 조사된 기업체의 매출액은, 100억에서 200억, 10억에서 50억 미만의 경우가 그중 가장 높은 비중을 차지하고 있었으며, 기업의 설립 연수는 10년에서 15년 이하의 경우가 24.2%이었으며, 5년에서 10년, 20년 이상의 경우가 동일하게 21.6%를 보이고 있다. 조사된 기업에 재직하는 종업원 수의 분표를 보면, 50명 이하가 가장 많고, 150명에서 300명 이하가 다음으로 20%를 넘고 있으며, 500명에서 1000명 이하의 경우가 가장 낮은 비중인 3.4%를 보였다. 각 기업에서 산업재에 대한 조직의 구매결정에 참여하고 있는 부서들은 구매부(자재부), 연구소(개발실 혹은 설계실), 품질관리부서, 생산부서, 신제품개발 추진팀의 다섯 가지로 나누어 살펴본 결과 구매부서가 구매결정에 참여하는 경우가 90.3%로 가장 높았으며, 연구소는 67.4%, 품질관리부서는 28.4%, 생산부서는 16.9%, 신제품개발 추진팀은 9.7%에 불과하였다. 마지막으로, 응답자의 회사 내 직위는 과장, 대리급이 가장 많은 50.8%, 사원인 경우가 22.9%, 부장급인 경우가 19.9%, 공장장, 이사급인 경우는 6.4%를 보였으며, 과장과 대리가 조직 내에서 가장 실무적인 역할을 담당한다고 볼 때, 응답한 이들의 비중이 높은 것은 조사의 타당성(validity)과 신뢰성(reliability)을 제고시켰다고 판단된다.

3. 연구의 결과

가설 1과 하위가설을 검증하기 위해서 동일한 표본에서 두 변수의 평균값을 비교할 때 사용되는 paired T-test를 실시한 결과를 아래의 <표 IV-1>과 <표 IV-2>에서 제시하고 있다.

먼저, <표 IV-1>의 벤처기업의 신제품 구매 참여도를 보면 산업재 생산 조직에서 모든 구매결정의 참여도 항목에서 신규구매가 재구매보다 높은 값을 보이고 있으며, 이 모든 항목은 유의수준 0.01에서 유의적인 것으로 판명되고 있어 신규구매가 재구매보다 참여도가 높을 것이라는 가설 1-1이 검증되었다. 벤처기업의 신제품 구매에 대한 중요도인 <표 IV-2>에 의하면 모든 구매결정과정의 중요도 항목에서 신규구매가 재구매보다 높은 값을 보이고 있으며, 이 모든 항목이 유의수준 .01에서 유의적인 것으로 나타나고 있으므로, 신규구매가 재구매보다 중요도가 높을 것이라는 가설 1-2가 지지되고 있다. 하위 가설이 모두 검증되었으므로 가설 1은 지지되었다.

〈표 IV-1〉 벤처기업의 신제품 구매 참여도 분석결과

평가기준 / 구매상황	신규구매	재구매
조달의 필요성에 대한 의견제시	5.6142	4.8110
조달부품의 규격제시a	4.9841	4.5476
조달부품의 대안의 선택a	5.2778	4.7939
조달부품 공급자의 신뢰성a	5.1825	4.8095
조달부품과 공급선 선택과 결정a	5.3968	4.9444

주) a: .01에서 유의적, b: .05에서 유의적, c: .1에서 유의적
각 수치는 7점 척도의 평균값임

〈표 Ⅳ-2〉 벤처기업의 신제품 구매에 대한 중요도 분석결과

평가기준 / 구매상황	신규구매	재구매
조달의 필요성에 대한 의견제시[A]	**5.8678**	5.1818
조달부품의 규격제시[A]	**5.4874**	4.9412
조달부품의 대안의 선택[A]	**5.4917**	5.0833
조달부품 공급자의 신뢰성평가[A]	**5.7167**	5.3417
조달부품과 공급선 선택과 결정[A]	**5.7917**	5.3417

주) a: .01에서 유의적, b: .05에서 유의적, c: .1에서 유의적
각 수치는 7점 척도의 평균값임.

가설 2의 벤처기업의 신제품 구매요인에 대해 paired T-test를 실시한 결과 <표 Ⅳ-3>과 같이 나타났다.

20개 항목들 중에서 공급사의 납기수준, 애프터서비스, 성능이력, 재무상태, 구매자의 태도, 의사교환, 포장능력, 도덕 및 법률적 문제, 공급사의 위치, 노동관련 기록 등 10개 항목에 대해서는 유의수준을 .1로 하여도 기각되었다. 그러나 품질, 가격, 연구개발능력, 생산시설 등에 대해서는 유의수준 .01에서 유의적이며, 협조와 조언, 관리시스템, 입찰에 대해서는 유의수준 .05의 수준에서 유의적인 결과를 보였다. 공급사의 명성, 교육제공, 경영과 조직 항목에 대해서는 유의수준 1.0의 수준에서 신규구매가 재구매의 경우보다 구매요인 평가기준들이 높게 평가되었다.

<표 Ⅳ-3> 벤처기업의 신제품 구매요인의 분석결과

구매평가기준 / 구매상황	신규구매	재구매
공급사의 납기수준	6.3577	6.3603
품질[a]	6.8852	6.6721
가격[a]	6.3089	6.0325
애프터서비스	5.8130	5.6829
연구개발능력[a]	5.7073	5.4390
성능이력	5.7869	5.6885
생산시설[a]	5.5041	5.2276
협조와 조언[b]	5.5203	5.3087
관리시스템[b]	5.3496	5.1626
공급사의 명성[c]	5.0656	4.9344
재무상태	5.1707	5.0732
구매자의 태도	5.3089	5.2114
입찰[b]	4.9089	4.7623
교육제공[c]	4.9672	4.8115
의사교환	5.4472	5.3415
경영과 조직[c]	4.9187	4.7967
포장능력	5.0081	4.9837
도덕 및 법률적 문제	4.6885	4.6311
공급사의 위치	5.1057	5.0488
노동관계이력	4.1157	4.1240

주) a: .01에서 유의적, b: .05에서 유의적, c: .1에서 유의적
각 수치는 7점 척도의 평균값임.

따라서 공급자의 관련기준에 해당하는 13개의 속성 가운데, 공급
사의 납기수준, 애프터서비스, 재무상태, 의사교환, 도덕 및 법률적

서비스, 공급사의 위치, 노동관련 기록 등 7개 항목이 기각되었으며, 벤처기업의 신제품에 대한 제품관련 속성에 해당하는 5개 항목 중에 성능이력, 포장능력 2개 항목이 지지되지 않았으며, 또한 공급자와 구매자 간의 상호업무의 밀접한 의존과 협조항목 2개 가운데 구매자의 태도가 기각되었다. 반면, 품질, 가격, 연구개발 능력, 생산시설, 협조와 조언, 관리시스템, 입찰, 공급사의 명성, 교육제공, 경영과 조직의 항목은 지지되었다. 이를 통해 볼 때, 조직의 구매평가 기준들이 신규구매의 경우가 재구매의 경우보다 높게 평가될 것이라는 가설 2는 지지되었다. 그러나 기존의 뎀프세이(1978)의 연구결과와 비교해 보면 외국의 경우에 있어서도 20개 항목 모두에 대해 신규구매가 재구매의 경우보다 높게 평가되고 있지는 않았다.

'가설 3의 정보원천의 선택이 구매유형에 따라 차이가 날 것이다'와 하위가설인 '3-1의 신규구매일수록 정보원천에 대한 신뢰도가 높을 것이다'를 검증하기 위한 분석결과는 <표 Ⅳ-4>에 제시하였다.

8개 항목에 대해 분석한 결과 벤처기업(공급사)의 영업사원, 벤처기업 회사 내의 전문가, 기술자의 구전효과, 전자 분야의 전문잡지 광고, 공급사의 직접우편(DM) 등은 모두 유의수준 미달로 기각되었으며, 공급사인 벤처기업의 팸플릿, 해당제품에 대한 논문과 기사, 각종 전시회 등은 유의수준 0.01에서 유의적이었으며, 그 분야의 전문가 항목에 대해서는 유의수준 0.05의 수준에서 유의적인 것으로 나타났다.

〈표 IV-4〉 벤처기업의 신제품 구매에 대한 정보원천의 분석 결과

정보원 / 구매상황	신규구매	재구매
부품공급사의 영업사원	4.8130	4.8699
그 분야의 전문가[b]	**4.7967**	4.6667
공급받는 회사 내의 전문가	5.2683	5.2846
공급사의 팸플릿[a]	**4.9431**	4.7967
전자신문 등의 광고[c]	**4.3333**	4.2276
기술자의 구전효과	4.9594	4.9024
해당제품에 대한 논문 및 기사[a]	**4.7724**	4.6260
전자 분야 전문 잡지광고	4.3577	4.2846
공급사의 직접우편	4.4309	4.3984
각종 전시회[a]	**4.7438**	4.5785

주) a: .01에서 유의적, b: .05에서 유의적, c: .1에서 유의적
각 수치는 7점 척도의 평균값임.

따라서 신뢰하는 정보의 원천에 대한 가설은 검증되었다고 할 수 있다.

'가설 4인 지각된 위험이 구매유형에 따라 차이가 있을 것이다'와 하위가설인 '4-1의 산업재 신제품이 신규구매일수록, 지각된 위험에 대한 구매결정 영향이 커질 것이다'에 대해 검증하기 위한 분석의 결과는 <표 IV-5>에 제시하였다.

〈표 IV-5〉 벤처기업의 신제품 구매에 대한 지각된 위험의 결과

지각된 위험 / 구매상황	신규구매	재구매
부품공급사의 품질[a]	**6.7398**	6.5366
사용상의 안정성[a]	**6.5122**	6.2764
적시납기	6.3002	6.3008
가격[c]	**6.2602**	6.1057
기 구매한 사용품과의 대체우월성	6.1200	5.9837
경쟁사보다 기술적 우위성[a]	**6.1382**	5.9187
경쟁사보다 거래의 편의성	5.8537	5.7561
경쟁사보다 서비스의 우위성[b]	**5.6667**	5.4447

주) a: .01에서 유의적, b: .05에서 유의적, c: .1에서 유의적
각 수치는 7점 척도의 평균값임.

8개 항목들에 대한 분석의 결과를 보면 적시납기(on delivery), 기 구매한 사용품과의 대체 우월성, 경쟁사에 비한 거래의 편의성 등에 관해서는 신규구매와 재구매 간에는 유의적인 차이가 없는 것으로 나타났으며, 공급사의 품질(quality), 사용상의 안정성, 경쟁사에 비한 기술적인 우위성 항목에 대해서는 유의수준 .01에서 유의적인 차이가 있으며, 신규구매의 경우가 보다 지각된 위험의 영향을 받는 것으로 나타났다. 경쟁사에 비한 서비스의 우위성 항목에 대해서는 유의수준 .05, 가격(price)에 대해서는 .1의 수준에서 유의적인 차이가 있으며, 역시 신규구매가 영향을 더 많이 받는 것으로 나타났다. 따라서 가설 4는 공급사의 품질, 사용상의 안정성, 경쟁사에 비한 기술적인 우위성, 경쟁사에 비한 서비스의 우위성, 가격 등 항목이 지지되었다.

그 밖에, 가설 2와 관련하여 <표 IV-7>와 <표 IV-8>은 산업재

에 대한 조직의 구매지침인 소위 구매요인 평가기준에서 제시된 20개 항목들에 대한 요인분석(factor analysis)을 실시한 결과들이다.

전자인 <표 Ⅳ-7>의 신규구매에 있어서 20개 항목에 대한 조직의 구매요인 평가기준들은 크게 3가지의 요인으로 분류되었다.

요인 1(부수적 요인): 공급사의 위치, 재무상태, 경영과 조직, 노동
　　　　　　　　　관계기록, 공급사의 명성, 도덕 및 법률문제,
　　　　　　　　　포장능력, 구매자의 태도, 입찰, 관리시스템.
요인 2(의사소통요인): 연구개발능력, 협조와 조언, 의사교환, 성능
　　　　　　　　　이력, 생산시설, 교육제공, 애프터서비스.
요인 3(핵심성공요인): 공급사의 납기, 가격, 품질.

〈표 Ⅳ-6〉 세계 품질 통합관리의 체계

범위·안목	1단계	2단계	3단계
	품질의 통계통제	품질의 통합관리	품질의 세계통합관리
	제품과 기능중심	기능부서 간 협조	국가 간 및 부서간 협조
시장지향 • 고객가치의 우선도 • 문화의 적응	저조함 저조함	높음 높음	높지만 다각화됨 높음
생산지향 • 생산시스템의 초점 • 통제의 위치 • 유연성(flexibility)	제품·공정 모국 중앙집권 저조함	조직 모국 중앙조절 중간적임	국가간 조직 세계망 아래 다수본부 높음
관리지향 • 정보시스템 • 기술네트워크	공장에 한함 공장에 한함	기업통합 기업네트워크	세계망의 통합 세계 기술−경제 네트워크

자료: Kee Young Kim and Dae Ryun Chang(1995), "Global Quality Management: A Research Focus", Decision Science Journal, Vol.26(Sept / Oct), p.563.

<표 Ⅳ-7>에서 보듯이 신규구매의 선행 조건은 공급사의 납기, 가격, 품질이라는 구매의 3박자가 우선 충족되어야 함을 지적하고 있다. 김기영(1995)은 품질을 적합품질(conformance), 신뢰품질(reliability), 성능품질(performance), 감성품질(amenity) 등 단계별 유형을 제시하면서, 기업의 경쟁은 곧 품질에서 기인하며, 품질(quality)이 안정되면, 납기(delivery)가 지켜지고, 그 위에 원가(cost), 유연성(flexibility) 그리고 서비스(service)의 순서로 경쟁우위요인이 형성되는 소위 모래성이론(sandcone theory)과 <표 Ⅳ-6>과 같이 품질의 근시안적 사고에서 탈피하여 세계품질경영(GQM: Global Quality Management)관점에서 접근해야 함을 주장하였다.

〈표 Ⅳ-7〉 신제품의 신규구매에 대한 회전된 요인메트릭스

항목	요인1	요인2	요인3
공급사의 위치	.78986	.09320	.02258
재무상태	.78954	.25009	.20065
경영과 조직	.74946	.43149	.04039
노동관계기록	.74891	.25512	.11149
공급사의 명성	.74671	.20586	.21398
도덕 및 법률문제	.73826	.40651	−.09557
포장능력	.71063	.44545	.09453
구매자의 태도	.68271	.29500	.20739
입찰	.67643	.43249	.12442
관리시스템	.65689	.52235	.16383

항목	요인 1	요인2	요인3
연구개발능력	.12386	.78219	.20047
협조와 조언	.39904	.72971	.20502
의사교환	.43386	.63910	.15551
성능이력	.28718	.63543	.42429
생산시설	.45640	.58879	.16104
교육제공	.51652	.58539	.04217
애프터서비스	.39133	.49123	.11579
공급사의 납기	.27224	.00092	.81292
가격	− .03237	.20374	.70585
품질	.06961	.24391	.70417

따라서 막대한 개발비를 투자하여 개발한 산업재 신제품을 생산하는 벤처기업은 고객이 원하는 제품을 공급하기 위해서 가장 먼저 해야 할 과제는 납기, 가격과 품질을 안정화시키는 데 초점을 두어야 할 것이다. 그러나 쌍방 간에 가격과 납기는 서로 준수가 되나 특히 품질에 대해서는 대개 우리나라의 기업들은 일단 거래를 위해 견본(sample)은 어떠한 가혹한 시험규격에도 내구력이 있도록 조립 또는 생산하나 한 번 거래가 성사되고 나면, 품질은 도외시하고 적당하게 구매자를 현혹하는 밀실영업이나 비합리적인 방법에 의존하는 구태의연한 원시적 영업방식을 채택하는 경우가 의외로 많이 발견되고 있는 것이 전반적으로 오늘날 우리나라 산업의 경쟁력을 떨어뜨리는 결과로 작용하였던 것을 부인하지는 못할 것이다. 뿐만 아니라, 우리나라 산업현장에서 공급자의 경우 조직구매자가 제품의 품질관련 문

제에 대한 생산적 의견을 제시하면, 제품 개선(product improvement)에 반영하지 않고, 일과성으로 흘려버리거나 소홀히 해 버리는 생산지향적 마케팅사고의 경향이 비일비재함을 지적하지 않을 수 없다.

〈표 IV-8〉 재구매의 회전된 요인메트릭스

항목	요인 1	요인2
도덕 및 법률문제	.89046	.16339
경영과 조직	.85890	.23581
노동관계기록	.85389	.16363
교육제공	.78517	.25127
재무상태	.78332	.42218
포장능력	.77843	.28288
관리시스템	.77554	.41688
입찰	.73087	.41879
공급사의 위치	.70345	.21383
의사교환	.67605	.41343
생산시설	.63598	.51986
협조와 조언	.62796	.50355
공급사의 명성	.61822	.50686
구매자의 태도	.57861	.48269
연구개발능력	.53343	.51012
품질	.20191	.82629
공급사의 납기	.14306	.80952
가격	.17422	.71036
애프터서비스	.43278	.67370
성능이력	.52543	.61972

결론적으로 산업재 신제품을 개발한 공급자는 조직구매자에게 거래를 위한 1차적 조건의 핵심요인을 프레젠테이션(presentation)하면서 지속적으로 쌍방 간의 신뢰하에 의사소통을 통해 거래의 토대를 구축하는 것이 가장 바람직한 해법일 것이다. 그래서 조직구매자로부터 초기에 검증된 기대 품질에 대해 사후 거래에도 일관되고 시스템적 관점에서의 신뢰성이 확보된 제품을 제공하여야 할 것이다.

<표 Ⅳ-8>의 재구매는 <표 Ⅳ-7>의 신규구매에 대한 3가지 요인으로 분류된 것과는 달리 2가지 요인으로 나타났다.

요인 1(부수적 요인): 도덕 및 법률문제, 경영과 조직, 노동관계기록, 교육제공, 재무상태, 포장능력, 관리시스템, 입찰, 공급사의 위치, 의사교환, 생산시설, 협조와 조언, 공급사의 명성, 구매자의 태도, 연구개발능력.

요인 2(핵심성공요인): 품질, 공급사의 납기, 가격, 애프터서비스, 성능이력.

후자인 재구매의 경우에 품질, 납기, 가격은 신규구매의 경우와 동일하게 포함되었으며, 애프터서비스와 성능이력은 의사소통요인이었으나 재구매의 경우에는 핵심요인으로 분류되었다. 또한 신규구매의 경우는 의사소통요인이 하나의 요인으로 분류되었으나, 재구매의 경우에 있어서는 별도로 구분되지 않았다. 이러한 사실은 의사소통요인에 속한 속성들이 신규구매에 있어서는 구매결정에 독립적으로 결정적이고 중요한 요인으로 작용하나 재구매에 있어서는 공급업체가 당연히 제공하거나 보유해야 하는 속성으로 생각하고 있음을 나타내는 결과라고 보인다. 또한 공급자와 구매자 간의 협력적 관계(cooperate relationships)로 인하여 어느 정도 신뢰의 토대하에 상호의존도가 심화되어 교환당사자 간의 관계의 지속성에 대한 묵시적 혹은 명시적 약속이 진행되고 있음을 시사한다. 물론 교환당사자들은 또 다른 대안으로의 대체가능성을 알고는 있지만 쌍방 간의 일정한 기대수준만 만족시켜 준다면, 지속적이고 현저한 테스트는 회피한다고 볼 수 있다.

Ⅴ. 벤처기업의 신제품 마케팅전략

본 연구는 벤처기업이 개발한 산업재 신제품이 조직의 구매요인에 어떤 변화가 초래되는지를 파악하여 유망한 벤처기업들이 신제품 개발을 계획하고 사업화하는데, 어떠한 마케팅전략이 강화되어야 하는지 그 가이드라인을 제공하는 데 있다.

이에, 분석결과에 대한 시사점으로 첫째, 가설 1의 경우 조직의 구매자가 동일 제품을 반복구매하는 단순 재구매일 경우 그 제품에 대한 포괄적 경험을 가지고 있기 때문에 제품의 성능에 대해 매우 만족하고 있으므로 대안을 탐색할 어떤 충동도 없으며, 특정한 제품에 대한 상표애호도(brand loyalty)를 가지고 있음을 의미한다. 즉 구매자관점의 산업체 조직은 비용의 증가를 유발할 수 있는 구매센터의 활동이 일시 정지될 것이며, 엔지니어들의 보수주의적 사고와 또한 구매자의 보신주의가 팽배할 수 있는 여지가 살아날 수 있으므로 기업내부 차원에서 경영관리에 소홀함이 없도록 하여야 할 것이다. 반면, 공급자인 벤처기업의 관점에서는 이들 기업이 개발한 산업재 신제품의 신시장 개척의 장벽은 매우 높으며, 유망 벤처기업의 자금난과 기업의 영속성에 치명적인 장애요인으로 작용할 수 있다. 따라서 벤처기업이 개발한 신제품을 마케팅하기 위해 정부 산하의 중소기업청이나 공업진흥청, 전자공업진흥회 등을 통해 대외적으로 신제품에 대한 정부의 품질 인증을 획득하는 방법을 모색하거나, 회원사를 대상으로 홍보전을 펼치는 것이 중요하다고 진단된다. 또 다른 대안의 방법으로는 벤처기업이 개발한 산업재 신제품의 신규구매를 촉진시키는 방안으로 비정형화된 조직의 구매센터 구성원들의 동인을 유발하는 것이다. 다시 말해서, 기존의 구매자와 공급자 간의 거래상의 불협화음이나 제품에 대한 품질문제로 인한 갈등을 전후하여 지속적인 문제점의 발견을 주시함으로써, 벤처기업은 조직구매자에게 공격적 마케팅으로써 적극적인 거래관계를 시도하는 프레젠테이션을 제시할 필요성이 있다. 즉 조달의 필요성에 대한 의견제시, 조달부품의 규격제시, 조달부품의 대안선택, 조달부품 공급자의 신뢰성 평가, 조달할 부품과 공급선 선택 및 결정에 필요한 고급정보의 제공, 특히 조직구매자의 구매 흡인력을 발휘할 수 있는 부분인 원가절감(cost reduction) 차원의 품질, 가격, 납기, 공장 자동화 추진에 따른 발 빠른 대응 자세인 사전서비스(before service) 등 매우 치밀한 전략(Bendapudi and Berry, 1997)을 수립하여 지속적인 구매자-공급자 관계의 형성 및 장기지향의 파트너십(long-term oriented partnership)(Kalwani et al., 1995)으로의 단초를 제공하여 종국적으로 쌍방 간의 파트너십으로 발전해 나갈 수 있도록 하여야 한다.

둘째, 가설 2의 벤처기업의 신제품 구매요인 평가기준에서 품질, 가격, 연구개발능력, 생산시설, 협조와 조언, 관리시스템, 입찰, 명성, 교육제공, 경영과 조직의 항목이 지지된 것으로 보아, 벤처기업의 마케팅전략은 우선 품질과 가격은 거래조건의 중요한 요인으로 작용하고 있으며, 또한 그 기업의 내부경영여건과 생산의 일관성, 파트너 간의 협력적 사항일 수 있는 협조와 조언, 교육제공 등을 중요한 고려요인으로 평가하는 것은 구매자가 과거의 단순한 거래관계에서 탈피하여 보다 장기적인 파트너십 차원에서 잠재력 있는 파트너를 선택하고자 하는 의미를 내포하고 있다고 진단된다.

셋째, 가설 3의 우리나라 산업재를 생산하는 기업의 경우 일반적으로 인적 판매 중심의 조직으로 구성되어 있으며, 영업사원들의 평소 영업활동이 조직구매자에게 매우 영향력이 큰 것으로 간주하여 왔으나, 단적으로 조직구매자들을 결코 만족시키지 못하고 있음을 지적할 수 있다. 그래서 앞으로 산업재 판매 조직들이 현재 사용하고 있는 구태의연하고 진부한 지연, 혈연, 학연 등을 통한 수의계약 또는 밀실영업의 비합리적이고, 동정적인 태도와 공급자의 회사 내 기술전문가, 구전효과(word of mouth effects), 전문잡지 광고 등 투명하지 못한 루머적이고 비과학적인 의미에 대해 일대 변화가 일어나야 하며, 보다 구매자인 고객의 관점에서 신제품에 대한 신뢰성을 제고시킬 수 있는 과학적이고 전문적인 기법의 메시지를 전달하는 방향으로 마케팅전략을 수립하여야 한다. 다시 말해서 기존의 촉진 방법과 제3자적인 신뢰성과 자긍심을 요구하는 각종 전시회, 그 분야의 전문가 의견, 해당 제품에 대한 논문과 기사 등 개방화된 정보화시대(information era)에서 비인적 정보원의 투명성과 객관성이 부여된 것들을 활용하여 구매자 집단을 설득하여야 할 것이다.

넷째, 가설 4의 경우는 사실상, 우리나라 기업의 경우 정부 주도하에 벤처기업들이 개발한 신제품을 적극 장려하여, 1980년대 초반에 국내 자력으로 개발한 산업재 신제품을 조직구매기업에서 이른바 대승적인 애국심의 발로에서 과감하게 채택하여 그 성과가 매우 긍정적인 듯하였으나, 완제품에 적용된 신제품이 해외 바이어로부터 의외의 품질에 클레임을 잇달아 제기당함에 따라, 벤처기업들이 개발한 신제품에 대해 조직구매기업에서의 엔지니어와 구매자들이 매우 부정적인 시각을 갖도록 영향을 미쳤으며, 이에 많은 신제품을 개발하려고 한 국내의 벤처기업들에게 시련을 안겨 준 시기였다. 따라서 여기에서의 시사점은 과거 산업재 신제품을 신규개발하여 생산을 서둘던 유망한 벤처기업들의 뼈아픈 반성으로 조직구매자들이 갖고 있는 부정적 선입관(bias)에서 탈피할 수 있도록 노력하여야 할 뿐만이 아니라, 벤처기업들이 개발한 신제품이 조악하다는 평가를 불식시키기 위해 품질에 대한 또 다른 계량적인 기법을 도입하여 조직구매자를 안심시킬 필요가 있으며, 또한 구매자 관점의 조직 내에서 신제품 채택에 대한 신분상 보장과 불신의 경계를 완화시켜야 할 것이다. 즉 기존의 선진 기술국의 수입 산업재를 대체할 수 있는 핵심고리인 품질과 기술적 우위성 그리고 서비스의 우위성을 통해 대외 경쟁력에서 선진국과 개발도상국들의 추월을 예방할 수 있는, 국내의 저효율 고비용을 청산할 수 있는 원가절감의 동기부여가 제공되어야 할 것이다.

VI. 결론

본 연구의 결과를 요약하면, 벤처기업이 개발한 산업재 신제품에 대해, 조직의 구매의사결정은 구매유형에 따라 상이한 것으로 나타났으며, 신제품에 대한 신규구매일수록 구매의사결정의 참여도와 중요도가 높은 것으로 파악되었다. 그리고 신제품에 대한 조직구매자들의 구매지침이라고 할 수 있는 구매요인 평가기준은 신규구매와 재구매 간의 차이를 보여주었다. 즉 벤처기업의 신제품 시장 개발을 위한 마케팅전략의 핵심적 성공요인은 공급사의 납기와 가격 그리고 품질이 기본적인 경쟁력으로 구비하고 있어야 하며, 그다음으로 구매자와 공급자 간의 의사교환의 원활한 작용이 곧 거래기반을 구축하는 데 결정적인 요소로 작용할 것이라는 점이다. 뿐만 아니라 부수적인 요소도 거래에 있어서 소홀히 하여서는 안 되는 요인으로 파악되고 있음을 주의하여야 할 것이다. 또한 재구매의 경우에도 판매자와 구매자 간의 일정 수준의 신뢰와 의존관계(trust and dependence relationship)의 토대 위에 파트너십(partnership)(권기대, 1998)이 유지될지라도 핵심성공요인을 간과할 경우에는 언제든지 잠재 경쟁자로 하여금 시장찬탈의 빌미를 제공하는 결과를 초래할 것이므로 최근에 부각되고 있는 ISO 9000시리즈와 같이 지속적인 경쟁우위를 위해 시스템적인 관점에서 품질 문제를 다루어야 할 것이다. 그리고 지각된 위험이나 신뢰하는 정보의 원천에 대해서는 벤처기업이 이제까지 생산 중심의 기능적 마케팅 사고방식에서 탈피하여 고객욕구의 만족과 수요의 재창출을 위해 전사적인 마케팅(total marketing) 관점에서 불확실성이 높은 시장에 대해서는 공격적 마케팅전략으로 대처하여야 함을 시사하고 있다.

아울러, 각 기업에서 조직의 구매결정에 참여하고 있는 부서들에 대한 인구통계학적 자료에 의한 구매부, 연구소, 품질관리부서, 생산부서, 국산화 추진팀 다섯 가지로 나누어 살펴본 결과 구매부서가 구매결정에 참여하는 경우가 90.3%로 가장 높았으며, 연구소는 67.4%, 품질관리부서는 28.4%, 생산부서는 16.9%, 국산화추진팀은 9.7%에 불과하였다. 따라서 기업의 특성에 따라 영업을 할 때, 물론 구매부서와 의사교환 등의 중요성을 당연시하더라도 연구소, 품질관리부서 등 관련부서의 구성원에게 관심을 보여주는 전방위 마케팅을 수행하여야 함을 지적하고 있다.

연구의 한계는 첫째, 외적 타당성(external validity)문제이다. 본 연구의 대상으로 벤처기업이 개발한 산업재 신제품이 과연 벤처기업들이 개발한 신제품에 대한 대표성의 문제가 제기될 수 있다. 둘째, 표본을 추출함에 있어서 설문의 난이성으로 인하여 응답자들이 질문의 내용을 정확하게 이해하지 못하고 응답하였을 가능성을 배제할 수 없는 것이 이 연구에서 지적 사항이다.

그리고 연구수행상의 한계를 극복하고 나아가서 벤처기업의 신제품 구매요인과 벤처기업들이 동태적인 시장환경에 유연한 대응전략의 개발을 위한 미래의 대안으로는 산업재 조직의 구매의사결정 영향 요인을 구매유형에서 탈피하여 보다 각 기업의 독특한 조직문화(organizational culture) 관점에서 개별적이고 종합적인 분석의 연구가 진행되어야 할 것이다.

❏ 참고문헌

권기대(1994), "국산전자부품산업재의 구매의사결정요인에 관한 실증적 연구", 석사학위논문, 연세대학교 대학원.

권기대(1998), "유통경로상에서 구매자 ― 판매자의 관계적 특성이 파트너쉽에 미치는 영향에 관한 연구", 박사학위논문, 연세대학교 대학원.

김기영(1993), 『생산전략』, 웅진미디어.

이학종(1994), 『기업변신론』, 법문사.

Anderson, Erin, Wujin Chu, and Barton Weitz(1987), "Industiral Purchasing: An Empirical Exploration of the Buyclass Framework", *Journal of Marketing,* Vol.51(July), pp.71 ― 86.

Anderson, James C., Håkan Håkansson and Jan Johnson(1994), "Dyadic Business Relationships within a Business Network Context", *Journal of Marketing,* Vol.58(October), pp.1 ― 15.

Bagozzi, Richard P.(1979), "Toward a Formal Theory of Marketing Exchange", in Hunt, Shelby D., *Marketing Theory: The Philosophy of Marketing Science,* Homewood: Richard D. Irwin, Inc., 1983, pp.324 ― 336.

Bagozzi, Richard P.(1980), "Performance and Satisfaction in an Industrial Sales Force: An Examination of Their Antecedents and Simultaneity", *Journal of Marketing,* Vol.44(Spring), pp.65 ― 77.

Bendapudi, Neeli and Leonard L. Berry(1997), "Customers' Motivations for Maintaining Relationships with Service Providers", *Journal of Retailing,* Vol.73(1), pp.15 ― 37.

Bunn, Michele D.(1994), "Key Aspect of Organizational Buying: Conceptualization and Measurement", *Journal of the Academy of Marketing Science,* Vol.22(Spring), pp.160 – 169.

Choffray, Jean – Marie and Gary L. Lilien(1978), "Assessing Response to Industrial Marketing Strategy", *Journal of Marketing,* Vol.42(April), pp.20 – 31.

Choffray Jean – Marie, and Paul E. Johnston(1979), "Measuring Perceived Pre – Purchase Rise for a New Industrial Product", *Industrial Marketing Management,* Vol.8, pp.333 – 334.

Day, George S.(1994), "The Capabilities of Market – Driven Organizations", *Journal of Marketing,* Vol.58, pp.37 – 52.

Dempsey, Williams A.(1978), "Vendor Selection and the Buying Process", *Industrial Marketing Management,* Vol.7, pp.257 – 267.

Dholakia, R. R., Johnson J. L., Bitta, A. J. and Dholakia, N.(1993), "Decision Making Time in Organizational Buying Behavior an Investigation of Its Antecedents", *Journal of the Academy of Marketing Science,* Vol.21, pp.281 – 292.

Ford,D.(1984), "Buyer – Seller Relationship in International Industrial Markets", *Industrial Marketing Management,* Vol.13, pp.101 – 112.

Ghingold, Morry(1986), "Testing the 'Buygrid' Buying Process Model", *Journal of Purchasing and Materials Management,* Vol.22(Winter), pp.30 – 36.

Gummesson, E.(1978), "Models of Organizational Buying Behavior, Their Relevence for Professional Service Marketing for Public Agency Organizational Buying Behavior", *Senanque,* France Universited Aix – Marseille.

Henthorne, Tony L., Michael S. LaTour, and Arvin J. Williams(1991), "How Organizational Buyers Reduce Risk", *Industrial Marketing management*, Vol.22(February), pp.41−48.

Hutt, Michael D. and Thomas W. Speh(1995), *Business Marketing Management: A Strategic View of Industrial and Organizational Markets*, 5th ed., The Dryden Press.

Iyer, Gopalkrishnan(1996), "Strategic Decision Making in Industrial Procurement: Implications for Buying Decision Approaches and Buyer−Seller Relationships", *Journal of Business & Industrial Marketing*, Vol.11, pp.80−93.

Johnston, Wesley and Thomas V. Bonoma(1981), "The Buying Center: Structure and Interaction Patterns", *Journal of Marketing*, Vol.45 (Summer), pp.143−156.

Johnston, Wesley J. and Jeffrey E. Lewin(1996), "Organizational Buying Behavior: Toward an Integrative Framework", *Journal of Business Research*, Vol.35(January), pp.1−15.

Kalwani, Manohar U. and Narakesari Narayandas(1995), "Long−term Manufacturer−Supplier Relationships: Do They Pay Off for Supplier Firms?" *Journal of Marketing*, Vol.59(January), pp.1−16.

Karathanos, Patricia Hager(1994), "Communication Network Analysis and Dysfunctional Organizational Coalition", *Management Decision*, Vol.32(9), pp.15−19.

Kim, Kee Young and Dae Ryun Chang(1995), "Global Quality Management: A Research Focus", *Decision Science Journal*, Vol.26(Sept / Oct), pp.561−568.

Kiser, G. E. and Rao, C. P.(1977), "Important Vendor Factors in

Industrial and Hospital Organizations: A Comparison", *Industrial Marketing Management,* Vol.6, pp.289－296.

Kotler, Philip(1997), *Marketing Management: Analysis, Planning, Implementation and Control,* 9th, Prentice－Hall.

Lehmann, D. R. and O'Shaughnessy, J.(1974), "Difference in Attribute Importance for Different Industrial Products", *Journal of Marketing,* Vol.38(April), pp.36－42.

Lewin, Jeffrey E. and Wesley J. Johnston(1996), "The Effects of Organizational Restructuring on Industrial Buying Behavior: 1990 and Beyond", *Journal of Business & Industrial Marketing,* Vol.11, pp.93－111.

Monoky, J. F. Jr.(1973), "Preferences and Attitudes toward Sources of Information by Industrial Purchasing Agent as a Function of the Buying Situation", *Unpublished Doctoral Dissertation,* Pennsylvania State University.

Morgan, Robert M. and Shelby D. Hunt(1994), "The Commitment Trust of Theory Relationship Marketing", *Journal of Marketing,* Vol.58 (July), pp.20－38.

Moriarty, T. Rowland, and Robert E. Spekman(1984), "An Empirical Investigation of the Information Sources used during the Industrial Buying Process", *Journal of Marketing,* Vol.21(May), pp.138－139.

Robinson, Patrick J., Charles W. Faris and Yoram Wind(1967), *Industrial Buying and Creative Marketing,* Boston: Allyn & Bacon, Inc., pp.24－25.

Sheth, Jagdish N(1973), "A Model of Industrial Buyer Behavior", *Journal of Marketing,* Vol.37(October), pp.50－56.

Sheth, Jagdish N(1996), "Organizational Buying Behavior: Past Performance and Future Expectations", *Journal of Business & Industrial Marketing* Vol.11, pp.7 − 24.

Webster, Frederick E. Jr. and Yoram Wind(1996), "A General Model for Understanding Organizational Buying Behavior", *Marketing Management,* Vol.4(Winter / Spring), pp.52 − 57.

Webster, Frederick E. Jr. and Yoram Wind(1972), "A General Model for Understanding Organizational Buying Behavior", *Journal of Marketing,* (April), pp.12 − 19.

Wilson Elizabeth J., Gary L Lilien and David T. Wilson(1991), "Developing and Testing a Contingency Paradigm of Group Choice in Organizational Buying", *Journal of Marketing Research,* Vol.28(November), pp.452 − 466.

벤처기업성장유형과 대기업의 특징이 협력유형에 미치는 영향*

* 본 원고는 대한경영학회 「대한경영학회지」 제15권 제3호(2002. 09)에 게재된 논문입니다.

Ⅰ. 서 론

　벤처기업이란 "1인 또는 소수의 핵심적 기술창업인이 기술혁신의 개발아이디어를 상업화하기 위해 설립하는 신생기업"으로 정의할 수 있다. 오늘날 성공한 벤처기업들은 독창적 기술개발과 틈새기술경쟁의 리더들로서 작은 조직, 자율권, 실패에 대한 관대함, 민첩함과 창의적인 도전정신 등 세계제일의 이념으로 글로벌시장에 적극적인 공략에 나서고 있다. 그러나 정부주도하에 급성장한 벤처기업들은 관리인프라가 미구축되어 있고, 비즈니스모델의 미비로 수익전망이 불투명할 뿐만 아니라, 마케팅능력과 조직력이 부족하여 경제적 불황기나 침체기에 접어들게 되면 시장퇴출의 위험에 직면할 수 있다. 반면, 우리나라 기존 대기업들의 주력사업은 전반적으로 시장의 성숙기 진입에 따른 마케팅 및 관리비용 증가로 인한 수익성 악화, 경직된 의사결정체제에 의한 비효율성, 조직의 방대함, 비관련 다각화로 핵심역량 분산, 규모에 집착한 저부가가치형 생산구조 등 생존의 위협에 직면해 있음에 따라 중후장대형 산업이나 단순한 모방방식으로는 성장의 한계에 직면하게 되고, 대기업의 노화현상을 극복할 수 있는 새로운 돌파구를 모색하여야 하는 상황에 처해 있다.

　이에 글로벌 네트워크(global network)를 갖췄으나 비대한 조직으로 탄력성을 잃은 대기업의 경쟁력 제고 및 도약방안과 벤처기업의 핵심역량 및 창조적인 도전정신에 따른 약점인 신속한 의사결정의 오류와 마케팅능력의 부족을 상호·보완적인 맥락에서 벤처기업－대기업의 신뢰에 기반을 둔 시너지효과를 동반할 수 있는 협력이 요구된다(권기대, 1998a; 1998b).

따라서 본 연구의 목적은 벤처기업의 성장단계별로 대기업의 특징들인 신뢰, 명성, 관계편익, 의사교환 그리고 기업문화 및 윤리 등 변수가 협력유형인 기능별 제휴, 합작투자, 아웃소싱, 스핀아웃 그리고 M&A와 어떤 관계인가를 분석하여 벤처기업 – 대기업에 대한 협력의 방향성을 제시하고자 한다. 구체적으로 첫째, 벤처기업의 성장단계에 따라서 대기업과의 협력유형에 어떤 차이가 나타나는지를 알아본다. 둘째, 대기업의 특징이 벤처기업 성장단계와 협력유형 간에 상호작용의 효과를 지닐 것인지 여부, 즉 신뢰, 명성, 의사교환, 관계편익, 기업윤리 등 대기업 특성이 벤처기업 성장단계와 협력유형 간에 상호작용 효과를 지닐 것인지를 분석해 보고자 한다.

Ⅱ. 이론적 배경과 연구가설

1. 벤처기업 – 대기업 협력유형

벤처기업의 성장단계유형에 대한 연구가 어느 정도 실행되고 있지만(Kazanjian, 1988; Kazanjian & Drazin, 1989; 1990; Lumpkin & Dess, 1995; 이장우·장수덕, 2001; 중소기업진흥공단, 1998) 본 연구에 적용하는 데 가장 적절하게 기술하는 성장모델로서는 존재, 생존,

성공, 도약, 성숙 등 5단계(Churchill and Lewis, 1983)를 응용한 창업, 상업화, 성장, 성숙단계 등 4단계(권기대·김승호, 2001)로 간주된다.

따라서 이에 대한 단계별 주요특징을 기술하면 먼저, 존재단계(existence stage)는 자본의 충분성, 사업확장 가능성, 고객, 제품, 서비스에 대한 시장성에 대한 불확실성이 중요한 문제가 되는 단계이다. 둘째, 생존단계(survival stage)는 사업유지를 위한 현금흐름의 창출 여부가 향후 성장을 위한 생존전략이므로 수익과 비용이 일치하기까지 자본의 고갈에 대비한 자본의 창출능력이 가장 중요한 경영문제로 대두되는 단계이다. 셋째, 성공의 단계(success stage)는 생존단계로부터 지속적인 성장을 유지하는 것이 주요 관심사항이므로 현금흐름이 사업의 성장에 의해 일부 해소되는 반면 창업자의 실행능력의 중요성은 점차 중요도가 떨어지게 되는 단계이다. 넷째, 도약단계(take off)는 지속적인 성장에 의한 자본의 고갈과 효과적인 경영자의 관리능력이 대두되는 시점이다. 이 단계에서는 전략적 계획, 관리, 통제의 중요성이 부각되기 시작하고 그 절정을 이루게 된다. 다섯째, 성숙단계(resource maturity)는 재정수익의 통제 및 강화가 주요 현안으로 등장하고 상대적으로 전략적 계획이 중요시되는 단계이다. 이 단계의 특징으로는 규모의 이점을 살려 환경변화에 민감하게 대처하고 기업가정신을 지속적으로 유지시켜 나가는 것이 무엇보다도 중요하다. 그러므로 벤처기업이 성장하는 단계별마다 그 나름의 경영자원의 필요성과 아울러 대기업과의 협력유형도 달라질 것으로 미루어 평가할 수 있다. 이러한 5단계 성장모형에서 존재단계는 창업기의 성장유형으로, 생존단계는 상업화기의 성장유형으로, 성공과 도약단계는 성장기의 성장유형으로 그리고 성숙단계는 성숙기의 성장유형으로 적용하고자 한다.

협력의 유형으로는 전략적 제휴, 아웃소싱, 스핀아웃, M&A로서 벤처기업－대기업이 그 기업의 고유한 특성이나 또는 환경적 영향요인에 따라 협력의 유형이 달라질 것이며, 따라서 협력의 성과도 협력유형에 따라 차이가 있을 것으로 판단된다. 협력유형 가운데 우선 전략적 제휴(strategic alliance)란 모든 기업이 시간에 의한 경쟁우위(time based competition)(Stalk, 1988)라는 환경적 맥락하에서 경쟁관계에 있는 기업이 일부사업 또는 기능별 활동부문에서 경쟁기업과 일시적인 협조관계를 체결하는 것으로, 자신에게 부족한 핵심역량을 파트너로부터 획득하거나 자신의 역량과 파트너의 핵심역량을 결합하여 빠른 시일 내에 시장에 진입할 수 있게 하고, 경쟁기업에 비하여 경쟁우위를 보유하게 하는 것이다. 아웃소싱 역시 전략적 제휴의 일종으로 한 조직이 핵심역량으로 집중화하고 나머지 지원 부서를 외부의 신뢰가 가는 기업들을 통해 인력, 생산, 기술, 연구개발 그리고 제품스왑(판매제휴) 등에 대해 협력을 지원받는 경우이다. 스핀아웃(spin out)은 유망한 벤처 아이디어를 가진 사업부, 팀 혹은 개인이 독립법인을 세워 분사시키는 것을 말한다. 이는 모기업과 경영, 기술, 사업관계를 유지할 뿐만 아니라 모기업의 조직, 문화, 핵심역량, 관리시스템, 기술, 시장을 공유하면서 성장해 가는 일종의 사업 확장전략이다(이광형·이민화, 2000). 그래서 모회사의 주식도 교차 보유하고 지분의 1% 이상씩 보유해 분사기업에 대한 헌신도를 제고시킬 수 있는 형태이다. 마지막으로 M&A는 기업의 외적 성장을 위한 경영전략상 가장 적극적이고 대표적인 수단으로 두 개 이상의 기업이 법률적·경제적으로 완전한 단일체가 되는 경우는 물론 법률적 독립성을 유지하면서 금융적으로 결합된 형태의 기업매수나 금융적 관련을 맺는 합작관계까지 포함되는 경우이다(장세진, 1999).

또한 벤처기업의 성장모델에 의하면, 초기 존재 및 생존단계에는 자본창출에 초점을 두게 된다(Scott and Bruce, 1987). 이러한 단계를 극복하게 되면 시설 및 규모의 증가에 따른 관리비용의 문제와 경영의 비효율성이 발생하는 위기단계를 겪게 된다. 어느 정도의 경영관리상의 위기단계를 극복하고 유지비용을 방어할 수 있는 단계를 극복하고부터는 지속적인 경쟁우위와 성장에 주력하는 성공 및 도약 그리고 안정적인 사업을 수행하게 되는 성숙단계로 이어진다. 이러한 성장은 벤처기업의 자본주가 엔젤-벤처캐피탈-코스닥으로 이전되듯이 사업주체도 벤처기업-대기업과 협력 또는 극단적으로 대기업의 인수라는 경로로 발전한다. 가공과 조립공정은 제조중소기업이 분담하되 경제의 주축은 기존의 역량과 디지털시대의 역량을 결합시켜 변신에 성공하는 대기업이 될 것이다.

한편, 벤처기업-대기업 간의 협력을 거래비용관점에서 보면, 벤처기업이 지니고 있는 기술기반의 자산특유성이 개인투자에 의한 엔젤의 소규모 투자보다는 대기업의 높은 투자를 가능하게 하기 때문에 거래비용을 더욱 절감시키는 결과를 가져온다(Williamson, 1985; Powell, 1990). 벤처기업을 둘러싸고 있는 미개척된 치열한 경쟁시장 상황하에서 이러한 협력적 관계의 형성은 기업간 경쟁의 성공에 중요한 요인 중의 하나이다(Granovetter, 1985). 개방체계접근에서의 개별조직은 그가 직면한 환경으로부터 충분한 지원을 받지 못하고서는 생존할 수 없다(Pfeffer & Salancik, 1978; Pfeffer, 1987). 결과적으로 벤처기업은 성과를 높이기 위해서 벤처기업 특유의 기술 및 아이템기반의 내부자원에 더하여 대기업의 재무·시장자원과 상호작용함으로써 그 성장기반을 구축할 수 있다. 그리고 네트워크 이론에 의하면, 거래(여기에서는 협력)는 개별 기업이 환경과의 상호작용에서 축적한 사회적 관계의 양과 성격에 영향을 받는다. 이는 경제적으로는 비효율적인 기업이라도 미래 잠재력과 기술, 기존의 관계 등 제도적 환경과 사회적 관계에 의해서 지속적으로 관계를 유지하면서 생존을 거듭하게 된다(Meyer and Zucker, 1989). 파트너십(partnership) 이론에서도 역시 기업의 성장과 성공은 거래기업 간의 신뢰, 결속 등을 기반으로 하는 협력이 벤처기업의 성공에 핵심적인 요소임을 밝혀 주고 있다(권기대, 1998a; 1998b). 그리고 역할이론(role theory)을 원용하고 있는 구조결함이론에서 구조자율성(structural autonomy)의 개념은 벤처기업과 대기업의 협력유형에 있어서 협력상의 지위와 구조적 제약 간의 관계는 성장단계에 따라서 상이한 협력 유형을 취하게 된다는 것을 보여준다(Burt, 1982; 1992). 벤처기업－대기업 협력관계는 이들 간에 맺게 되는 협력유형의 구조자율성 범위 안에서 독점적 이익을 누릴 수 있게 된다(Burt, 1982). 요컨대 성장단계가 높아질수록 벤처기업 자체의 자생력이 높아져 대기업으로부터 상대적으로 협상력이 강한 기능적 제휴나 합작투자 형태를 취하게 될 것이다. 반면 상대적으로 창업단계에 해당하는 존재 및 생존단계에서는 대기업의 아웃소싱이나 스핀아웃 형태로 협력관계를 맺게 될 가능성이 높을 것이다.

이상의 논의를 토대로 할 때 벤처기업의 성장에 있어서 상대적으로 자본, 인력, 시장 등 자원의 풍부성을 지닌 대기업과의 협력은 성과에 지대한 영향을 미칠 것이라고 볼 수 있다. 특히 벤처기업의 성장단계별로 대기업과 취하는 협력형태는 다를 것이다.

요약하면, 협력의 유형도 수직적·통제적 협력유형인가 아니면 수평적·자율적 협력유형인가로 대별할 수 있으며, 벤처기업의 성장단계도 그러한 협력의 유형을 취사선택하여 기업성장의 견인차 역할로 활용할 것이다. 따라서 앞의 내용에 의해 다음과 같이 가설을 설정하였다.

가설 1: 벤처기업의 성장단계에 따라서 대기업과의 협력에 차이가 있을 것이다. 즉 벤처기업의 성장단계에 따라서 대기업과의 협력유형의 차이가 있을 것이다. 벤처기업이 성장을 거듭할수록 대기업과의 협력에 있어서 수직적·통제적 협력유형에서 수평적·자율적 협력유형을 취할 것이다.

2. 대기업특징이 벤처기업 – 협력유형 간의 상호작용 효과

벤처기업의 성장단계, 협력유형 간의 적합성 논의를 시스템 관점(Drazin and Van de Van, 1985)과 통일적 형태의(Gestalt) 적합 개념으로 확장하면 이변량 상호작용 효과와 함께 다변수를 고려할 수 있다. 본 연구에서는 벤처기업의 성장단계와 협력유형 간의 적합성 사이에 벤처기업의 파트너로서 대기업과의 협력관계에서 고려되는 대기업의 신뢰, 명성, 관계편익, 의사교환 그리고 기업문화 및 윤리 등 대기업의 특성을 영향변수로 고려하고자 한다. 이러한 주장은 Venkatraman

(1989)이 제시하고 있는 조절로서의 적합(fit as moderation) 개념에 따르면, 예측변수가 기준변수에 미치는 영향이 제3의 변수(조절변수)에 따라 달라진다는 관점과 맥락을 같이한다. 다시 말해서, 예측변수(성장단계*협력유형)와 조절변수(대기업의 특성) 간의 적합성이 기준변수(협력성과)의 결정요인이 된다는 것이다. 이러한 맥락에서 대기업 특성을 구체적으로 논의하면 다음과 같다.

먼저 신뢰는 자신이 믿고 있는 교환 상대방에 의존하려는 의지를 뜻한다(Moorman, Deshpandé, & Zaltman, 1993, p.82). 이러한 신뢰의 중요한 의미는 상대 파트너의 전문가적 식견, 신뢰성, 의도로부터 발생한 교환 파트너에 대한 믿음, 감정 또는 기대로서의 개념이다(Ganesan, 1994). 반면, 파트너 간의 신뢰의 결여는 부분적으로 동기부여, 목표 그리고 사업에 대한 접근에서 지각된 차이로 인해 발생한다. 이러한 것은 문화, 전략 그리고 파트너 조직의 시스템의 차이에서 발생한다고 주장한다(Smith and Barclay, 1997, p.4).

전략적 제휴에서는 전략의 성공을 위해 가장 큰 장애물(stumbling block)은 신뢰의 부족이라고 주장하였으며(Sherman, 1992, p.78), 신뢰는 협력의 주춧돌(Spekman, 1988, p.79)이라고까지 하였다. 벤처기업-대기업 혹은 구매자-판매자 간의 협상상황에서 협력적인 문제해결과 건설적인 대화를 달성하는 과정에서 중요한 것은 신뢰임을 발견하였다(Schurr and Ozanne, 1985).

둘째, 기업의 명성은 미래의 임차(rents)를 발생시킬 수 있는 자산이라는 공식화된 아이디어를 개발하였다(Wilson, 1995). 명성을 구축하는 행동은 불완전한 정보환경에서 전략적으로 매우 중요하다(Weigelt and Camerer, 1988, p.443). 긍정적인 명성이란 어떤 조직이 높이 평가받으며, 가치가 있거나 우수함이 있는 것을 뜻하는 것 (Dollinger, Golden, and Saxton, 1997, p.127)으로서, 평균 이상의 이익을 획득하는 데 이용될 수 있다(Barney, 1986). 또한 명성은 파트너들의 기술적 또는 전문적 행위, 윤리 그리고 표준에 대한 좋은 명성 혹은 나쁜 명성을 가지는 정도의 인식을 말한다(Weigelt and Camerer, 1988, p.450). 명성은 사업전략의 무형적 요소로서 협력의 관계에 있는 파트너들은 다른 경로관계에서 그들의 행동을 통해 미래 활동의 신호(signals)를 제공한다. 예를 들면, 보복에 대한 명성은 경쟁을 억제시키는 한편, 희생을 하고 기타 경로 구성원들에게 관심을 보이는 개별적 파트너들은 산업 내에서 공정성(fairness)에 대한 명성을 개발할 수 있다(Anderson and Weitz, 1992). 공정성에 대한 명성을 얻게 된 파트너를 인식한 상대 파트너는 파트너에 대한 신뢰가 돈독해질 것이며, 제휴나 또 다른 조직간 관계를 생성시키는 데 영향을 준다(Oliver, 1988). 호의적인 믿음, 신뢰 그리고 심리적 결속을 수반한 명성은 기업가적인 단기간의 협조적 관계(honeymoon)의 토대로서 사용할 수 있는 자산이다(Fichman and Levinthal, 1991).

셋째, 의사교환은 조직적 기능의 중요한 기반이기 때문에, 의사교환 행동은 조직의 성공에 결정적이다(Mohr and Nevin, 1990; Mohr and Spekman, 1994). 의사교환은 파트너 간에 의미 있는 비공식적 공유 및 시의 적절한 정보뿐만이 아니라, 공식적 정보의 공유를 뜻하며(Anderson and Narus, 1990, p.44), 계획, 프로그램, 기대 목표 그리고 평가기준의 상호개방과도 관련되는 등 광범위하게 정의를 내리고 있다(Anderson and Narus, 1984; Anderson and Weitz, 1989). 의사교환 특히, 시의 적절한 의사교환(Moorman, Zaltman, and Deshpandé,

1992)은 논쟁과 갈등을 해결하고, 지각과 기대를 결합함으로써 지원에 의해 신뢰가 싹튼다(Etgar, 1979). 앤더슨과 나루스(1990, p.45)는 과거의 의사교환은 신뢰의 전제조건이지만, 일련의 기간에 있어서 이러한 신뢰의 누적은 더 좋은 의사교환을 낳을 수 있다고 했다. 앤더슨과 나루스(1990)와 같이 본 연구는 의사교환이 서로 다른 관계자로부터 과거의 의사교환이 빈번하고 매우 높은 질, 즉 적합하고, 시의 적절하며 그리고 신뢰할 수 있다는 것에 대한 파트너의 인식은 곧 더 큰 협력의 성과를 낳을 것이라고 단언한다. 따라서 협력의 편익을 성취하기 위한, 파트너 간의 효과적인 의사교환은 매우 중요하며, 의사교환은 곧 파트너 간의 가치 있는 정보공유와 목표의 계획 및 설정에 지대한 영향을 미칠 것이다.

넷째, 관계편익은 기업간 관계 교환에서뿐만이 아니라, 벤처기업-대기업의 협력형성에 있어서 핵심적 연결고리가 바로 관계편익이라고 말할 수 있다. 즉 관계편익이란 파트너 선택권과 관련된 제품의 수익성, 고객만족 그리고 제품성능(Morgan & Hunt, 1994, p.209)과 같은 유·무형의 경제적 편익을 의미한다. 이러한 우월한 편익의 제공은 벤처기업-대기업 간의 단순시장 거래에서 협력으로의 발전을 도모할 수 있으며, 파트너 간의 협력의 결속을 유발할 수 있다. 일반적으로, 우리나라의 기업간 관계 시장환경에서 대부분이 경제적 편익의 많고 적음에 따라 협력관계의 지속성의 전제조건이라고 해도 과언이 아니다. 거래에 있어서, 벤처기업-대기업의 협력은 신뢰와 결속이라는 토대하에서 이루어지는 것이 아니라, 대부분 일시적으로 경제적 혜택을 누리려는 거래 관계자의 음험한 기회주의적 행위와 가식이 속출하고 있음은 주지의 사실이다. 그러므로 글로벌(global)

환경하에서 특히 경쟁은 기업이 지속적으로 그들 자신의 제공물에 부가가치를 제공해 주는 제품, 프로세스, 기술을 모색하므로 기업의 조달전략은 기업의 고객에게 우월한 가치를 전달하기 위한 기업의 능력에서 가장 중요한 요소일 것이다(Webster, 1991, p.28). 우월한 편익을 제공하는 파트너는 매우 가치가 있을 것이기 때문에 기업은 그러한 파트너와 관계를 구축하고, 개발하며, 유지하도록 스스로 협력을 결속할 것이다.

다섯째, 기업문화의 하나인 공유가치는 파트너가 행동, 목표 그리고 정책의 중요 여부, 적합성 여부 그리고 옳고 그름에 대한 일반적으로 믿음(beliefs)을 가지는 정도(Morgan and Hunt, 1994, p.25)라고 말할 수 있다. 규범(norms)은 적절한 행동과 관련되기 때문에 공유가치를 의미한다. 규범은 가치가 조작화된 규칙(Wilson, 1995, p.339)으로 규범이 집합적 대 개별적 목표에 대해 금지된 행동과는 차이가 있다는 것을 제시하였다. 개별 목표는 경쟁적인 행동의 규범을 낳는 반면, 관계적 교환의 규범은 이익의 상호성의 기대에 기반을 두며, 필수적으로 경영행동(stewardship behavior)을 묘사한다. 그리고 전반적으로 관계의 존재가 잘 제고될 수 있도록 설계한다(Heide and John, 1992, p.34). 마찬가지로 드와이어, 셔어 그리고 오(1987, p.21)는 공유가치를 조직간에 결속과 신뢰의 발전에 기인할 수 있다고 가정하고 있다.

따라서 앞에서 거론한 내용에 근거하여 본 연구에서는 이러한 벤처기업과 대기업특성을 성장단계 및 협력유형의 적합성과 협력성과 간의 관계에 영향을 미친다는 다음과 같은 가설을 설정하고자 한다.

가설 2: 대기업 특성은 벤처기업 성장단계와 협력유형 간에 상호
　　　　작용 효과를 지닐 것이다. 즉 신뢰, 명성, 의사교환, 관계
　　　　편익, 기업문화 및 윤리 등 대기업 특성은 벤처기업 성장
　　　　단계와 협력유형 간에 상호작용 효과를 지닐 것이다.

Ⅲ. 연구방법

1. 변수의 조작적 정의 및 측정

1) 벤처기업의 성장단계

벤처기업의 성장단계에 관한 국내의 기존 연구들을 검토해 보면,
앞서 제시한 모형을 그대로 적용하고 있다(이인찬 등, 1998; 남영호·
김완민, 1998; 정승화·안준모, 1998; 김종규, 1999; 이장우·장수덕,
2001). 본 연구는 창업, 상업화, 성장, 성숙단계로 구분한 4단계 모델
(Kazanjian, 1988)과 최근 국내 상황에 적합하게 6단계 모델을 적용
한 연구(정승화·안준모, 1998; 김종규, 1999)를 병행해서 적용하고
자 한다. 따라서 벤처기업성장단계별 유형에 관한 조작적 정의는 존
재, 생존, 위기, 성공, 도약, 성숙의 6단계(Churchill & Lewis, 1983)
와 우리나라 실정에 부합하도록 위기단계를 본 연구에 활용하고자

한다. 도출된 변수를 실증적으로 측정하기 위하여 이들 개념을 본 연구의 의도하는 바대로 조작화하였다. 이러한 6단계 모형은 4단계 모형에 적용하면 존재 및 생존단계는 벤처기업의 창업단계에, 위기 및 성공단계는 상업화단계에, 도약단계는 성장단계에, 성숙단계는 성숙단계에 해당된다. 따라서 본 연구는 4단계와 6단계 성장모형을 동시에 실시하여 실증연구 결과 수집된 자료를 분석하여 적합한 벤처기업 성장단계 모형을 활용하고자 한다. 구체적으로 창업단계는 존재, 생존단계로 회사를 창업하고 제품·서비스를 개발하는 단계이다. 기존 연구에서는 이를 창업 후 2년 이내의 기업으로 규정하고 있다 (남영호·김완민, 1998). 상업화단계는 초기 성장기(김영배·하성욱, 2000)로서 위기단계와 성공단계의 범주로 제품생산과 매출을 발생시키며 기업관리상의 위기와 시장성장에 주력하는 단계이다. 이러한 기업은 창업 후 4년 미만의 기업들이 대부분 해당된다. 성장단계는 도약단계로 제품다각화와 시장매출이 급증하는 시기로서 아직 주식시장에 상장되지 않은 4~8년 사이의 기업이 해당된다. 마지막으로 성숙단계는 중견기업으로 안정화되고 주식시장에도 상장된 단계이다. 이러한 기업은 창업 후 8년 이상의 기업으로서 상장된 기업들이 해당된다. 벤처기업 척도는 명목변수로써 각 단계별 내용을 제시하고 벤처기업이 해당하는 단계에 답하도록 하였다. 이는 창업자가 자사의 성장단계에 대해 응답한 것을 활용하였다(한국벤처연구소, 2000). 응답하지 않은 벤처기업은 기업의 규모, 업력 등을 바탕으로 설정한 기준에 의하여 성장단계를 구분하였다.

2) 대기업의 특징

대기업의 특성으로 신뢰(Ganesan, 1994; Morgan and Hunt, 1994)의 6개 항목, 명성(Anderson & Weitz, 1992)의 4개 항목, 의사교환(Mohr and Nevin, 1990)의 5개 항목, 기업문화 및 윤리(공유가치)(Enz, 1988; Hunt, Wood, and Choko, 1989; Gundlach and Murphy, 1993)의 4개 항목, 관계편익(Anderson & Narus, 1990)의 5개 항목 등 변수를 사용하고자 한다. 이들 개념은 기존 연구가들이 이미 신뢰성과 타당성이 검증된 것으로서 본 연구에서 다시 그 변수들을 5점 척도로 채택하여 사용하고자 한다.

3) 벤처기업의 대기업 간 협력유형

벤처기업과 대기업 간의 협력유형은 대기업의 지분참여가 없는 기능적 제휴, 대기업으로부터 독립된 법인체로서 합작투자, 인력, 생산, 기술, 제품 등 대기업으로부터 협력을 지원받는 아웃소싱, 대기업에서 분사되는 형태인 스핀아웃 그리고 대기업과 결합되는 기업매수 형태인 인수합병 등으로 조작화하였다. 이러한 협력유형은 명목척도로서 벤처기업이 대기업과 희망하는 협력유형으로 하나만을 선택하도록 하였다.

2. 자료수집 및 분석방법

1) 자료수집방법

표본은 1997년 12월에 산업자원부로부터 시범테크노파크로 지정된 경북, 대구, 송도, 안산, 광주, 충남 등의 6개 테크노파크(technopark) 내에 입주한 벤처기업, 대학, 산업단지의 창업보육센터에 입주한 벤처기업 500개 업체를 대상으로 하였다. 본 연구는 자료수집의 응답률 제고와 설문항목에 대한 오해를 없애기 위해 기업체 방문과 충분한 자료수집을 위해서 사전 전화협조를 통한 전자메일(e-mail), 우편조사도 함께 실시하였다. 총 500개의 목표설문 중 직접 방문을 통하여 총 284(56.8%)개를 회수하였다. 수집된 자료 총 275개는 직접 방문을 통하여 133(46.8%)개, 전자메일 94(33.1%)개, 우편조사 57(20.1%)개를 통해 회수되었다. 이 중 불성실하게 답변하거나 응답에 신빙성이 없는 9개 업체를 제외하고 최종 275개를 본 연구의 표본으로 확정하였다.

2) 자료분석방법

본 연구의 목적을 달성하기 위해서 SPSSWIN10.0 통계패키지를 활용하여 자료를 분석한다. 자료분석 방법은 본 연구에서 복합지수(composite index)로 사용하고 있는 변수의 신뢰도와 타당도를 분석하기 위해서 신뢰성 분석과 요인분석을 실시한다. 다음으로 연구모델과 연구가설을 검증하기 위해서 t-test와 ANOVA 등의 통계기법을 활용하여 집단 간의 차이검정, 상관관계 및 회귀분석을 통해 관계분석, 벤처기업 성장단계와 벤처-대기업 협력유형 간의 차이를 분석하기 위해 교차분석을 실시한다. 또한 벤처기업의 성장단계와 협력유형 간의 적합성에 따른 협력성과를 분석하기 위해서, Venkatraman(1989)의 조절 적합에서 사용하고 있는 상호작용 효과(interaction) 검정과 차이검정을 위해 회귀분석, GLM을 통해 MANOVA분석을 수행한다.

3. 변수의 신뢰성 및 타당성 평가

본 연구에 사용된 복합지수로 구성된 변수의 신뢰성은 내적 일관성을 측정하는 크론바하 알파계수(Cronbach's α)를 사용하였다. 타당성을 측정하기 위해서 구성타당성 검증에 해당하는 요인분석을 실시하였다. 먼저 벤처기업의 성장단계에 관한 타당성과 신뢰성을 검증하기 위해서 Kazanjian & Drazin(1989)과 김영배와 하성욱(2000)이 사용한 방법을 응용하여 사용하였다. 즉 성장단계별로 기업연륜과 종업원 수를 적용하여 차이분석을 실시하였다. 기존 연구에서는 매출액 등과 같은 계량적 기업성과를 보고 있으나, 본 연구대상이 되는 벤처기업의 경우 매출액 노출을 상당히 꺼려하고 있어서 응답의 신빙성을 고려하여 여기에서는 제거하였다.

〈표 1〉 벤처기업 성장단계 타당성 분석

구분	성장단계	N	평균	표준편차	F값	유의값
종업원 수	창업단계	130	21.55	81.30	0.921	0.431
	상업화단계	57	31.63	67.08		
	성장단계	40	39.85	63.18		
	성숙단계	11	46.45	73.89		
조직업력	창업단계	134	4.85	6.83	3.896**	0.010
	상업화단계	59	7.53	7.45		
	성장단계	40	7.03	8.60		
	성숙단계	12	10.75	6.92		

성장단계의 분석은 4단계 성장단계에 근거(Kazanjian, 1989; Kazanjian & Drazin,1989; 1990)하여 조직업력과 종업원 수를 중심으로 차이분석을 실시하였다. 분석결과는 <표 1>에 나타난 바와 같이 성장단계에서 유의한 차이를 보이고 있다. 또한 분석결과 조직업력에서도 유의한 차이를 보이고 있다. 조직업력의 경우 대체로 성장이 창업단계에서 성숙단계로 진행되면서 높아지고 있음을 알 수 있다.

이를 <표 2>에 나타난 바와 같이 사후분석을 통해 보다 구체적으로 살펴본 결과 조직업력에 있어서 창업단계와 성숙단계 사이에서 가장 큰 차이를 보이는 것으로 나타났다. 한편 종업원 수의 경우 벤처기업의 성장단계가 높아질수록 증가하는 것으로 나타났으나, 통계적으로 유의미한 차이를 보이지 못하고 있다. 이는 제조업이냐 비제조업이냐와 같은 업종의 영향으로 고려된다. 이러한 결과들을 종합적으로 볼 때 본 연구에서 구분한 벤처기업의 성장단계는 대체로 타당성이 있다고 판단된다.

<표 2> 벤처기업 성장단계에 대한 사후 검증 결과

변수명	(I) 성장단계	(J) 성장단계	평균차이 (I−J)	유의값
조직업력	창업단계	상업화단계	−2.675*	0.020
		성숙단계	−5.899**	0.008

<표 3>의 대기업의 특성은 본 조사의 설계대로 6개의 요인이 추출되었다. 각 요인에 적재된 부하치가 대기업 명성의 한 항목이 .574인 경우를 제외하고 모두가 .6 이상으로 나타났으며, 신뢰도 계수는 모두 .7 이상으로 나타나 타당성과 신뢰성이 있는 것으로 판단된다.

<표 3> 대기업 특성에 대한 신뢰성과 타당성 분석 결과

요인명	문항	요인1	요인2	요인3	요인4	요인5	요인6	신뢰성 계수(α 값)
관계 편익	be03	0.863	−0.052	0.152	0.110	0.096	0.047	.886
	be04	0.825	−0.098	0.123	0.081	−0.034	0.172	
	be02	0.812	−0.111	0.132	0.131	0.223	0.016	
	be01	0.785	−0.063	0.129	0.125	0.178	0.067	
	be05	0.665	−0.033	0.080	0.200	0.225	0.147	
타협 윤리	ce2	−0.044	0.839	−0.022	0.036	−0.224	0.052	.842
	ce5	−0.107	0.832	−0.168	0.050	0.069	−0.210	
	ce6	−0.106	0.790	−0.252	0.089	0.028	−0.101	
	ce1	−0.059	0.731	0.045	0.008	−0.355	0.140	
제재 윤리	ce8	0.202	−0.163	0.844	0.044	0.141	−0.073	.841
	ce7	0.182	−0.020	0.834	−0.020	0.193	−0.159	
	ce3	0.117	−0.115	0.721	0.097	−0.024	0.340	
	ce4	0.101	−0.154	0.707	0.116	0.110	0.428	

요인명	문항	요인1	요인2	요인3	요인4	요인5	요인6	신뢰성 계수(α 값)
의사 교환	ex04	0.121	0.048	−0.051	**0.860**	0.066	0.022	.778
	ex03	0.165	0.172	0.144	**0.771**	−0.023	0.033	
	ex05	0.169	−0.085	0.080	**0.673**	0.293	0.231	
	ex02	0.151	0.021	0.029	**0.602**	0.373	0.242	
신뢰	tr01	0.107	−0.072	0.105	0.076	**0.703**	0.203	.716
	tr05	0.285	−0.078	0.124	0.163	**0.680**	0.123	
	tr04	0.157	−0.324	0.146	0.195	**0.648**	0.053	
명성	re02	0.239	−0.031	0.105	0.261	0.359	**0.688**	.775
	re01	0.293	−0.070	0.117	0.267	0.387	**0.574**	
전체분산(%)		16.5	12.8	12.3	11.3	10.4	6.5	
아이겐 값		3.624	2.811	2.702	2.488	2.280	1.440	

Ⅳ. 분석결과

1. 벤처기업 – 대기업의 협력유형 분석

　이론적 배경 및 연구모델에 근거하여 본 연구에서는 가설 1의 '벤처기업의 성장단계에 따라서 대기업과의 협력유형의 차이가 있을 것이다'라는 가설을 설정하였다. 즉 벤처기업이 성장을 거듭할수록 대기업과의 협력에 있어서 수직적·통제적 협력유형에서 수평적·자율적 협력유형을 취하게 될 것이다.

다음의 <표 4>는 본 연구 대상 벤처기업의 성장단계와 대기업과의 협력유형을 나타내고 있다. 벤처기업의 성장단계는 창업단계(54.1%)가 가장 많은 비중을 차지하였으며, 상업화단계, 성장단계, 성숙단계 순으로 나타났다. 보다 구체적으로 창업단계에서는 생존단계(31.0%)가 존재단계(23.1%)보다 많은 비중을 차지하였고, 상업화단계에서는 성공단계(13.1%)가 위기단계(12.3%)보다 많은 비중을 차지하는 것으로 나타났다.

〈표 4〉 벤처기업 성장단계와 대기업과의 협력 유형 분포

구분	내용	세부내용	빈도	비율(%)
성장단계	창업단계	존재단계	62	23.1
		생존단계	83	31.0
	상업화단계	위기단계	33	12.3
		성공단계	35	13.1
	성장단계	도약단계	42	15.7
	성숙단계	성숙단계	13	4.9
협력유형		기능별 제휴	97	36.3
		합작투자	33	12.4
		아웃소싱	91	34.1
		스핀아웃	24	9.0
		인수합병	22	8.2

<그림 1>은 보다 구체적으로 우리나라 벤처기업 성장 유형의 추세를 잘 보여주고 있다. 즉 대부분이 아직 창업단계에 머물고 있으며, 이 중 과반수 정도가 성공 및 도약단계에 진입하고 있음을 알

수 있다. 또한 아직 안정적인 성숙단계에는 미흡한 상태임을 시사하고 있다.

한편 대기업과 협력하고자 하는 제휴유형으로는 대기업의 지분참여가 없이 일시적인 협조관계를 나타내는 기능별 제휴(36.3%)가 가장 많은 비중을 차지하였고, 다음으로 대기업으로부터 인력, 생산, 기술, 연구개발, 제품 등에 대한 협력을 지원받는 아웃소싱 형태가 많은 비중을 차지하였다. 다음으로 합작투자, 스핀아웃(spin out), 인수합병의 순으로 나타났다. <그림 2>는 대기업과의 협력유형 추구방향을 도식화하고 있다. 이러한 대기업과의 협력유형을 구조자율성 차원에서 해석하면, 벤처기업의 구조자율성이 가장 높은 기능별 제휴에 대학 추구가 가장 강하다. 이는 벤처창업 동기를 잘 반영해 주고 있다. 그러나 합작투자와 같은 협력유형에는 아직 미흡한 능력을 보여주고 있다. 그리고 대기업에 대한 의존도가 상대적으로 높은 아웃소싱형태에 대한 소구력도 높음을 보여주고 있다.

이러한 벤처기업 성장단계와 대기업 협력유형 간의 관계분석은 교차분석(cross tabulation analysis)을 사용하였다. 먼저 각 성장단계별 제휴유형 5가지를 통한 교차분석 결과 셀(cell) 결손치가 35%를 넘고 유의미한 차이를 보이지 않아서 가장 많은 비중을 차지하고 있는 기능별 제휴와 아웃소싱을 중심으로 유형을 재범주화하여 분석을 하였다. 즉 상대적으로 그 빈도가 낮은 합작투자, 스핀아웃, 인수합병 등을 기타 협력으로 묶어서 3가지 유형으로 분석을 시도하였다.

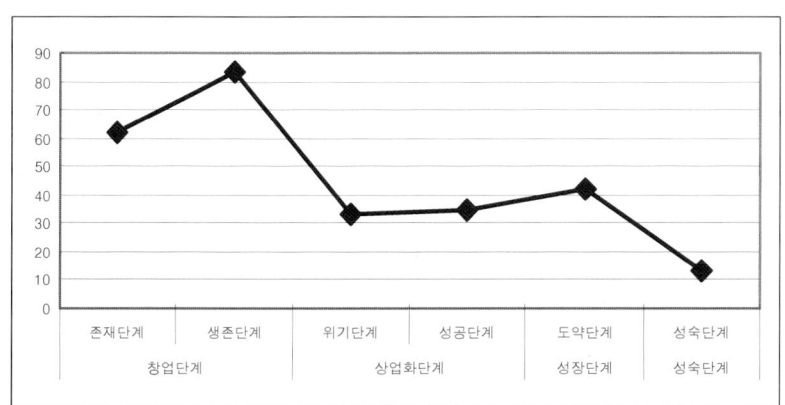

〈그림 1〉 벤처기업 성장단계 추이

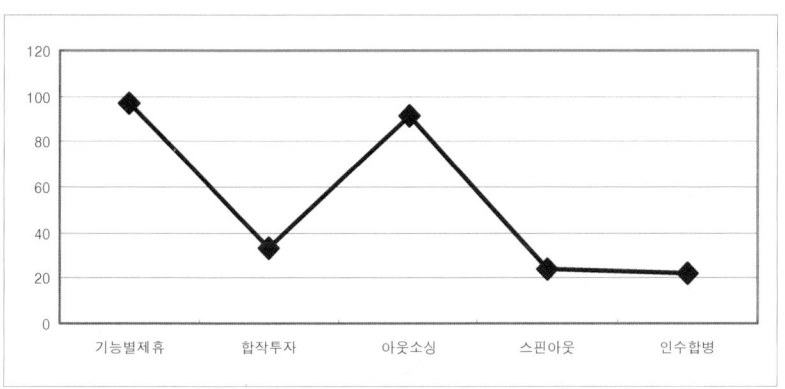

〈그림 2〉 벤처기업의 대기업과의 협력유형 추구방향

분석결과는 <표 5>에 나타난 바와 같이 벤처기업 성장단계와 대기업 협력유형 간에는 유의수준 .1에서 상호의존적인 관계가 있음을 보여주고 있다. 이러한 의존관계를 구체적으로 벤처기업 성장단계별로 분석하면 창업단계에는 아웃소싱형태(35.5%)의 협력유형이 가장 많은 비중을 차지하는 것으로 나타났다. 상업화단계에서는 아웃소싱과 합작투자 등 기타 유형을 묶은 협력형태가 많이 나타났다. 실제 5개의 협력유형의 분석에서는 아웃소싱, 기능별 제휴, 합작투자, 인수합병 등 순으로 나타났다. 성장 및 성숙단계에서는 기능별 제휴(51.2%)로 가장 많은 비중을 차지하였다. 또한 이러한 벤처기업 성장단계에 따른 협력유형의 차이에 대한 유의성 검정을 위해 χ^2-검정 결과 .1의 유의수준에서 유의미한 차이를 보이고 있다. 따라서 벤처기업 성장단계에 따라서 협력유형의 차이가 있을 것이라는 가설 1은 채택되었다. 협력유형별로 살펴보면, 기능별 제휴 형태는 벤처기업이 성장단계가 높아질수록 많아지는 것을 보여주고 있다. 아웃소싱은 벤처기업의 성장단계가 높아질수록 작아지는 현상을 보이고 있다. 더욱이 합작투자, 인수합병, 스핀아웃 등 협력유형도 벤처기업의 성장단계가 높아질수록 작아지는 현상을 보이고 있다.

〈표 5〉 벤처기업성장단계와 대기업 협력 유형 간의 차이분석

성장단계	제휴유형	전략적 제휴	아웃소싱	인수합병, 스핀아웃	총계
창업단계	빈도	46	50	45	141
	성장단계(%)	32.6	**35.5**	31.9	100.0
	제휴유형(%)	**48.4**	**55.6**	**57.7**	53.6
	소계(%)	17.5	19.0	17.1	53.6
상업화단계	빈도	20	24	24	68
	성장단계(%)	29.4	**35.3**	**35.3**	100.0
	제휴유형(%)	21.1	26.7	30.8	25.9
	소계(%)	7.6	9.1	9.1	25.9

성장단계	제휴유형	전략적 제휴	아웃소싱	인수합병, 스핀아웃	총계
성장단계	빈도	21	13	7	41
	성장단계(%)	**51.2**	31.7	17.1	100.0
	제휴유형(%)	22.1	14.4	9.0	15.6
	소계(%)	8.0	4.9	2.7	15.6
성숙단계	빈도	8	3	2	13
	성장단계(%)	61.5	23.1	15.4	100.0
	제휴유형(%)	8.4	3.3	2.6	4.9
	소계(%)	3.0	1.1	0.8	4.9
총계	빈도	95	90	78	263
	성장단계(%)	36.1	34.2	29.7	100.0
	제휴유형(%)	100.0	100.0	100.0	100.0
	소계(%)	36.1	34.2	29.7	100.0

* $x^2 = 10.924$ P = .091

한편 <그림 3>은 벤처기업 성장단계가 진행되면서 누적분포를 통해 협력유형 변화추이를 누적적으로 살펴본 결과이다. 결과를 살펴보면, 구조자율성이 가장 낮은 인수합병 및 스핀아웃 형태는 초기 창업단계에 매우 높았다가 큰 변화가 없음을 보여주고 있다. 즉 성장을 거듭하면서 이러한 형태에 대한 증가를 보여주지 못하고 있다. 그러나 기능별 제휴와 같은 전략적 제휴 형태는 창업단계에는 매우 낮은 비중을 보여주다가 성장을 거듭하면서 급격한 증가추세를 보여주고 있다. 특히 상업화단계에서 성숙단계까지 매우 급격한 증가추세를 보여주고 있다. 아웃소싱 형태의 경우에는 창업단계에서 상업화단계에는 줄어들다가 성장단계에 급격히 증가했다가 성숙단계에서는 완만한 증가추세를 보여주고 있다. 따라서 벤처기업은 성장을 진행하면서 대기업으로부터의 자율성을 높이는 협력유형으로 진화를 추구하고자 하였다.

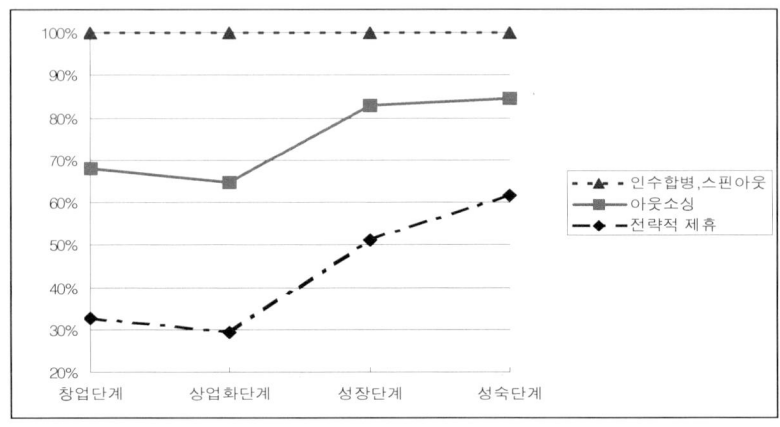

〈그림 3〉 벤처기업-대기업과의 협력유형 누적 추이도

다음으로 각 협력유형에 대한 성장단계의 관계를 분석하기 위해서
협력유형을 종속변수로, 성장단계를 독립변수로 하는 GLM을 실시하
여 벤처기업 성장단계별 협력유형의 유의성을 살펴본 분석결과는
〈표 6〉과 같다. 먼저 모형의 적합도를 평가하는 illai's, Wilks, Roy's
의 F통계량은 .01의 유의수준에서 볼 때 유의한 결과를 보여주고 있
다. 또한 각 협력유형별 벤처기업의 성장단계는 유의한 관계가 있음
을 보여주고 있다. 특히 기능별 제휴와 아웃소싱에 대한 설명력이
가장 높게 나타났다. 즉 기능별 제휴와 아웃소싱의 협력유형에 성장
단계가 가장 큰 영향을 미치고 있음을 알 수 있다.

〈그림 4〉는 각 협력유형에 대한 벤처기업 성장단계의 관계를 도
식화하고 있다. 인수합병 유형에는 성장단계가 상대적으로 가장 높

앉으며, 스핀아웃 유형에는 상업화단계가 가장 높게 나타났다. 한편 아웃소싱 유형에는 상업화단계가 가장 높게 나타났으며, 기능별 제휴의 경우에는 성숙단계가 가장 높게 나타났다. 또한 기능별 제휴형태는 창업단계에서도 상당히 높은 값을 보여주고 있다.

〈표 6〉 벤처기업 성장단계와 협력유형 GLM 분석결과

협력유형	성장단계	평균	표준편차	F값	R²
인수합병	창업단계	0.10	0.30	6.05**	0.085
	상업화단계	0.06	0.24		
	성장단계	0.12	0.33		
	성숙단계	0.07	0.25		
스핀아웃	창업단계	0.08	0.28	7.321**	0.101
	상업화단계	0.14	0.34		
	성장단계	0.06	0.24		
	성숙단계	0.07	0.25		
아웃소싱	창업단계	0.30	0.46	34.27**	0.345
	상업화단계	0.40	0.49		
	성장단계	0.33	0.48		
	성숙단계	0.33	0.47		
합작투자	창업단계	0.13	0.34	10.231**	0.136
	상업화단계	0.12	0.33		
	성장단계	0.21	0.42		
	성숙단계	0.09	0.29		
기능별 제휴	창업단계	0.39	0.49	39.708**	0.379
	상업화단계	0.28	0.45		
	성장단계	0.27	0.45		
	성숙단계	0.45	0.50		

Effect	Value	F	Hypothesis df	Error df	Sig.
Pillai's Trace	1.04	18.189	20	1036	0.000
Wilks' Lambda	0.007	147.081	20	850.006	0.000
Hotelling's Trace	134.95	1717.241	20	1018	0.000
Roy's Largest Root	134.902	6987.934	5	259	0.000

+ p<.10, * p<.05, ** p<.01

이를 종합할 때, 가설 1의 '벤처기업의 성장단계에 따라서 대기업과의 협력유형의 차이가 있을 것이다'라는 가설은 채택되었다. 즉 벤처기업이 성장할수록 구조자율성이 높은 기능별 제휴 중심의 전략적 제휴형태는 증가하고 구조자율성이 낮은 아웃소싱, 스핀아웃, 인수합병 형태의 협력유형이 낮아진다는 것을 의미하고 있다.

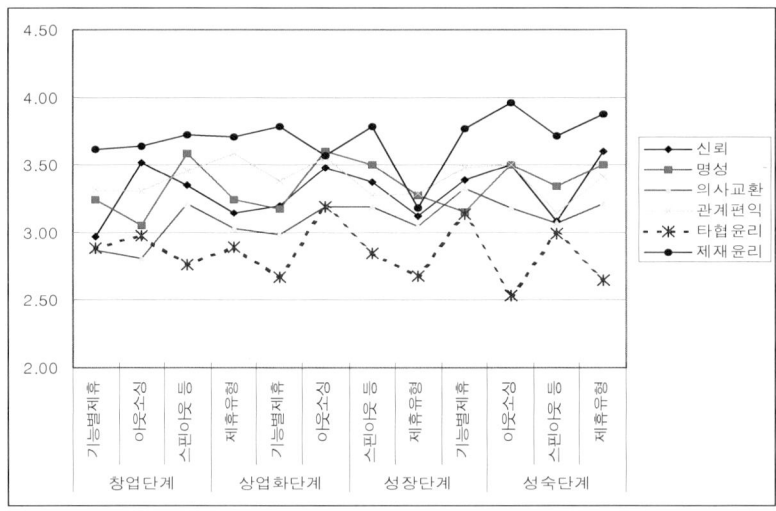

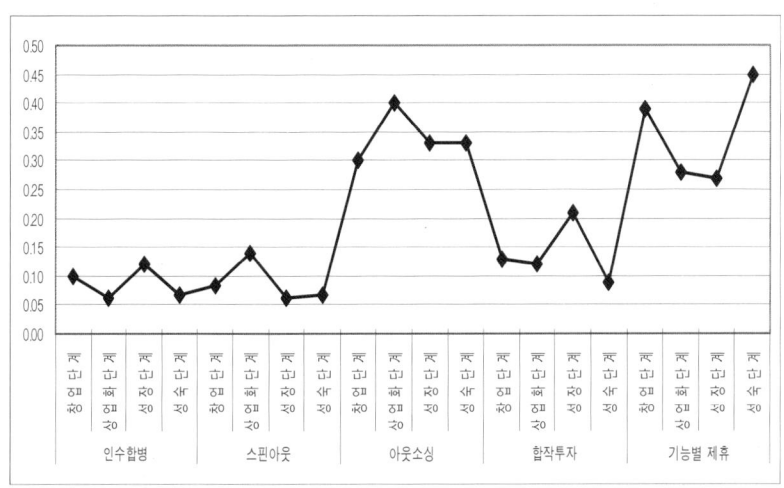

0.50
0.45
0.40
0.35
0.30
0.25
0.20
0.15
0.10
0.05
0.00

인수합병　　스핀아웃　　아웃소싱　　합작투자　　기능별 제휴

〈그림 4〉 벤처기업-대기업과의 협력유형 관계

2. 협력유형에 따른 대기업 특성분석

벤처기업 성장단계와 대기업 간의 협력유형에 신뢰, 명성, 의사교환, 관계편익, 기업윤리 등의 대기업의 특성이 미치는 영향을 분석하고자 한다. 이를 분석하기 위해서 2-Way ANOVA 분석을 실시하였다. 여기에서는 벤처기업 성장단계와 대기업 협력유형 간에 대기업 특성의 평균차이를 분석하였다.

〈표 7〉 벤처기업 성장단계와 협력유형 간의 대기업 특성에 대한 MANOVA 분석결과

성장단계	제휴유형	신뢰		명성		의사교환		관계편익		타협윤리		제재윤리	
		Mean	S.D	Mean	S.D	Mean	S.D	Mean	S.D	Mean	S.D	Mean	S.D
창업단계	기능별제휴	2.97	0.82	3.24	0.64	2.87	0.50	3.31	0.58	2.88	0.82	3.62	0.74
	아웃소싱	3.52	0.85	3.06	0.86	2.81	0.88	3.30	0.89	2.97	0.85	3.64	0.96
	스핀아웃 등	3.35	0.79	3.58	0.65	3.21	0.78	3.46	0.66	2.76	0.52	3.72	0.72
상업화단계	제휴유형	3.14	0.83	3.24	1.05	3.03	0.67	3.58	0.64	2.89	0.81	3.71	0.73
	기능별제휴	3.20	0.95	3.17	0.62	2.98	0.66	3.38	0.57	2.67	0.84	3.78	0.79
	아웃소싱	3.48	0.78	3.60	0.66	3.19	0.74	3.55	0.56	3.19	0.77	3.57	0.79
성장단계	스핀아웃 등	3.38	0.74	3.50	0.53	3.19	0.68	3.28	0.37	2.84	0.90	3.78	0.69
	제휴유형	3.12	0.78	3.27	1.03	3.05	0.89	3.29	0.71	2.68	0.91	3.18	1.28
	기능별제휴	3.38	0.80	3.15	0.94	3.33	0.62	3.48	0.84	3.13	0.85	3.77	0.66
성숙단계	아웃소싱	3.50	0.94	3.50	0.87	3.18	0.75	3.50	0.82	2.53	0.70	3.96	0.89
	스핀아웃 등	3.08	0.71	3.34	0.80	3.07	0.68	3.14	0.78	2.99	0.90	3.72	0.97
	제휴유형	3.60	0.58	3.50	0.54	3.21	0.50	3.41	0.69	2.65	0.99	3.88	0.76

Source	대기업특성	df	Mean Square	F
Model	신뢰	12	238.098	352.325**
	명성	12	244.361	399.563**
	의사교환	12	206.57	422.908**
	관계편익	12	250.946	510.908**
	타협윤리	12	174.188	261.119**
	제재윤리	12	301.531	426.702**
성장단계	신뢰	3	0.24	0.354
	명성	3	0.342	0.559
	의사교환	3	0.541	1.108
	관계편익	3	0.419	0.854
	타협윤리	3	0.568	0.851
	제재윤리	3	0.763	1.08
제휴유형	신뢰	2	1.122	1.66
	명성	2	1.164	1.904
	의사교환	2	1.256	2.571+
	관계편익	2	0.739	1.505
	타협윤리	2	0.409	0.613
	제재윤리	2	0.726	1.027
성장단계*제휴유형	신뢰	6	1.083	1.602
	명성	6	0.506	0.828
	의사교환	6	0.106	0.216
	관계편익	6	0.181	0.368
	타협윤리	6	1.293	1.938+
	제재윤리	6	0.596	0.843

+ p<.10, * p<.05, ** p<.01

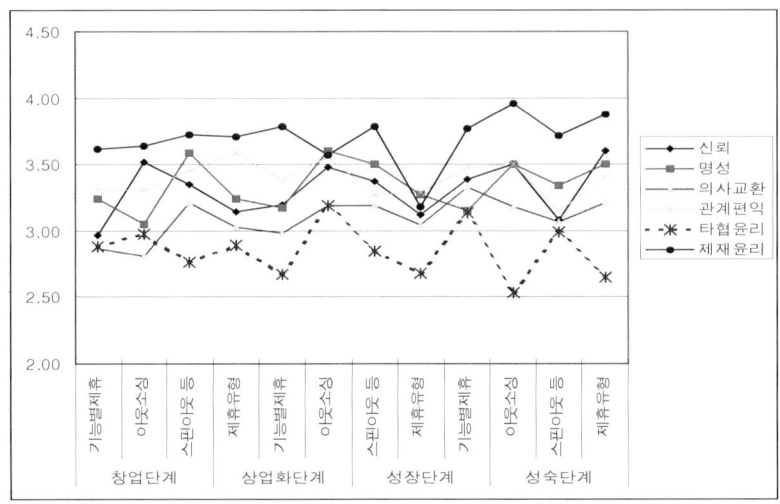

〈그림 5〉벤처기업-대기업의 협력유형에 따른 대기업 특성

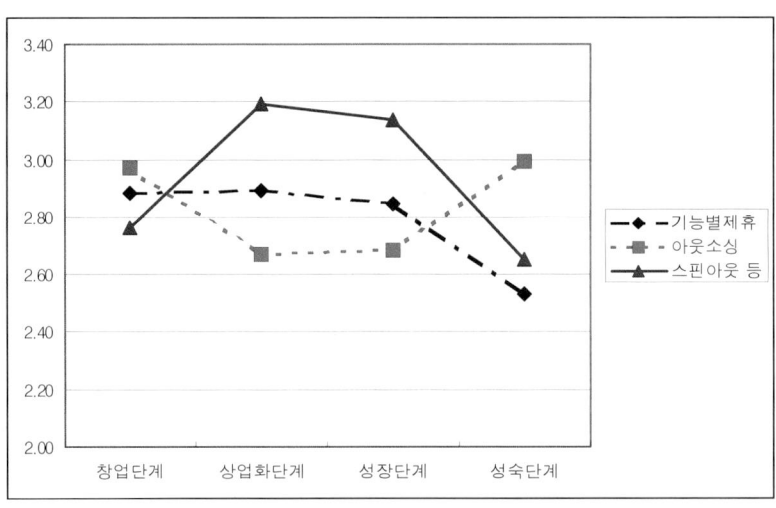

〈그림 6〉벤처기업-대기업 협력유형에 따른 타협윤리 특성

성장단계와 협력유형에 따른 대기업 특성의 차이를 분석하기 위해서 성장단계*협력유형 2*2 매트릭스에 대한 상호작용 효과를 검증하였다. <표 7>은 벤처기업 성장단계와 협력유형에 대한 적합성 검정은 2−Way ANOVA(MANOVA)를 분석한 결과이다. 다변량 유의성 검정을 수행한 결과 모형의 타당성은 모두 유의수준 .05에서 모두 유의한 것으로 나타났다. 벤처기업 성장단계와 협력유형에 따라서 타협윤리만이 .1 유의수준에서 유의미한 차이가 있는 것으로 나타났다(가설 2의 부분채택).

이를 그림으로 도식화하면 <그림 5>과 <그림 6>에 나타난 바와 같다. 타협윤리의 경우 창업단계에서는 아웃소싱 유형이 가장 상호작용 효과가 높았고 스핀아웃유형이 가장 낮게 나타났다. 상업화단계와 성장단계에서는 스핀아웃유형이 가장 상호작용 효과가 높았고, 아웃소싱이 가장 낮은 효과를 보여주고 있다. 성숙단계에서는 아웃소싱 유형이 가장 높게, 기능별 제휴가 가장 낮게 나타났다.

V. 결론

1. 연구요약 및 시사점

본 연구는 벤처기업의 독자적인 성장전략추구를 극복하고 기업간 파트너십(권기대, 1998a)을 통한 벤처기업관점에서 대기업과의 협력을 모색하고자 한 실증적 연구이다. 본 연구의 자료분석에서 도출된 결과의 요약을 통한 시사점은 다음과 같다.

먼저, 가설 1의 '벤처기업의 성장단계에 따라서 대기업과의 협력유형의 차이가 있을 것이다.' 즉 '벤처기업이 성장을 거듭할수록 대기업과의 협력에 있어서 수직적·통제적 협력유형에서 수평적·자율적 협력유형을 취하게 될 것이다'는 채택되었다. 분석결과 벤처기업의 성장단계와 대기업과의 협력유형에 있어서 많은 기업들이 대기업과의 기능별 제휴와 아웃소싱을 추진 또는 계획하는 것으로 나타났다. 또한, 벤처기업이 성장단계를 거치면서 이러한 기능별 제휴에 더욱 주력하는 것을 알 수 있었다. 반면, 아웃소싱과 합작투자, 스핀아웃, 인수합병 등 기타 협력유형 등은 단계적으로 줄어드는 현상을 보여주고 있다. 이는 구조결함이론에서 구조자율성의 관점(Burt, 1982, 1992)에서 제시된 바와 같이 기업조직의 성장과 함께 파트너 조직과의 동등한 위치 또는 지배구조의 자율성 확보 행동의 일환으로 해석할 수 있다. 즉 벤처기업이 성장 초기인 창업단계 및 상품화단계에는 대기업 의존관계 또는 지배관계 형태의 협력유형으로 성장기반을 확보하고 독자적인 기술개발 및 마케팅전략수립 및 실행(권기대·박재림, 1999) 그리고 자금력이 확보되고 난 후에는 독자적인 행동 또는 동등한 위치에서 대기업과의 파트너십 형성(권기대, 1998a; 1998b)에 주력하는 것으로 볼 수 있다.

다음으로 가설 2의 '대기업의 특성은 벤처기업 성장단계와 협력유형 간에 상호작용 효과를 지닐 것이다.' 즉 '신뢰, 명성, 의사교환, 관계편익, 기업윤리 등 대기업 특성은 벤처기업 성장단계와 협력유형 간에 상호작용 효과를 지닐 것이다'라고 설정하였다. 이를 검증하기 위해 2-Way ANOVA(MANOVA) 분석을 실시한 결과 다변량 유의성 검정에 대한 모형의 타당성은 모두 유의수준 .05에서 모두 유의한 것으로 나타났다. 그런데 벤처기업 성장단계와 협력유형에 따라서 기업윤리의 타협윤리만이 .1 유의수준에서 유의미한 차이가 있는 것으로 나타났으므로 가설이 부분적으로 채택되었다. 현실적으로 대기업의 신뢰, 명성, 의사교환, 관계편익 등 변수가 벤처기업과의 협력형성에 부분적으로는 중요한 요인으로 작용할 것으로 예측하였으나 기각은 벤처기업이 그 나름대로 독자성이나 자생력을 위한 역량을 보유하고 있음을 시사하는 것으로 진단해 볼 수 있다.

2. 연구의 한계점과 향후 연구방향

본 연구는 벤처기업의 성장단계와 대기업의 특성이 협력유형에 미치는 영향에 관한 연구를 진행하면서, 다음과 같은 몇 가지 연구의 한계점과 향후 연구방향성을 제시하고자 한다.

첫째, 벤처기업의 성장단계와 대기업과의 협력유형에 관한 선행연구가 거의 진행된 바가 없었기 때문에 실험적인 연구의 성격을 지니고 있다. 따라서 벤처기업-대기업 협력 형성에 관한 충분한 이론적 근거가 미흡한 실정이다. 하지만 이러한 연구를 계기로 벤처기업의 성장 및 성공요인이 대기업과의 협력이라는 새로운 시각을 실증적으로 제시함으로써 향후 벤처기업 연구에 하나의 방향성을 제시하였다는 점에서 의의가 있다.

둘째, 벤처기업–대기업의 산업적 특성을 고려하지 못하였다. 따라서 산업환경에 따라서 본 연구의 결과가 상이하게 나타날 수도 있다. 향후 벤처기업–대기업 협력에 관한 연구에서 제조 및 비제조 또는 정보통신 및 비정보통신, 닷컴(.com) 및 비닷컴(Non–.com) 산업으로 구분하여 연구방향을 접근할 필요성이 있다.

셋째, 벤처기업–대기업 협력관계에는 벤처기업의 성장단계, 대기업에 대한 신뢰, 의존, 기존의 거래관계 등 변수들이 중요한 영향을 미칠 수 있다. 따라서 향후의 연구에는 이들 변수에 대한 고려가 필요하다. 이를 위한 연구를 위해서는 벤처기업 특성, 대기업 특성 그리고 산업특성 등 종합적인 영향변수를 고려하여 이들의 협력관계를 분석해 볼 필요가 있다.

넷째, 본 연구는 쌍방연구(dyadic study) 및 횡단면적 설계(cross sectional design)에서 한쪽 측에 대한 단일 정보제공자인 벤처기업 관점에서 대기업의 협력유형에 접근하였다. 향후의 연구에는 대기업의 관점에서 벤처기업에 대한 시각, 협력추진동기 및 협력유형을 분석함으로써 본 연구 결과와 비교연구를 시도할 필요가 있다.

□ 참고문헌

권기대(1998a), "유통경로상에서 구매자 — 판매자의 관계적 특징이 파트너십에 미치는 영향", 연세대학교 박사학위논문.

_____(1998b), "벤처기업의 신제품구매요인과 그 전략방안", 연세경영연구, 35(1), 157–178.

_____ · 김승호(2001), "벤처기업 - 대기업 협력유형에 관한 탐색적 연구", **한국경영학회 하계논문발표대회.**

_____ · 박재림(1999), "마케팅전략과 기업의 핵심역량이 마케팅전략실행에 있어서의 분권화에 미치는 영향", **한국경상논총, 17(1),** 180 - 201.

김영배 · 하성욱(2000), "우리나라 벤처기업의 성장단계에 대한 실증조사: 핵심성공요인, 환경특성, 최고경영자 역할과 외부자원활용", **기술혁신연구, 8(1),** 125 - 154.

김종규(1999), **"인터넷 벤처기업의 아웃소싱전략",** 연세대학교 대학원 석사학위논문.

남영호 · 김완민(1998), "벤처기업의 성장단계별 성공가능성 분석", **벤처경영연구, 1(1),** 36 - 56.

노형진(2001), **"한글 SPSS10.0에 의한 조사방법 및 통계분석",** 형설출판사.

이광형 · 이민화(2000), **21세기 벤처대국을 향하여,** 김영사.

이인찬 · 이광훈 · 박성진 · 김운호(1998), **벤처기업의 성장단계별 성공요인분석과 정책과제,** 정보통신정책연구원.

이장우 · 장수덕(2001), "벤처기업의 성장단계별 성공요인에 관한 탐색적 연구", **인사 · 조직연구,** 9(2), 59 - 92.

장세진(1999), **경영전략,** 박영사.

정승화 · 안준모(1998), "벤처기업 성장과 핵심경영과제 변화에 대한 탐색적 연구", **벤처경영연구, 1(1),** 5 - 34.

중소기업진흥공단(1998), 벤처기업 실태조사보고서, **조사연구,** 98 - 10.

한국벤처연구소(2000), **벤처기업 정밀실태조사.**

Anderson, Erin and Barton Weitz(1989), "Determinants of Continuity in Conventional Industrial Channel Dyads", *Marketing Science, 8,* 310 - 323.

Anderson, Erin and Barton Weitz(1992), "The Use of Pledges to Build and Sustain Commitment in Distribution Channels", *Journal of Marketing Research, 29*, 18-34.

Anderson, James C. and James A. Narus(1984), "A Model of Distributor's Perspective of Distributor-Manufacturer Working Relationships", *Journal of Marketing, 48*, 62-74.

Anderson, James C. and James A. Narus(1990), "A Model of Distributor Firm and Manufacturer Firm Working Partnerships", *Journal of Marketing, 54*, 42-58.

Barney, J. B.(1986), "Strategic Factor Markets: Expectations, Luck and Business Strategy", *Management Science, 32*, 1231-1241.

Burt, R(1982), *Toward a Structural Theory of Action: Network Models of Social Structure, Perception, and Action*, NY: Academic Press.

_____(1992), *Structural Holes: The Social Structure of Competition*, Cambridge, MA: Harvard University Press.

Churchill, N. C. and Lewis, V. L.(1983), "The Five Stages of Small Business Growth", *Harvard Business Review, 61(3)*, 30-50.

Dollinger, M. J., P. A. Golden, and T. Saxon(1997), "The Effect of Reputation on the Decision to Joint Venture", *Strategic Management Journal, 18(2)*, 127-140.

Drazin, R. V., and Van de Ven, A. H.(1985), "The Concept of fit in Contingency Theory", *Research of Behavior, 7*, 333-365.

Dwyer, F. R., P. H. Schurr, and Sejo Oh(1987), "Developing Buyer-Seller Relationships", *Journal of Marketing, 51*, 11-27.

Enz, C. A.(1988), "The Role of Value Congruity in Intraorganizational Power", *Administrative Science Quarterly, 33*, 284-304.

Etgar, M.(1979), "Sources and Effective Channel Conflict", *Journal of Retailing, 14*, 61－78.

Fichman, M. and D. Levinthal(1991), "Honeymoons and the Liability of Adolescence", *Academy of Management Review, 16*, 442－468.

Ganesan, Sankar(1994), "Determinants of Longterm Orientation in Buyer－Seller Relationships", *Journal of Marketing, 58*, 1－19.

Granovetter, M.(1985), "Economic Action and Social Structure: The Problem of Embeddedness", *American Journal of Sociology, 91(3)*, 481－510.

Gulati, R. and H. Singh(1998), "The Architecture of Cooperation: Managing Coordination Costs and Appropriation Concerns in Strategic Alliances", *Administrative Science Quarterly, 43*, 781－814.

Gundlach, G. T., and P. E. Murphy(1993), "Ethical and Legal Foundations of Relational Marketing Exchange", *Journal of Marketing, 57*, 35－46.

Heide, J. B., and G. John(1992), "Do Norms Matter in Marketing Relationships?", *Journal of Marketing, 56*, 32－44.

Hunt, S. D. V. R. Wood, and L. B. Chonko(1989), "Corporate Ethical Values and Organizational Commitment in Marketing", *Journal of Marketing, 53*, 79－90.

Kazanjian, R. K.(1988), "Relation of Dominant Problems to Stage of Growth in Technology－based New Ventures", *Academy of Management Journal, 31(2)*, 257－279.

_____Drazin, R.(1989), "An Empirical Test of a Growth Progression Model", *Management Science, 35(12)*, 1489－1503.

_____,(1990), "A Stage－Contingent Model of Design and Growth for Technology based New Venture", *Journal of Business*

Venturing, 5, 137−150.

Lumpkin, G. T. and G. G. Dess(1995), "Simplicity as a Strategy− making Process: The Effects of Stage of Organizational Development and Environment on Performance", *Academy of Management Journal, 38(5)*, 1386−1407.

Meyer, M. and L. Zucker(1989), *Permanently Failing Organization, CA*: Sage.

Mohr, J. J. and J. R. Nevin(1990), "Communication Strategies in Marketing Channels: A Theoretical Perspective", *Journal of Marketing, 54*, 36−51.

Mohr, J. J. and R. Spekman(1994), "Characteristics of Partnership Success: Partnership Attitudes, Communication Behavior, and Conflict Resolution Techniques", *Strategic Management Journal, 15(2)*, 135−152.

Moorman, C., R. Deshpandé,, and G., Zaltman(1993), "Factors Affecting Trust in Market Research Relationships", *Journal of Marketing, 57*, 81−101.

Moorman, C., G, Zaltman and R. Deshpandé(1992), "Relationships between Provider and Users of Market Research: The Dynamics of Trust within and between Organization", *Journal of Marketing Research, 29*, 314−328.

Morgan, R. & S. Hunt(1994), "The Commitment−Trust Theory of Relationship Marketing", *Journal of Marketing, 58*, 20−38.

Oliver, C.(1988), "The Collective Strategy Framework: An Application to Competing Predictions of Isomorphism", *Administrative Science Quarterly, 33*, 543−561.

Pfeffer, J.(1987), "*A Resource Dependence Perspective on Intercorporate Relation*", in M. Mizruchi, and M. Schwartz (eds.), Intercorporate Relations: The Structural Analysis of Business, Cambridge University Press, 25 – 55.

_____, and G. Salancik(1978), *The External Control of Organization: A Resource Dependence Perspective*, NY: Harper and Row Inc.

Powell, W.(1990), "Neither Market nor Hierarchy: Network Forms of Organization", in L. Cummings, and B. Staw(eds.) "*Research in Organizational Behavior*", 12, Greenwich, CT: JAI Press, 295 – 336.

Schurr, Paul H. and Julie L. Ozanne(1985), "Influences on Exchange Processes: Buyer's Preconceptions of a Seller's Trustworthiness and Bargaining Toughness", *Journal of Consumer Research, 11*, 939 – 953.

Scott, M. and Bruce, R.(1987), "Five Stages of Growth in Small Businesses", *Long Range Planning, 20(3)*, 45 – 52.

Sherman, Straford..(1992), "Are Strategic Alliances Working?", *Fortune, September*, 77 – 78.

Smith, J. B., and D. W. Barclay(1997), "The Effects of Organizational Differences and Trust on the Effectiveness of Selling Partner Relationships", *Journal of Marketing, 61*, 3 – 21.

Stalk, George Jr.(1988), "Time the Next Source of Competitive Advantage", *Harvard Business Review, July –Aug*, 41 – 51.

Venkatraman, N.(1989), "The Concept of Fit in Strategy Research: Toward Verbal and Statistical Correspondence", *Academy of Management Review, 14(3)*, 425.

Webster, F. E., Jr.(1991), *Industrial Marketing Strategy*, 3rd. ed., NY:

John Wiley & Sons, Inc.

Weigelt, K. and C. Camerer(1988), "Reputation and Corporate Strategy: A Review of Recent Theory and Application", *Strategic Management Journal, 9,* 443-454.

_____(1985), *The Economic Institutions of Capitalism,* NY: The Free Press.

Wilson, D. T.(1995), "An Integrated Model of Buyer-Seller Relationships", *Journal of the Academy of Marketing Science, 23,* 335-345.

벤처기업 - 대기업의 협력전략이
성과에 미치는 영향:
벤처기업의 성장단계를 중심으로*

* 본 원고는 대한경영학회 「대한경영학회지」 제16권 제1호(2003. 02)에 게재된 논문입니다.

Ⅰ. 서 론

우리나라 벤처붐의 요인은 IMF의 영향에 따른 대기업의 구조조정 과정에서 경쟁력 있는 전문인력이 벤처창업에 관심을 가진 것과 정부가 제도적으로 벤처기업에게 세제상의 혜택을 주는 '벤처기업육성특별법'이 중요한 지렛대 역할을 하였다. 주지하다시피 벤처기업은 "1인 또는 소수의 핵심적 기술창업인이 기술혁신의 개발아이디어를 상업화하기 위해 설립하는 신생기업"으로서 독창적인 기술개발과 동태적 시장에의 유연한 조직, 창의적 도전정신 등이 핵심적인 경쟁무기이다(권기대, 2002).

한편, 국민의 정부는 대기업에 대한 견제의 방안으로 벤처기업의 육성을 정권적 차원에서 지원함으로써 벤처기업의 질적 성장을 가로 막는 요인으로 작용하였다. 가령 벤처신화를 일궜던 메디슨의 부도, 정부 의존적이었던 유명한 벤처기업들의 비리와 도덕불감증(moral hazard)이 빚어낸 각종 게이트는 벤처업계 전체가 비리의 온상으로 매도되는 등 적지 않는 사회적 지탄의 대상이 되었다. 그럼에도 불구하고 지난 1997년부터 진행된 벤처사업육성은 1만 1천여 개의 벤처기업이 2001년 55억 달러를 수출해 전체 수출의 3.7%를 자치하는 성과를 나타냈다(한국경제신문, 2002).

사실 우리나라는 부존자원의 부족, 중복투자의 배제, 효율적·효과적 경영자원의 관리맥락에서 다른 어느 국가보다도 벤처기업－대기업의 협력뿐만 아니라 다양한 산업과 조직 간의 협력이 매우 중요하다는 것을 인식하고 있음에도 불구하고 협력전략(cooperation strategy)에 관한 연구가 그리 많지 않는 실정이다. 지금까지 협력에 관한 선행연구를 검토해 본 결과 특정 분야별 수직계열화 측면의 협력(강종렬, 1994; 권기대, 1998; 김기찬, 1992; 김광점, 2000; 김영인 등, 2001), 매개변수로서의 협력을 통한 성과 간의 관계(계도원, 1996) 그리고 기업간 경쟁과 협력의 논리와 규범(권영철, 2001), 중소기업-대기업의 관계 차원에서 협력유형 및 산업정책관점에서 접근한 연구(윤성민·홍장표·정우식, 2000), 인사조직관점에서 단일조직 내의 부서별 협력(이재훈, 2001) 등이 주류를 이루고 있다. 즉 이러한 협력연구가 지지부진한 원인은 우리나라 기업경영의 토양이 외관상 투명한 신뢰와 협력의 중요성을 역설하고 있지만 여전히 산업현장에서는 신뢰(trust)가 축적되지 않고 표면적 또는 이중적 협력으로 횡행되어 왔기 때문이다.

따라서 본 연구는 "벤처기업 성장유형과 대기업의 특징이 협력유형에 미치는 영향연구"(권기대, 2002)의 연장선상에서 벤처기업-대기업의 협력전략이 협력성과에 미치는 영향을 벤처기업의 성장단계 관점에서 접근하고자 한다. 전자는 벤처기업의 성장단계와 대기업의 특징인 신뢰, 명성, 의사교환, 기업문화 및 윤리, 관계편익변수 그리고 협력유형-기능적 제휴, 합작투자, 아웃소싱, 스핀아웃, 인수합병과의 관계를 분석한 것인 반면 후자는 독립변수로 벤처기업성장단계를, 매개변수로는 협력유형을, 결과변수로 협력의 성과에 관한 것이다. 후자에 관한 연구의 목적을 달성하기 위해 먼저 벤처기업-대기업의 협력전략에 관한 이론적 기반을 전개하고 다음으로 벤처기업의 성장단계, 대기업의 협력전략을, 마지막으로 협력성과에 대한 내용을 다룬다. 본 연구의 의의는 첫째, 동태적 시장환경에서 생존과 발전을 위해서 세계적인 초우량기업들마저 협력구축에 나서듯이 벤처기업이 보유한 제한된 경영자원으로는 성장의 한계에 직면할 수 있으므로 보다 투명한 경영과 핵심역량의 확보를 통한 경쟁력 제고 — 대기업 과의 협력전략을 추구할 수 있다는 생산적이고 개방적인 마인드 — 를 구축하는 데 있다. 둘째, 벤처 클러스터(venture cluster)를 만드는 데 기여할 것이다. 지금까지 벤처기업은 대기업과 독립된 존재였다. 그러나 스웨덴의 에릭슨이나 핀란드의 노키아는 벤처클러스터를 통해 대기업과 벤처가 상생하는 구조(win-win network)를 만들어 냈다. 본 연구도 그런 맥락에서 벤처기업-대기업이 공동기술개발, 생산분업, 공동마케팅을 협력할 수 있도록 촉매제의 역할을 하는 데 있다.

Ⅱ. 기업간 협력에 관한 이론적 배경

1. 조직성장과 벤처기업 성장단계

조직의 성장은 리더십, 환경통제, 협력 등과 같은 위기를 경험하는 과정에서 이루어지는 일련의 진화(evolution)와 혁신과정(Greiner, 1972)을 거치거나 조직이 새로운 성장기회를 추구하는 과정상에서 환경에 대한 반응(Chandler, 1962)으로 볼 수 있다. 이러한 조직의 성장단계는 조직이 전개하는 전사차원에서 조직적 활동과 구조를 담고 있으며, 통상 순차적으로 발전이 진행되며(Quinn & Cameron, 1983), 성장단계에 따라 변화하는 내·외부적 환경에 적합한 전략을 계획하고 실행한다(Churchill & Lewis, 1983). 그런데 성장단계의 구분에 있어서는 아직 일치된 결과는 없다. 일례로 조직의 성장단계를 3단계 모델(Lippitt & Schmidt, 1967), 4단계 모델(Quinn & Cameron, 1983; Kazanjian, 1988; Kazanjian & Drazin, 1989) 그리고 5단계 이상의 모형(Churchill & Lewis, 1983; Miller & Friesen, 1984; Van de Ven et al., 1984; 김종규, 1999) 등 다양하다.

한편, 벤처기업의 성장단계에 관한 국내의 기존 연구들을 검토해 보면, 앞서 제시한 모형을 그대로 적용하고 있다(이인찬 등, 1998; 남영호·김완민, 1998; 정승화·안준모, 1998; 김종규, 1999). 본 연구는 4단계 모델(Kazanjian, 1988)과 최근 국내 상황에 적합하게 6단계 모델을 적용한 연구(정승화·안준모, 1998; 김종규, 1999)를 병행해서 적용하고자 한다.

2. 구조결합이론

구조결합이론(Burt, 1982, 1992)은 조직간 협력 네트워크가 형성 효과의 원천을 설명해 주고 있다. 이 이론에서는 조직 네트워크상의 지위(a status in the system)와 구조적 제약 간의 관계를 구조자율성 (structural autonomy)으로 개념 짓고 있다. 여기에서 구조자율성이란 하나의 체계 내에서 특정 지위를 점하고 있는 행위자가 체계 내의 다른 행위자의 제약과 무관하게 자신의 이익을 추구하고 실현시킬 수 있는 능력을 의미한다. 따라서 구조자율성이 높을수록 초과수익을 누릴 경제적 기회가 증가하게 된다. 일례로 벤처기업이 대기업과 출자나 지원을 통한 협력관계를 맺고 있는 경우, 대기업의 견제 없이 막대한 자본과 인력이 투입되는 사업을 자율적으로 추진할 수 있는 경우 구조적 자율성이 높다. 구조의 제약이 상대적으로 소멸되는 구조자율성이 일어나는 조건은 체계 내의 지위 혹은 장소를 구조결함(structural holes)이라고 한다(Burt, 1992). 구조결함에 의한 구조자율성이 초과수익을 가능하게 하는 원인은 정보의 이익과 통제의 이익 때문이다. 일반적으로 벤처기업이 성장을 추구할 때 대기업과의 관계에서 구조자율성을 증가시키기 위해 비중복적 관계를 줄이는 동시에 벤처기업 내의 구조결함을 증대시키려는 노력을 기울일 것이다. 즉 벤처기업의 행동은 대기업과의 협력구조로부터 제약을 적게 받거나 자신의 구조상 지위를 적극적으로 활용함으로써 초과수익의 혜택가능성을 획득하게 된다. 이러한 구조결함이론은 벤처기업이 성장단계를 거치면서 대기업과 구조자율성 추구행동에 따라 어떠한 협력관계를 맺는가를 설명해 주는 토대가 된다.

3. 교환이론

벤처기업-대기업의 협력에 관한 이론적 기반으로 마케팅의 교환이론(Bagozzi, 1979)을 들 수 있다. 교환은 단속적 거래(discrete transaction)와 관계적 교환(relational exchange)으로 나눌 수 있으며, 전자는 교환당사자 갑, 을 중에 갑이 상품을 을에게 인도하면, 을은 갑에게 상품에 상응하는 대금지급으로 거래의 전후관계가 종결되는 거래를 의미(Macneil, 1980)한 반면 후자는 의도적인 협력, 확장된 계획, 사회적 의존, 복잡한 운영망의 확립이 발생하고 높은 수준의 법칙, 윤리적 책임과 의무가 주어지는 형태이다(Gundlach and Murphy, 1993). 즉 조직간 관계적 교환의 이점은 감소된 불확실성, 관리된 의존관계, 교환의 효율성, 제휴에 따른 사회적 만족감 등을 동반할 수 있다. 최근 경영에 대한 불확실성의 고조와 고객들의 다양한 구매취향, 경쟁업체의 속출 등 예측불가능한 경영환경에 대응하여 쌍방 간의 관계가 상호 협력적인 관계로 변화되는 추세가 현저하며(Heide and John, 1990; Dant and Schul, 1992) 지속적인 공동노력과 협력을 강조하고 있다(Dwyer, Schurr, and Oh, 1987; 권기대, 1998a, 1998b).

4. 자원의존이론

조직이론이 개방적 시스템으로 그 시각이 전환됨(Katz and Kahn, 1978)에 따라 조직의 생존을 위해 환경의 자원과 거래하여야 하는데, 중심적 조직(focal organization)의 중요한 자원을 소유한 유관한 조직과는 상호의존관계를 형성하게 된다. 즉 자원의존이론은 조직을 환경과 관계를 맺고 상호작용하는 희소한 자원을 획득하기 위한 이해자 관계의 제휴(coalition)로 간주하고 있다(Pfeffer and Salancik, 1978).

이것은 여타 조직들에 대한 의존이 조직체의 행동을 결정하는 중요한 요소임을 시사해 준다. 이에 조직은 생존과 성공에 대한 자원의 중요성 여부에 따라 영향력과 통제가 협상되고 분배되는 준시장(quasi market)의 성격을 띤다. 따라서 자원의존이론의 핵심적 내용은 첫째, 조직에 대한 외부적 제약의 문제로서 조직은 핵심적 자원을 통제하는 환경에서의 다른 조직이나 집단의 요구에 적절히 반응해야만 한다. 둘째, 경영자들은 조직의 생존을 위해서 그리고 가능하면 환경의 제약으로부터 더 많은 자율성과 재량권을 획득하기 위해서 외부적인 의존관계를 관리하려고 한다.

5. 거래비용이론

거래비용이론은 전통적인 신고전경제학을 보완하는 신제도경제학(new institutional economics)의 패러다임에 속하는 것으로 어떤 환경 하에서도 시장에서의 경제적 교환을 위해 이루어지는 비용은 기업 내에서 교환을 구체화하는 비용인 내부가격(internal price)을 초과할 것이라고 주장하였다(Coase, 1937). 이러한 맥락에서 거래비용은 시스템을 운영하는 비용(costs of running the system)이며, 계약을 기안하고 협상하는 것과 같은 사전비용(ex ante costs)과 계약서를 감독 및 집행하는 사후적 비용(ex post costs)을 포함한다(Williamson, 1985; Hennart and Anderson, 1993). 거래비용이론의 기본적인 전제는 적응, 성과의 평가 그리고 보호비용이 부재하거나 낮으면 경제행위자들은 시장지배구조(market governance)를 선호할 것이지만, 만약 이러한 관련비용이 시장이 생산비 이점을 초과할 만큼 충분히 높다면, 기업은 내부조직(internal organization)을 선호할 것이라는 논리이다(Williamson, 1975, 1985; Rindfleisch & Heide, 1997). 따라서 거래비용이론은 기업간 협력형성의 경제적 타당성과 위계조직적 이슈인 기업의 존재근거, 범위, 수직통합, 효율적인 기업내부구조, 거래비용감축을 위한 효율적 지배조정구조를 설명하는 주요 이론적 토대를 제공한다.

Ⅲ. 가설정립 및 연구모델

1. 벤처기업 성장단계 – 대기업 협력전략에 관한 가설

벤처기업의 성장모델에 의하면, 초기 존재 및 생존단계에는 자본창출에 초점을 두게 된다(Scott and Bruce, 1987). 이러한 단계를 극복하게 되면 시설 및 규모의 증가에 따른 관리비용의 문제와 경영의 비효율성이 발생하는 위기단계를 겪게 된다. 어느 정도의 경영관리상의 위기단계를 극복하고 유지비용을 방어할 수 있는 단계를 극복하고부터는 지속적인 경쟁우위와 성장에 주력하는 성공 및 도약 그리고 안정적인 사업을 수행하게 되는 성숙단계를 성장하게 된다. 이러한 성장은 벤처기업의 자본주가 엔젤 → 벤처캐피탈 → 코스닥(KOSDAQ)으로 이전되듯이 사업 주체도 벤처기업 – 대기업과의 협력 또는 극단적으로 대기업의 인수(M&A)라는 경로로 발전한다. 가공과 조립공정은 제조중소기업이 분담하되 경제의 주축은 기존의 역량과 디지털시대의 역량을 결합시켜 변신에 성공하는 대기업이 될 것이다.

이러한 벤처기업−대기업의 협력을 거래비용관점에서 보면, 벤처기업이 지니고 있는 기술기반의 자산특유성(asset specificity)이 개인투자에 의한 엔젤의 소규모 투자보다는 대기업의 높은 투자를 가능하게 하기 때문에 거래비용의 절감효과를 가져온다(Williamson, 1985; Powell, 1990). 벤처기업을 둘러싸고 있는 미개척된 치열한 경쟁시장 상황하에서 이러한 협력적 관계의 형성은 기업간 경쟁의 성공에 중요한 요인 중의 하나이다(Granovetter, 1985). 개방체계접근(open system approach)에서 지적한 바와 같이 개별조직은 그가 직면한 환경으로부터 충분한 지원을 받지 못하고서는 생존할 수 없다(Pfeffer & Salancik, 1978; Pfeffer, 1987). 결과적으로 벤처기업은 성과를 높이기 위해서 벤처기업 특유의 기술 및 아이템기반 내부자원에 더하여 대기업의 재무·시장자원과 상호작용함으로써 그 성장기반을 구축할 수 있다. 그리고 네트워크 이론에 의하면, 거래(여기에서는 협력)는 개별 기업이 환경과의 상호작용에서 축적한 사회적 관계의 양과 성격에 영향을 받는다. 이는 경제적으로는 비효율적인 기업이라도 미래 잠재력과 기술, 기존의 관계 등 제도적 환경과 사회적 관계에 의해서 지속적으로 관계를 유지하면서 생존을 거듭하게 된다(Meyer and Zucker, 1989). 파트너십(partnership) 이론에서도 역시 기업의 성장과 성공은 거래기업간의 신뢰, 결속 등을 기반으로 하는 협력이 벤처기업의 성공에 핵심적인 요소임을 밝혀 주고 있다(권기대, 1998a, 1998b).

한편 앞서 논의한 역할이론(role theory)을 원용하고 있는 구조결함이론에서 구조자율성(structural autonomy)의 개념은 벤처기업-대기업의 협력전략에 있어서 협력상의 지위와 구조적 제약 간의 관계는 성장단계에 따라서 상이한 협력 유형을 취하게 된다는 것을 보여준다(Burt, 1982, 1992). 벤처기업-대기업 협력전략은 이들 간에 맺게 되는 협력전략의 구조자율성 범위 안에서 독점적 이익을 누릴 수 있게 된다(Burt, 1982). 요컨대 성장단계가 높아질수록 벤처기업 자체의 자생력이 높아져 대기업으로부터 상대적으로 협상력이 강한 기능적 제휴나 합작투자 형태를 취하게 될 것이다. 반면 상대적으로 창업단계에 해당하는 존재 및 생존단계에서는 대기업의 아웃소싱이나 스핀아웃 형태로 협력전략을 취하게 될 가능성이 높을 것이다.

이상의 논의를 기반으로 할 때 벤처기업의 성장에 있어서 상대적으로 자본, 인력, 시장 등 자원의 풍부성을 지닌 대기업과의 협력전략은 성과에 지대한 영향을 미칠 것이라고 볼 수 있다. 특히 벤처기업의 성장단계별로 대기업과 취하는 협력전략형태는 다를 것이다. 따라서 다음과 같은 가설을 설정하였다.

가설   1: 벤처기업의 성장단계에 따라서 대기업과의 협력전략이 다를 것이다.

가설 1-1: 벤처기업의 창업 초기 창업단계와 상업화단계에는 대기업으로부터의 구조적 자율성이 낮은 전략(아웃소싱, 스핀아웃, 인수합병)형태가 구조적 자율성이 높은 전략(기능별 제휴나 합작투자형태)보다 많을 것이다.

가설 1-2: 벤처기업의 성장단계와 성숙단계에는 대기업과의 협력전략 중 구조적 자율성이 높은 전략(기능별 제휴, 합작투자형태)이 자율성이 낮은 전략(아웃소싱, 스핀아웃, 인수합병)형태보다 많을 것이다.

2. 벤처기업 성장단계와 협력성과에 관한 가설

기업의 성장은 곧 성과의 향상과 그 맥락을 같이한다고 볼 수 있다. 벤처기업은 성장을 거듭할수록 벤처의 특성상 그 성과는 일정시점에서 매우 급격히 변화하게 된다. 그러므로 벤처기업의 성장단계에 따라서 대기업과의 협력전략을 취하게 될 때 협력성과는 다르게 나타날 것이다. 특히 벤처기업의 성장단계에 있어서 대기업과 어떠한 협력전략을 취사선택하느냐에 따라서 그 협력성과는 달라질 것으로 평가되어서 다음과 같은 가설을 설정하였다.

가설 2: 벤처기업의 성장단계별로 대기업과의 협력전략에 따라서 그 협력성과는 차이가 있을 것이다.

3. 연구모델

앞서 논의된 이론적 배경과 연구가설의 정립을 정리하면 <그림 1>과 같다. 연구의 모델은 벤처기업의 성장단계, 즉 창업, 상업화, 성장 그리고 성숙단계에 따라 벤처기업이 보유하는 핵심역량과 비전이 상이할 수 있으므로 대기업의 협력전략 ― 기능별 제휴, 합작투자, 아웃소싱, 스핀아웃 그리고 인수합병 ― 에도 그 전략적 취사선택이 달라질 수 있음을 나타내고 있으며, 또한 벤처기업의 성장단계와 대기업과의 협력전략 선택 여하가 협력의 성과 ― 계량적 성과, 질적 성과에도 차이가 있을 것임을 설명해 주고 있다.

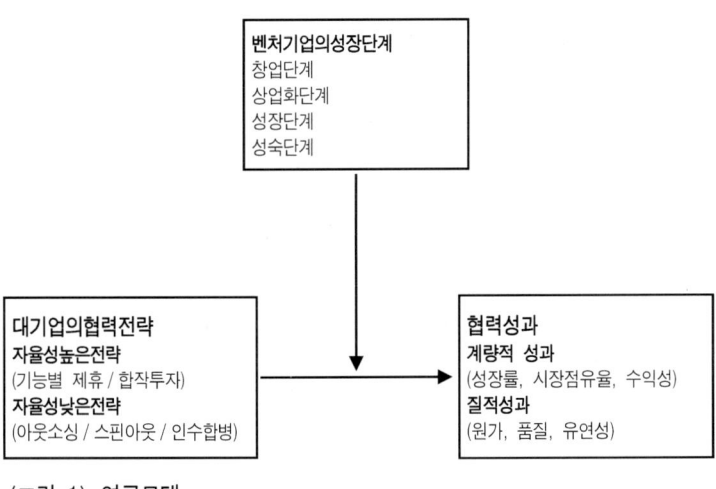

〈그림 1〉 연구모델

Ⅳ. 연구방법

본 연구의 목적을 달성하기 위해 선행연구의 검토를 통해 변수의 조작적 정의를 내렸다. 여기에서 주로 사용된 변수들은 대부분이 추

상적인 개념을 담고 있는 복합지수로 측정하였다. 즉 협력성과변수
는 복합지수로 이루어진 반면 벤처기업의 성장단계와 대기업의 협력
전략은 단일 척도로 측정하였다.

1. 변수의 조작적 정의 및 측정

1) 벤처기업의 성장단계

벤처기업의 성장단계는 성장 4단계(Kazanjian, 1988)와 성장 6단계
(김종규, 1999)를 활용하였다. 먼저 세부적으로는 존재단계, 생존단
계, 위기단계, 성공단계, 도약단계, 성숙단계 등 6단계로 구분하였으
며, 이를 창업단계, 상업화단계, 성장단계, 성숙단계로 다시 재집단화
하는 방식을 취하였다. 첫째, 창업단계는 존재, 생존단계로 회사를
창업하고 제품·서비스를 개발하는 단계이다. 기존 연구에서는 이를
창업 후 2년 이내의 기업으로 규정하고 있다(남영호·김완민, 1998).
둘째, 상업화단계는 초기 성장기(김영배·하성욱, 2000)로서 위기단
계와 성공단계의 범주로 제품생산과 매출을 발생시키며 기업관리상
의 위기와 시장성장에 주력하는 단계이다. 이러한 기업은 창업 후 4
년 미만의 기업들이 대부분 해당된다. 셋째 성장단계는 도약단계로
제품다각화와 시장매출이 급증하는 시기로서 아직 주식시장에 상장
되지 않은 4~8년 사이의 기업이 해당된다. 마지막으로 성숙단계는
중견기업으로 안정화되고 주식시장에도 상장된 단계이다. 이러한 기

업은 창업 후 8년 이상의 기업으로서 상장된 기업들이 해당된다. 벤처기업 척도는 명목변수로서 각 단계별 내용을 제시하고 벤처기업이 해당하는 단계에 답하도록 하였다. 이는 창업자가 자사의 성장단계에 대해 응답한 것을 활용한 것이다(한국벤처연구소, 2000). 응답하지 않은 벤처기업은 기업의 규모, 업력 등을 바탕으로 설정한 기준에 의하여 성장단계를 구분하였다.

2) 벤처기업 – 대기업 협력전략

협력(cooperation)이란 파트너기업이 각각 최종 목표(goals)로 고객시장의 욕구를 충족시키는 데 초점을 두고 각 파트너기업의 성공이 부분적으로 다른 파트너기업에 의존한다는 상호인식과 이해가 존재하는 범위로서 상호 목표에 대한 조정된 노력을 제공하기 위해 공동활동을 수행하는 것을 뜻한다(Andeson and Narus, 1990, p.42; Mohr and Spekman, 1994, p.135). 또한 협력을 달리 표현하면 일종의 '기업간의 정신적 교류'(Ellram and Hendrick, 1995), 丹脣皓齒(권기대, 1998a)라고 부를 수 있을 것이다. 따라서 벤처기업 – 대기업의 협력전략은 쌍방기업에게 소기의 비전을 달성할 수 있는 분기점으로 작용할 수 있다. 그러므로 본 연구에서의 협력전략은 대기업의 지분참여가 없는 기능적 제휴, 대기업으로부터 독립된 법인체로서 합작투자(joint venture), 인력, 생산, 기술, 제품 등 대기업으로부터 협력을 지원받는 아웃소싱(outsourcing), 대기업에서 분사되는 형태인 스핀아웃(spin out) 그리고 대기업과 결합되는 기업매수 형태인 인수합병(M&A) 등으로 조작화하였다. 이러한 협력전략을 명목척도(nominal scale)로써 벤처기업이 대기업과 희망하는 협력전략으로 하나만을 선택하도록 하였다.

3) 벤처기업 – 대기업 협력성과

벤처기업 – 대기업 협력전략에 관한 협력성과는 성장률, 시장점유율, 수익성 등과 같은 벤처기업의 전반적인 계량적 성과와 원가절감, 품질향상, 유연성 등과 같은 질적 성과로 나누었으며 모두 5점 척도로 측정하였다.

2. 표본 및 대기업과의 거래특성

1) 표본특성

표본은 산업자원부로부터 시범테크노파크로 지정된 경북테크노파크를 비롯한 대구, 송도, 안산, 포항 등의 테크노파크(technopark) 내에 입주한 벤처기업, 대학 및 벤처센터 그리고 산업단지 등 창업보육센터에 입주한 벤처기업 500개 업체를 대상으로 하였다. 자료수집의 응답률 제고와 설문항목에 대한 오해를 없애기 위해 기업체 방문을 통하여 직접 작성하는 것을 기본으로 하였다. 또한 충분한 자료수집을 위해 사전 전화협조를 통한 전자메일(e-mail), 우편조사도 병행 실시하였다.

〈표 1〉 표본 특성

구분	내용	세부내용	빈도	비율(%)
산업별 분포	정보통신 및 비정보통신	정보통신	102	42.1
		비정보통신	140	57.9
	제조 및 비제조	제조	162	66.9
		비제조	80	33.1
조직 규모	종업원 수	5명 이하	68	28.1
		10명 미만	65	26.9
		20명 미만	46	19.0
		30명 미만	21	8.7
		50명 미만	13	5.4
		50명 이상	29	12.0
창업연도		99년 이후(2년 이내)	141	56.6
		97년~98년(2년~4년)	37	14.9
		93년~97년(4년~8년)	25	10.0
		92년 이전(8년 이상)	46	18.5
입주형태		창업보육센타	138	52.1
		공단단지	57	21.5
		일반지역	63	23.8
		기타	7	2.6

총 500개의 설문지 중 직접방문을 통하여 총 284개(56.8%)를 회수하였으며, 이 중 불성실하게 답변하였거나 응답에 신빙성이 없는 9개 업체의 설문을 제외한 총 275개를 본 연구의 분석에 활용하였다. 확정된 자료 총 275개는 직접방문 133개로서 46.8%, 전자메일 94개로서 33.1% 그리고 우편조사 57개로서 20.1%이었다.

<표 1>은 조사대상업체의 표본 특성으로 제조-비제조, 정보통신(IT)업 및 비정보통신업 차원에서 구분하여 산업별 분포를 먼저 살

펴보았다. 그리고 응답자에 의한 성장단계, 종업원 수에 의존한 조직
규모, 설립연도, 입주형태 등을 나타내고 있다. 구체적으로, 산업분포
에 있어서는 비정보통신 업체는 57.9%이였으며, 제조업체 66.9%의
비중이 높았다. 조직규모 차원에서 종업원 수는 대부분 20명 이하의
기업이 74%를 차지하였다. 창업연도는 2년 이하의 기업은 56.6%, 2
년~4년 이하, 8년 이상, 4년~8년 이하 등 순으로 나타났다. 입주형
태는 테크노파크 및 각종 기관의 창업보육센터에 52.1% 입주하였다.
그리고 창업자의 인구통계적 특징인 성별, 교육적 배경, 연령, 전공
등을 요약하면, 성별은 남성이 84.6%이였으며, 학력은 대졸 이상이
83.5%를, 연령은 30대~49대 사이가 79.5%, 전공은 이공계 출신이
62.2%, 그다음으로 경상계열, 인문사회계열 순이었다.

2) 대기업과의 거래특성

벤처기업이 대기업과 관련한 거래특성을 관계형성, 협력관계, 거래
연도 그리고 관계정도 차원에서 분석한 것이 <표 2>이다. 먼저 벤처
기업-대기업 간의 형성관계에 있어서 대기업체 협력회사 협회의 회
원이 56.1%로 가장 많은 비중을 차지하였고, 다음으로 대기업체 출
자관계 26.2%, 대기업체의 전직 임직원관계 9.8%, 대기업체의 그룹
회사관계 6.6%, 마지막으로 대기업체 경영자와의 친인척관계의 순으
로 나타났다. 다음으로 협력관계는 기술의 공동개발이 29.9%를, 재
무보증 또는 융자알선과 같은 자금적 지원이 28.7%, 설비대여 12.0%,
기술정보의 제공 8.0% 등 순이었다.

〈표 2〉 대기업과 희망하는 관계형성 및 협력 관계

	내용	빈도	비율(%)
거래특성	대기업체의 출자관계	64	26.2
	대기업체 경영자와의 친인척관계	3	1.2
	대기업체의 전직 임직원 관계	24	9.8
	대기업체의 그룹회사관계	16	6.6
	대기업체 협력회사 협회의 회원	137	56.1
형성관계	임직원의 파견	10	4.0
	설비의 대여	30	12.0
	자금지원(채무보증)	41	16.3
	자금지원(융자알선)	31	12.4
	공업소유권 등 제공	6	2.4
	기술의 공동개발	75	29.9
협력관계	종업원에 대한 기술연수	5	2.0
	기술정보의 제공	20	8.0
	생산기술, 공정의 관리지도	8	3.2
	경영관리의 강습과 연수	9	3.6
	공정 및 경영관리 진단의 지원	7	2.8
	기 타	9	3.6

한편 대기업과 체결하고 있는 기존의 거래기간의 경우 전체 275 개 기업 중 139개의 50.5% 업체가 거래를 맺고 있는 것으로 나타났고 최저 1년에서 최장 40년까지 고르게 분포되어 있으며, 평균적으로 5.4년 정도로 나타났다(표준편차 5.97). 협조관계의 경우 5점 척도로 측정하였는데 평균 2.6, 표준편차 .82로 상대적으로 협조관계가 미흡한 것으로 나타났다.

V. 실증분석

1. 벤처기업 성장단계의 타당성분석

벤처기업의 성장단계에 관한 타당성과 신뢰성을 검증하기 위해서
기존연구(Kazanjian and Drazin, 1989; 이인찬 등, 1998; 김영배·하
성욱, 2000)의 방법을 응용하였다. 즉 성장단계별로 기업연륜과 종업
원 수를 적용하여 차이분석을 실시하였다. 기존 연구에서는 매출액
등과 같은 계량적 기업성과를 보고 있으나, 본 연구의 대상인 벤처
기업들은 매출액 노출을 상당히 꺼려하고 있어서 응답의 신빙성을
고려하여 여기에서는 제거하였다. 성장단계의 분석은 4단계 성장단
계(Kazanjian, 1988; Kazanjian and Drazin, 1989)에 근거하여 조직업
력과 종업원 수를 중심으로 차이분석을 실시하였다.

〈표 3〉 벤처기업 성장단계 타당성 분석

구분	성장단계	N	평균	표준편차	F값	유의값
종업원 수	창업단계	130	21.55	81.30	0.921	0.431
	상업화단계	57	31.63	67.08		
	성장단계	40	39.85	63.18		
	성숙단계	11	46.45	73.89		
조직업력	창업단계	134	4.85	6.83	3.896**	0.010
	상업화단계	59	7.53	7.45		
	성장단계	40	7.03	8.60		
	성숙단계	12	10.75	6.92		

〈표 4〉 벤처기업 성장단계에 대한 사후 검증 결과

변수명	(I) 성장단계	(J) 성장단계	평균차이 (I−J)	유의값
조직업력	창업단계	상업화단계	−2.675*	0.020
		성숙단계	−5.899**	0.008

분석결과는 <표 3>에 나타난 바와 같이 성장단계와 조직업력에서 유의한 차이를 보이고 있다. 특히 조직업력의 경우 대체로 성장이 창업단계에서 성숙단계로 진행되면서 높아지고 있음을 알 수 있다. 이를 <표 4>에서와 같이 사후분석을 통해 보다 구체적으로 살펴보면, 조직업력에 있어서 창업단계와 성숙단계 사이에서 가장 큰 차이를 보이는 것으로 나타났다. 한편 종업원 수는 벤처기업의 성장단계가 높아질수록 증가하는 것으로 나타났으나, 통계적으로 유의한 차이를 보이지 못하고 있다. 이는 제조업이냐 비제조업이냐와 같은 업종의 영향으로 고려된다. 이러한 결과들을 종합적으로 볼 때 본 연구에서 구분한 벤처기업의 성장단계는 대체로 타당성이 있다고 판단된다.

2. 벤처기업 성장단계 – 대기업 협력전략 분석

본 연구에서 설정한 연구모델 및 연구가설 1의 검정에 앞서 벤처기업의 성장단계와 협력전략에 관하여 분석을 실시하였다. 다음의 <표 5>는 벤처기업의 성장단계와 대기업과의 협력전략을 나타내고 있다. 벤처기업의 성장단계는 창업단계가 54.1%로 가장 많은 비중을 차지하였으며, 상업화단계, 성장단계, 성숙단계 순이었다. 보다 구체적으로 창업단계에서는 생존단계가 31.0%로 존재단계 23.1%보다 많은 비중을 차지하였고, 상업화단계에서는 성공단계가 13.1%로 위기단계 12.3%보다 많은 비중을 차지하는 것으로 나타났다.

〈표 5〉 벤처기업 성장단계-대기업과의 협력전략

구분	내용	세부내용	빈도	비율(%)
성장단계	창업단계	존재단계	62	23.1
		생존단계	83	31.0
	상업화단계	위기단계	33	12.3
		성공단계	35	13.1
	성장단계	도약단계	42	15.7
	성숙단계	성숙단계	13	4.9
협력전략		기능별 제휴	97	36.3
		합작투자	33	12.4
		아웃소싱	91	34.1
		스핀아웃	24	9.0
		인수합병	22	8.2

〈표 6〉 벤처기업 성장단계-대기업 협력전략의 관계

성장단계	제휴유형: 협력전략의 구조적 자율성		계
	구조자율성 높은 전략*	구조자율성 낮은 전략**	
창업단계	64	77	141
	45.4	**54.6**	100
상업화단계	32	36	68
	47.1	**52.9**	100
성장단계	24	17	41
	58.5	41.5	100
성숙단계	8	5	13
	61.5	38.5	100
계	128	135	263
	48.7	51.3	100

* 구조자율성이 높은 전략: 기능별전략, 합작투자
** 구조자율성이 낮은 전략: 아웃소싱, 스핀아웃, 인수합병

한편 대기업과 협력하고자 하는 협력전략으로는 대기업의 지분참여가 없이 일시적인 협조관계를 나타내는 기능별 제휴(36.3%)가 가장 많은 비중을 차지하였고, 다음으로 대기업으로부터 인력, 생산, 기술, 연구개발, 제품 등에 대한 협력을 지원받는 아웃소싱 형태가 많은 비중을 차지하였다. 다음으로 합작투자, 스핀아웃(spin out), 인수합병의 순으로 나타났다.

이러한 벤처기업 성장단계와 대기업 협력전략 간의 관계분석은 교차분석(cross tabulation analysis)을 사용하였다. 먼저 각 성장단계별 협력전략 5가지를 통한 교차분석 결과 셀(cell) 결손치가 35%를 넘고 유의미한 차이를 보이지 않아서 대기업과의 관계에서 구조적 자율성이 높은 협력전략과 낮은 협력전략 두 범주로 나누었다. 즉 대기업으로부터의 구조적 자율성이 높은 협력전략은 기능별 제휴와 합작투자 형태가, 구조적 자율성이 낮은 협력전략은 아웃소싱, 스핀아웃, 인수합병이 해당된다.

분석결과는 <표 6>과 <그림 2>에 나타난 바와 같다. 벤처기업의 성장단계별로 대기업과의 협력전략별로 살펴보면, 창업 초기에 해당하는 창업단계와 상업화단계에는 구조적 자율성이 낮은 전략, 아웃소싱, 스핀아웃, 인수합병 등 협력전략이 각각 77개(54.6%), 36개(52.9%)로 많은 비중을 차지하고 있다. 그러나 성장단계 및 성숙단계로 접어들면서 점차적으로 그 비중이 줄어들고 있음을 보여주고 있다. 한편 구조자율성이 높은 전략, 즉 기능별 제휴와 합작투자 등 협력전략은 벤처기업의 초기 성장단계에는 낮아지다가 성장단계와 성숙단계로 진행되면서 그 비중이 58.5%, 61.5%로 점차적으로 높아지고 있음을 보여주고 있다.

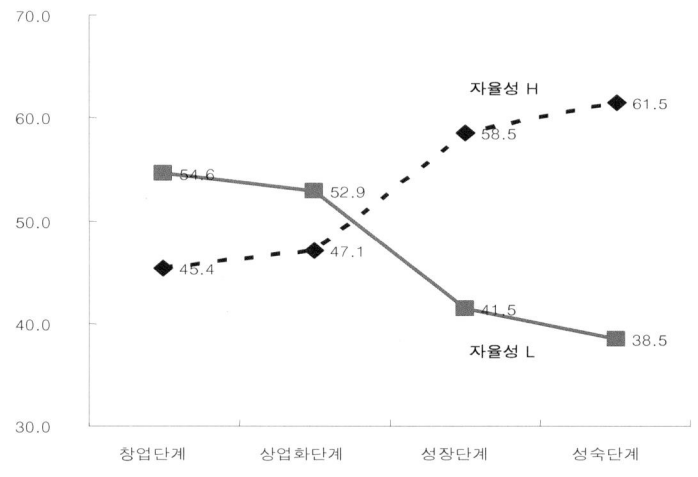

〈그림 2〉 벤처기업 성장단계별 대기업 협력전략 유형

이를 종합할 때, 가설 1의 '벤처기업의 성장단계에 따라서 대기업과
의 협력전략의 차이가 있을 것이다'는 채택되었다. 즉 벤처기업의 성
장에 있어서 초기단계에서는 아웃소싱, 스핀아웃, 인수합병 등 대기업
으로부터의 구조적 자율성이 낮은 협력전략을 추구하다가 본격적인
성장 및 성숙단계로 진행할수록 기능별 제휴, 합작투자 형태의 구조
적 자율성이 높은 전략으로 변화해 가고 있음을 보여주고 있다.

3. 협력성과 분석

벤처기업 성장단계별로 대기업 협력전략에 따른 협력성과의 관계분석은 2단계를 걸쳐 실시하였다. 먼저 벤처기업 성장과 앞서 분석한 벤처기업 성장이 협력성과에 미치는 영향을 분석하기 위해서 <표 7>과 같이 회귀분석을 실시하였다. 다음으로 다변량분산분석(MANOVA)을 통하여 협력전략에 따라서 협력성과의 차이를 분석하였다.

협력전략에 따라서 벤처성장과 협력성과의 관계를 분석하기 위해서 먼저 종속변수 간의 상관관계분석을 실시한 결과 유의한 상관관계를 보이고 있어 <표 8>과 같이 MANOVA 검정을 하였다(노형진, 2001). MANOVA 분석을 통해 각 벤처기업 성장단계와 협력전략별 상호작용 효과를 검증하기 위해 다변량 유의성 검정을 수행한 결과 Pillai's, Wills, Roy's의 F 통계량은 모두 유의수준 .05에서 모두 유의한 것으로 나타났다. 따라서 각 벤처기업 성장단계와 협력성과 간에 협력전략이 조절효과가 있다고 볼 수 있으므로 가설 2는 채택되었다.

〈표 7〉 벤처기업성장이 협력성과에 미치는 영향에 관한 회귀분석

종속변수 독립변수	계량적 성과		유연성		원가		품질	
	β값	t값	β값	t값	β값	t값	β값	t값
성장단계	0.901	33.898**	0.891	31.740**	0.895	32.373**	0.891	31.836**
모형의 설명력	$R^2 = .811$ $F = 1149.090**$		$R^2 = .794$ $F = 1007.412**$		$R^2 = .801$ $F = 1048.023**$		$R^2 = .794$ $F = 1013.518**$	

* $p < .05$, ** $p < .01$

구체적으로 계량적 성과의 경우에는 창업 초기단계(창업단계, 상업화단계)에는 구조적 자율성이 낮은 협력전략(아웃소싱, 스핀아웃, 인수합병)이, 성장 및 성숙단계에는 구조적 자율성이 높은 협력전략(기능별 제휴, 합작투자)이 상호작용 효과가 크다는 것을 보여주고

있다. 유연성과 원가의 경우에는 모든 성숙단계에 있어서 구조적 자율성이 높은 협력전략이 높은 상호작용 효과가 큰 것으로 나타났다. 품질의 경우에는 성장단계를 제외한 창업단계, 상업화단계, 성숙단계 등 단계에서 구조적 자율성이 높은 협력전략의 상호작용이 크게 나타났다. 그러나 성장단계에서는 구조적 자율성이 낮은 협력전략의 상호작용 효과가 큰 것으로 나타났다. 이를 종합적으로 볼 때 벤처기업의 성장단계에서 있어서 창업 초기 단계에는 구조적 자율성이 낮은 협력전략이, 성장 및 성숙단계에서는 구조적 자율성이 높은 협력전략이 계량적 성과를 높여 준다는 것을 시사하고 있다. 한편 유연성, 원가, 품질 등의 성과는 벤처기업의 모든 성장단계에 있어서 구조적 자율성이 높은 경우에 높다는 것을 시사하고 있다.

〈표 8〉 벤처기업 성장단계와 협력성과 간의 협력전략 상호작용 효과에 대한 분석

협력전략 * 벤처성장 다변량유의성	검정통계량	F값	자유도	sig
Pillai's Trace	1.078	11.524	32	0.000
Wilks' Lambda	0.019	54.642	32	0.000
Hotelling's Trace	45.853	351.777	32	0.000
Roy's Largest Root	45.747	1429.597	8	0.000

성과	성장단계	제휴유형	평균	표준오차	F값
계량적 성과	창업단계	자율성 H	3.656	0.133	910.862**
		자율성 L	3.816	0.137	
	상업화단계	자율성 H	3.989	0.135	
		자율성 L	4.063	0.107	
	성장단계	자율성 H	3.844	0.191	
		자율성 L	3.765	0.179	
	성숙단계	자율성 H	4.092	0.108	
		자율성 L	3.878	0.115	
유연성	창업단계	자율성 H	3.726	0.127	869.226**
		자율성 L	3.664	0.131	
	상업화단계	자율성 H	3.775	0.129	
		자율성 L	3.578	0.102	
	성장단계	자율성 H	3.683	0.182	
		자율성 L	3.569	0.171	
	성숙단계	자율성 H	3.770	0.103	
		자율성 L	3.530	0.110	
원가	창업단계	자율성 H	3.495	0.115	948.656**
		자율성 L	3.483	0.119	
	상업화단계	자율성 H	3.500	0.117	
		자율성 L	3.479	0.093	
	성장단계	자율성 H	3.400	0.166	
		자율성 L	3.353	0.156	
	성숙단계	자율성 H	3.603	0.094	
		자율성 L	3.415	0.100	
품질	창업단계	자율성 H	3.919	0.125	959.027**
		자율성 L	3.862	0.130	
	상업화단계	자율성 H	3.833	0.127	
		자율성 L	3.771	0.101	
	성장단계	자율성 H	3.600	0.180	
		자율성 L	3.755	0.169	
	성숙단계	자율성 H	3.801	0.102	
		자율성 L	3.780	0.109	

* $p < .05$, ** $p < .01$

VI. 결론

1. 요약과 전략적 시사점

본 연구는 벤처기업의 제한된 경영자원으로 인한 독자적인 성장에서 탈피하여 기업간 파트너십(권기대, 1998a)을 의미하는 대기업과의 협력전략의 실행을 통한 상생적 방안의 실증적 및 탐색적 연구이다. 본 연구의 자료분석에서 도출된 연구결과의 요약을 통한 전략적 시사점은 다음과 같다.

첫째, 벤처기업의 성장단계-대기업과의 협력전략에 관한 한 많은 기업들이 대기업과의 기능별 제휴와 아웃소싱을 추진 또는 계획하는 것으로 나타났다. 또한, 벤처기업은 성장을 진행하면서 구조적 자율성이 높은 기능별 제휴나 합작투자 형태의 전략에 더욱 주력하는 것을 알 수 있었다. 반면, 아웃소싱, 스핀아웃, 인수합병 등 대기업으로부터 구조적 자율성이 낮은 협력전략 등은 단계적으로 줄어드는 현상을 보여주고 있다. 이는 구조결함이론의 구조자율성관점(Burt, 1982, 1992)에서 제시된 바와 같이 기업조직의 성장과 함께 파트너 조직과의 동등한 위치 또는 지배구조의 자율성 확보 행동의 일환으로 해석할 수 있다. 즉 벤처기업이 성장 초기인 창업단계 및 상품화단계에는 대기업 의존관계 또는 지배관계 형태의 협력전략으로 성장기반을 확보하고 독자적인 기술개발 및 마케팅전략수립 및 실행(권기대·박재림, 1999) 그리고 자금력이 확보되고 난 후에는 홀로서기

행동 또는 상호 대등한 위치에서 대기업과의 파트너십 형성(권기대, 1998a, 1998b)에 주력하는 것으로 볼 수 있다.

둘째, 벤처기업이 성장을 거듭하면서 그 단계별로 성과를 창출하는 데 있어서 대기업과 어떠한 협력전략을 선택하느냐에 따라서 그 성과는 상당히 달라질 수 있다는 결과를 도출하였다. 특히 계량적 성과, 유연성, 원가, 품질 등 경우 대기업과 어느 정도의 기능별 제휴나 합작투자와 같은 구조적 자율성을 높일 수 있는 전략을 이루어내느냐가 성과에 상당한 영향을 미치고 있음을 알 수 있다. 이와 같은 결과는 생산자동화 단계와 생산성과에서 공급자와의 유형이 조절효과를 지닌다는 기존연구결과(Wheelwright, 1978)와 그 맥락을 같이한다.

셋째, 본 연구결과는 대기업의 관점에서 요구되는 핵심기술이나 신규사업 진입 그리고 투자수익률 확대 차원에서 외부 벤처기업과 전략적 제휴 혹은 연계를 위해 효과적인 호선전략(cooptative strategy)을 추구하는 데 있어서 방향성을 제시해 주고 있다(Burt, 1982). 이미 기술개발과 시장이 안정된 벤처기업을 전략적 파트너로 선택하려는 최근의 많은 대기업의 노력은 이미 본 연구결과에서 제시하는 바와 같이 비효율성을 가져올 가능성이 많음을 보여주고 있다. 성장 및 성숙단계에 도달한 벤처기업은 이미 대기업과의 협력의사가 매우 낮다는 것을 보여주고 있으며, 이를 통한 협력체결은 높은 협력성과를 도달하기가 어렵다는 것을 보여준다. 즉 대기업의 입장에서 전략적 파트너로 벤처기업을 선택하려고 한다면, 협력전략에 관한 관심이 높은 창업단계 혹은 상업화단계에 있는 벤처기업을 목표로 할 때 그 성과가 높아질 것이다.

넷째, 본 연구결과는 벤처기업 성장단계에서 매우 유의미한 시사점을 주고 있다. 벤처기업의 지속적인 성장기반은 창업단계에서 창업자 또는 해당 벤처기업 관련 산업의 대기업과 낮은 단계의 파트너십을 취할 경우에 그 성장잠재력의 가능성이 높아진다는 것을 보여주고 있다. 오늘날 벤처 창업인들은 단순히 기술이나 아이템으로 창업에서 성장단계에 이르기까지 적지 않은 장애요인들을 겪을 수 있다는 것이다. 그래서 창업 및 생존단계에 대기업과의 협력관계인 아웃소싱이든 스핀아웃이든 어떠한 형태의 협력관계를 맺고 있을 경우 지속적인 성장의 원천이 된다는 것이다. 요컨대 벤처기업들이 대기업과 낮은 단계의 협력전략을 맺고 있을지라도 벤처기업에게는 장기적인 사업비전을 가지고 계속기업(going concern)의 의지를 키울 수 있으며, 대기업은 벤처기업과의 동반자적인 파트너십을 통해 그 나름대로 대기업의 재도약을 실현화할 수 있을 것이다. 반면에 단순히 기술과 아이템만으로 벤처창업을 하고 대기업과 협력을 추구하는 기업은 어느 정도의 수익을 얻게 되면, 인수합병과 같은 형태로 사업을 다른 기업조직으로 이양시킬 가능성이 높음을 보여주고 있다. 따라서 기업간의 신뢰에 기반을 둔 협력전략의 취사선택 의사결정이 쉽지만은 않다는 것을 시사해 주고 있다. 그 밖의 시사점으로는 기업간 협력을 희망할 때 기업 스스로 핵심역량의 보유 및 투명한 의사결정에 의한 윤리경영을 토대로 한 기업이라면 협상력의 우위를 점할 수 있을 것으로 판단되므로 모럴 해저드(moral hazard)와 같은 위험한 발상의 경영은 삼가야 할 것이다.

2. 연구의 한계와 향후 연구를 위한 제언

본 연구는 벤처기업의 성장단계와 대기업의 협력전략이 협력성과에 미치는 영향에 관한 것으로 다음과 같은 몇 가지 연구의 한계점과 향후 연구를 위한 제언을 하고자 한다.

먼저, 지금까지 벤처기업의 독자적인 성장단계별 성공요인 연구(김영배·하성욱, 2000; 이장우·장수덕, 2001; 이인찬 등, 1998)를 극복하고 벤처기업-대기업의 협력전략에 관한 연구(권기대·김승호, 2001; 나중덕·권기대, 2002)가 탐색적으로 시도되고 있다는 점에서 전략적 사고와 미래 연구를 위한 새로운 지평선을 개척하였으나 앞으로 연구방법과 이론의 기반이 보완돼야 할 것이다.

둘째, 벤처기업-대기업의 협력연구가 주로 테크노파크와 창업보육센터, 산업단지의 신생기업들이 56.6%를 차지하고 있음으로 볼 때, 향후 연구는 산업별, 지역별, CEO별 특성을 감안하여 연구를 실행한다면 기업들에게 적지 않은 전략적 시사점을 제공할 것이다.

셋째, 본 연구는 쌍방연구(dyad study) 및 횡단면적 설계(cross sectional design)에서 일방에 대한 단일 정보제공자인 벤처기업 관점에서 대기업의 협력전략연구를 실행한 것이므로 추후 연구는 대기업의 관점 또는 쌍방관점에서 접근할 필요성이 있다.

넷째, 조직간의 협력에서 전략적 행동은 협력조직들이 지니고 있는 양자 간의 분석이 요구된다. 본 연구는 벤처기업을 대상으로 연구를 수행하였다. 벤처기업-대기업의 협력전략에 관한 앞으로의 연구방향은 조직행위론에서 다루고 있는 집단수준의 LMX(Leader-

Member Exchange) 연구를 확장하여 협력관계를 맺고 있는 벤처기업-대기업 간의 쌍방(dyad 또는 interorganization) 연구를 통해 벤처기업과 대기업의 상생(win-win)을 위한 협력전략과 협력관계 결속방안에 대한 연구가 요청하다.

다섯째, 벤처기업-대기업 협력전략연구에 대해 국가 간 비교연구도 이루어져서 우리나라 벤처기업-대기업들의 해외진출전략에 대한 불확실성과 위험을 최소화시키는 데 기여할 필요성이 있을 것이다.

마지막으로 벤처기업들은 장래의 한국경제의 희망일 뿐만 아니라 글로벌시장을 적극적으로 공략하기 위해서는 무엇보다도 벤처기업의 투명성을 제고하는 차원에서 원칙과 성실로 무장하여야 하며, 벤처기업에 맞는 새로운 패러다임과 룰을 만들어 젊은이들을 벤처로 유도해야 할 것이다(한국경제신문, 2002).

❏ 참고문헌

강종렬, "모기업의 협력기업관계전략이 협력기업의 기술변화에 미치는 영향", 서울대학교 박사학위논문, 1994.

계도원, "승용차 유통경로에서 딜러의 협력, 갈등, 성과간의 관계에 관한 연구", **유통연구**, 창간호, 1996, pp.109-127.

권기대, "벤처기업 성장유형과 대기업의 특징이 협력유형에 미치는 영향", **대한경영학회지, 33**, 2002, pp.91-118.

권기대, "유통경로상에서 구매자―판매자의 관계적 특징이 파트너십에 미치는 영향", 연세대학교 박사학위논문, 1998a.

권기대, "벤처기업의 신제품구매요인과 그 전략방안", **연세경영연구, 35(1),** 1998b, pp.157-178.

권기대·김승호, "벤처기업-대기업의 협력유형에 관한 탐색적 연구", **한국경영학회 하계학술발표대회,** 2001, pp.1-32.

권기대·박재림, "마케팅전략과 기업의 핵심역량이 마케팅전략실행에 있어서의 분권화에 미치는 영향", **한국경상논총, 17(1),** 1999, pp.180-201.

권영철, "기업간 경쟁과 협력의 논리와 규범", **경영학연구, 30(3),** 2001, pp.695-718.

김광점, "조직간 협력의 영향요인과 성과: 협력병원 네트워크에 참여한 중소병원을 중심으로", 고려대학교 박사학위논문, 1992.

김기찬, "기업간 관계모형의 개발에 관한 연구: 마케팅전략적 유효성을 중심으로", 서울대학교 박사학위논문, 1992.

김영배·하성욱, "우리나라 벤처기업의 성장단계에 대한 실증조사: 핵심성공요인, 환경특성, 최고경영자 역할과 외부자원활용", **기술혁신연구, 8(1),** 2000, pp.125-154.

김영인·박노광·정창선, "한·미·일에 있어서 자동차산업과 부품산업간 협력관계의 특징비교", **경영학연구, 30(3),** 2001, pp.671-693.

김종규, "인터넷 벤처기업의 아웃소싱전략", 연세대학교 석사학위논문, 1999.

나중덕·권기대, **벤처기업-대기업의 성공적인 협력모델,** 집문당, 2002.

남영호·김완민, "벤처기업의 성장단계별 성공가능성 분석", **벤처경영연구, 1(1),** 1998, pp.36-56.

노형진, **한글 SPSS10.0에 의한 조사방법 및 통계분석,** 형설출판사, 2001.

이인찬·이광훈·박성진·김운호, **벤처기업의 성장단계별 성공요인분석과 정책과제,** 정보통신정책연구원, 1998.

이장우·장수덕, "벤처기업의 성장단계별 성공요인에 관한 탐색적 연구", **인사·조직연구, 9(2)**, 2001, pp.59 – 92.

이재훈, "협력의 선행변수와 결과변수에 대한 탐색적 연구", **한국경상논총**, 19(1), 2001, pp.157 – 182.

윤성민·홍장표·정우식, "중소기업 – 대기업의 관계: 협력유형 및 산업정책", **중소기업연구, 22(2)**, 2000, pp.209 – 236.

정승화·안준모, "벤처기업 성장과 핵심경영과제 변화에 대한 탐색적 연구", **벤처경영연구, 1(1)**, 1998, pp.5 – 34.

한국경제신문, "벤처 다시 뛴다: 계속되는 신화", 2002. 3. 13.

한국경제신문, "벤처 다시 뛴다: 홀로서기", 2002. 3. 16.

한국벤처연구소, **벤처기업 정밀실태조사**. 2000.

Anderson, J. C. and James, A. Narus, "A Model of Distributor Firm and Manufacturer Firm Working Partnerships", *Journal of Marketing, 54*, 1990, pp.42 – 58.

Bagozzi, R. P., "Toward a Formal Theory of Marketing Exchange", in *Conceptual and Theoretical Developments in Marketing*, O. C. Ferrell, Stephen W. Brown, and Charles W. Lamb, Jr.,(eds.), Chicago: American Marketing Association, 1979, pp.431 – 447.

Burt, R., *Toward a Structural Theory of Action: Network Models of Social Structure, Perception, and Action*, NY: Academic Press. 1982.

Burt, R., *Structural Holes: The Social Structure of Competition,* Cambridge, MA: Harvard Press, 1992.

Chandler, Jr. A. D., *Strategy and Structure*, Cambridge, Massachusetts: The MIT Press. 1962.

Churchill, N. C. and Lewis, V. L., "The Five Stages of Small Business

Growth", *Harvard Business Review, 61(3)*, 1983, pp.30－50.

Coase, R. H., "The Nature of the Firm", *Economia, 4,* 1937, pp.386－405.

Dant, R. P. and P. L. Schul, "Conflict Resolution Processes in Contractual Channels of Distribution", *Journal of Marketing, 56,* 1992, pp.38－54.

Dwyer, F. R., P. H. Schurr, and Sejo Oh, "Developing Buyer－Seller Relationships", *Journal of Marketing, 51,* 1987, pp.11－27.

Ellram, Lisa M. and Thomas E. Hendrick, "Partnering Characteristics: A Dyadic Perspective,"*Journal of Business Logistics, 16(1)* .1995, pp.41－64.

Granovetter, M., "Economic Action and Social Structure: The Problem of Embeddedness", *American Journal of Sociology, 91(3),* 1985, pp.481－510.

Grenier, L. E., "Evolution and Revolution as Organizations Growth", *Harvard Business Review, 50(4),* 1972, pp.37－49.

Gulati, R. and H. Singh, "The Architecture of Cooperation: Managing Coordination Costs and Appropriation Concerns in Strategic Alliances", *Administrative Science Quarterly, 43,* 1998, pp.781－814.

Gundlach, G. T., and P. E. Murphy (1993), "Ethical and Legal Foundations of Relational Marketing Exchange", *Journal of Marketing, 57,* 1998, pp.35－46.

Heide, J. B., and G. John, "Alliance in Industrial Purchasing: The Determinants of Joint Action in Buyer－Seller Relation", *Journal of Marketing Research, 27,* 1990, pp.24－36.

Hennart, J. F. and E. Anderson, "Countertrade and the Minimization of Transaction Costs: An Empirical Examination", *Journal of Law,*

Economics, and Organization, 9, 1993, pp.290−313.

Katz, D. and R. L. Kahn, *The Social Psychology of Organizations*, 2eds., NY: John Wiley and Sons, 1978.

Kazanjian, R. K., "Relation of Dominant Problems to Stage of Growth in Technology−based New Ventures", *Academy of Management Journal, 31(2)*, 1988, pp.257−279.

Kazanjian, R. K. and Drazin, R., "An Empirical Test of a Growth Progression Model", *Management Science, 35(12)*, 1989, pp.1489− 1503.

Lippitt, G. and Schmidt, W., "Crisis in Developing Organization", *Harvard Business Review, 45(6)*, 1967, pp.102−112.

Macneil, I. R., *The New Social Contract, An Inquiry into Modern Contractual Relations*, CT: Yale University Press, 1980.

Meyer, M. and L. Zucker, *Permanently Failing Organization*, CA: Sage, 1989.

Mohr, J. J. and R. Spekman, "Characteristics of Partnership Success: Partnership Attitudes, Communication Behavior, and Conflict Resolution Techniques", *Strategic Management Journal, 15(2)*, 1994, pp.135−152.

Pfeffer, J., "A Resource Dependence Perspective on Intercorporate Relation", in M. Mizruchi, and M. Schwartz (eds.), *Intercorporate Relations: The Structural Analysis of Business*, Cambridge University Press, 1987, pp.25−55.

Pfeffer, J. and G. Salancik, *The External Control of Organization: A Resource Dependence Perspective*, NY: Harper and Row Inc, 1978.

Powell, W., "Neither Market nor Hierarchy: Network Forms of Organization", in L. Cummings, and B. Staw (eds.) *"Research in Organizational Behavior"*, 12, Greenwich, CT: JAI Press, 1990, pp.295－336.

Quinn, R. E. and Cameron, K., "Organizational Life Cycles and Shifting Criteria of Effectiveness: Some Preliminary Evidence", *Management Science, 29(1)*, 1983, pp.33－51.

Rindfleisch, A. and J. B. Heide, "Transaction Cost Analysis: Past, Present and Future Application", *Journal of Marketing, 61*, 1997, pp.30－54.

Scott, M. and Bruce, R., "Five Stages of Growth in Small Businesses", *Long Range Planning, 20(3)*, 1987, pp.45－52.

Van de Ven, A. H., Hudson, R. and Schroeder, D. M., "Designing New Business Start－Ups: Entrepreneurial, Organizational, and Ecological Consideration", *Journal of Management, 10*, 1984, pp.87－107.

Wheelwright, S. C., "Reflecting Corporate Strategy in Manufacturing Decisions", *Business Horizons, 21(1)*, 1978, pp.57－66.

56. Williamson, O. E., *Markets and Hierarchies: Analysis and Antitrust Implication*, The Free Press, 1975.

57. Williamson, O. E., *The Economic Institutions of Capitalism*, NY: The Free Press, 1985.

벤처기업의 환경요인과 성장단계에 따른 벤처기업 – 대기업의 협력유형에 관한 탐색적 연구*

* 본 원고는 한국중소기업학회「중소기업연구」제24권 제4호(2002. 12)에 게재된 논문입니다.

Ⅰ. 서 론

벤처기업이란 "1인 또는 소수의 핵심적 기술창업인이 기술혁신의 개발아이디어를 상업화하기 위해 설립하는 신생기업"으로 정의[8]할 수 있다.

그런데 오늘날 성공한 벤처기업들은 독창적 기술개발과 틈새기술 경쟁의 리더들로서 작은 조직, 자율권, 실패에 대한 관대함, 민첩함 과 창의적인 도전정신 등 세계제일의 이념으로 글로벌시장의 적극적 인 공략에 나서고 있음에도 불구하고 관리 인프라가 열악하고, 비즈 니스모델의 미비로 수익전망이 불투명할 뿐만 아니라, 대기업에 비 해 마케팅능력과 조직력이 부족하여 경제적 불황기나 침체기에 접어

---

8) 현재 벤처기업의 요람지인 미국의 경우 중소기업투자법에 벤처기업의 성격을 규정해 놓고 있다. 즉 "위험성이 크나 성공할 경우 높은 기대수 익이 예상되는 신기술 또는 아이디어를 독립기반 위에서 영위하는 신생 기업(new business with high risk & high return)"이라고 정의한다. 일본 은 '중소기업의 창조적 사업촉진에 관한 임시조치법'에서 "중소기업으로 서 R&D투자 비율이 매출액의 3% 이상인 기업, 창업 후 5년 미만인 기 업"을 말하며, OECD는 "R&D의 집중도가 높은 기업" 또는 "기술혁신이 나 기술적 우월성이 성공의 주요 요인인 기업"으로 정의하고 있다. 한 편, 우리나라 학계에서 벤처기업에 대한 정의를 살펴보면, "소수의 기술 기업가가 기술혁신의 아이디어를 상업화하기 위해 설립한 신생기업의 경우가 많으며, 위험부담은 높으나 성공할 경우 높은 기대이익이 예상 되는 기업"(이진주, 1986), "기술수준이 높은 제품의 기업화를 위하여 위 험부담은 높으나 성공할 경우 기대수준이 높은 제품의 기업화를 위하여 왕성한 기업가정신을 가진 모험기업가에 의해 설립운영되는 중소기업" (나중덕, 1994), "새로운 아이디어와 기술을 가지고 사업에 도전하는 모 험적인 중소기업"(이장우, 1997)을 뜻한다.

들게 되면 시장퇴출의 위험에 직면할 수 있다.

이에 본 연구는 벤처기업의 제한된 경영자원의 운영으로 동태적인 환경요인들에 의해 초기 창업한 벤처기업의 계획된 목표를 안정적으로 달성할 수 있는 방안은 바로 시장에 글로벌 네트워크(global network) 를 구축하고 있는 대기업과의 협력(collaboration)을 수평적인 차원에서 대등하고 투명한 협상력에 의해 실행돼야 한다는 것이다(권기대, 1998b).

따라서 연구의 목적은 벤처기업의 거시환경과 내부환경의 변화에 따른 대기업과의 협력유형을 파악하고 다음으로 이러한 협력유형이 벤처기업의 성장단계와는 어떤 관계성을 갖는지를 분석하고자 한다. 실증분석의 의미는 첫째, 산업현장의 기업들에게 협력의 중요성을 다시 한 번 제기함과 동시에 협력을 위한 핵심역량의 개발, 협상력의 제고에 기여하는 데 있으며(권기대·박재림, 1999), 둘째, 협력이 기업의 성장관점에서 어떤 편익을 제공하는지의 전략적 시사점을 제공하는 데 있다.

Ⅱ. 가설정립 및 연구모델

1. 시장환경에 따른 벤처기업의 대기업협력유형에 관한 가설

기업의 외부환경은 크게 과업환경과 사회적 환경으로 대별하여 접근할 수 있다(Wheelen & Hunger, 1986). 이러한 외부환경요인들은 기업내부변화의 강력한 동인으로 작용한다. 특히 본 연구에서는 조직혁신에 초점을 두어 변화의 압력을 가하는 여러 외부환경 중에서 환경의 동태성(dynamics)과 복잡성(complexity)을 구성요소로 하는 환경의 불확실성에 초점을 두었다(Duncan, 1972; Lawrence & Lorsch, 1967). 환경이 안정적인 상태에서 불안정인 상태로 변화하는, 즉 동태성이 증가할 경우에 기존의 일상화된 질서나 절차를 지닌 조직은 변화에 대응하기가 상당히 곤란하게 된다. 특히 벤처기업의 경우 동태성이 높아질수록 대기업과의 협력을 추진하는 혁신적인 행동을 취하게 될 것이다.

한편, 조직환경의 이질성(heterogeneity)이 높아지는 이른바 환경의 복잡성(complexity)이 증가할수록 조직은 변화노력을 기울이게 된다(Dimaggio & Powell, 1983). 일반적으로 벤처기업의 경우 매우 복잡한 기술적·시장적 상황에 직면해 있기 때문에 조직의 안정을 위해 대기업과의 협력을 추진하게 될 것이다.

따라서 환경의 동태성 및 복잡성과 같은 환경의 불확실성이 높은 경우 벤처기업은 지속적인 성장을 추구하기 위해서 대기업과의 협력을 모색하게 될 것이다. 이상의 논의를 근거로 외부환경요인과 대기업과의 협력유형에 관한 가설을 다음과 같이 설정하였다.

가설 1: 벤처기업 외부환경의 불확실성은 대기업과의 협력유형에 영향을 줄 것이다

가설 1-1: 벤처기업은 환경이 동태적일수록 대기업과의 협력유형이 높을 것이다.

가설 1-2: 벤처기업은 환경이 복잡할수록 대기업과의 협력유형이 높을 것이다.

2. 조직내부환경에 따른 벤처기업의 대기업협력유형에 관한 가설

일반적으로 대기업과의 협력을 추진하는 벤처기업의 내부환경요인으로 생산기술개발시스템의 복잡성(Woodward, 1965), 자원의 풍요성(Ettlie, 1983) 그리고 인적자원의 동태성 및 물적 자원의 비효율성(박준병, 1992) 등을 핵심적으로 고려할 수 있다. 생산기술개발시스템의 복잡성은 제품의 복잡성과 공정의 복잡성 차원에서 접근할 수 있다(Hayes and Wheelwright, 1979). 자원의 풍요성은 자금, 기술, 인적자원 등 여유자원(slack resources)에 대한 풍요성을 들 수 있다(Ettlie, 1983). 끝으로 인적자원의 동태성 및 물적 자원의 비효율성은 벤처붐의 거품이 빠지면서 최근 급격히 겪고 있는 벤처기업의 노동시장의 인력부족 현상과 스톡옵션체제의 붕괴로 인한 임금 문제 그리고 모험을 추구하는 벤처기업의 특성상 작업환경 및 안정성으로 인한 인적자원에 대한 동태성과 작업현장에서 발생하는 시설활용상의 비효율성을 고려할 수 있다.

따라서 앞의 논의를 토대로 벤처기업의 내부환경요인과 대기업과의 협력유형에 관해 다음과 같이 가설을 설정하였다.

가설 2: 벤처기업 내부환경요인의 특성이 대기업과의 협력유형에 영향을 줄 것이다

가설 2 - 1: 벤처기업은 기술개발시스템의 복잡할수록 대기업과의 협력유형에 영향을 줄 것이다.

가설 2 - 2: 벤처기업은 내부자원이 풍요할수록 대기업과의 협력유형에 영향을 줄 것이다.

가설 2 - 3: 벤처기업은 인적자원의 동태성 및 물적 자원이 비효율적일수록 대기업과의 협력유형에 영향을 줄 것이다.

3. 대기업과의 협력유형과 벤처기업의 성장단계에 관한 가설

벤처기업의 성장과정에서 대기업과의 협력추진 배경은 벤처기업이 직면해 있는 내·외부적 환경요인의 압력에 따라 발생하는 전략적 동기에 의하여 결정된다(Anderson and Paine, 1975). 특히 위험감수와 도전성이 강한 벤처기업의 경우 생존을 추구하기 위해서는 성과창출에 초점을 두게 된다. 즉 자본과 인력 등 자원이 부족한 상황에서 기술과 아이디어를 중심으로 사업을 전개하는 벤처기업은 그 추구목표가 장기적인 투자와 달성이 매우 어렵다. 이러한 상황에서 최종 목표를 추구하기 위해 조직유지 차원에서 부가적인 수익창출과 함께 기술 및 개발에 필요한 자금과 시장 그리고 기술을 대기업과의 협력을 통해 얻어내면서 벤처기업의 성장을 구가하게 된다. 일반적으로 벤처기업의 시장진입을 통한 성장의 기본요건은 시장지향성(market-pull)과 기술지향성(technology-pull) 그리고 사회지향성(society-pull)일 것이다. 일반적으로 기업조직의 전략추구 차원에서 시장지향성은 방어적 성격, 기술지향성은 공격적 성격, 사회지향성은 간접적 성격 등을 지니고 있으나(Munro and Noori, 1988), 성공단계 전까지 대부분의 벤처기업에 있어서 이러한 모든 지향은 생존(survival)에 필수적인 요소로 공격적인 성격이 강하다고 볼 수 있다. 기술개발이 성공적으로 이루어진 벤처기업의 경우 기술지향성보다는 수익성 향상을 위해서 시장지향성에 보다 집중하게 될 것이다. 또한 기술과 시장이라는 양 목표를 달성한 벤처기업의 경우에는 사회적으로 인정받는 기업일 것이다.

한편, 벤처기업의 성장단계는 성장 4단계(Kazanjian, 1988)와 성장 6단계(김종규, 1999)가 있다. 먼저 세부적으로는 존재단계, 생존단계, 위기단계, 성공단계, 도약단계, 성숙단계 등 6단계로 구분하고 있으며, 이를 창업단계, 상업화단계, 성장단계, 성숙단계로 다시 재집단화하고 있다. 창업단계는 존재, 생존단계로 회사를 창업하고 제품/서비스를 개발하는 단계이다. 기존 연구에서는 이를 창업 후 2년 이내의 기업으로 규정하고 있다(남영호·김완민, 1998). 상업화단계는 초기 성장기(김영배·하성욱, 2000)로서 위기단계와 성공단계의 범주로 제품생산과 매출을 발생시키며 기업관리상의 위기와 시장성장에 주력하는 단계이다. 이러한 기업은 창업 후 4년 미만의 기업들이 대부분 해당된다. 성장단계는 도약단계로 제품다각화와 시장매출이 급증하는 시기로서 아직 주식시장에 상장되지 않은 4~8년 사이의 기업이 해당된다. 마지막으로 성숙단계는 중견기업으로 안정화되고 주식시장에도 상장된 단계이다. 이러한 기업은 창업 후 8년 이상의 기업으로서 상장된 기업들이 해당된다.

따라서 벤처기업이 대기업과의 협력을 추구하는 동인은 현재 벤처기업이 어느 정도의 성장단계에 있느냐에 따라 달라질 것이라는 점을 유추해 볼 수 있다. 그러나 우리나라 벤처기업이 처한 현실을 고려할 때 대기업의 협력유형인 기술, 시장 그리고 사회적 지향성 모두가 전략적 성격을 띤다고 평가된다. 그러므로 대기업과의 협력유형과 벤처기업 성장단계는 매우 관련성이 높을 것이므로 다음과 같은 가설을 도출하였다.

가설   3: 벤처기업이 추진하는 대기업과의 협력유형에 따라서 벤처기업의 성장단계가 다를 것이다.

4. 연구모델

앞서 논의된 이론적 배경과 연구가설의 정립을 정리하면 <그림 1>과 같다. 연구의 모델은 기업의 외부환경요인과 기업내부환경요인의 변화로 인해 새로운 경쟁압력 및 기회인식을 통해 가치창출활동

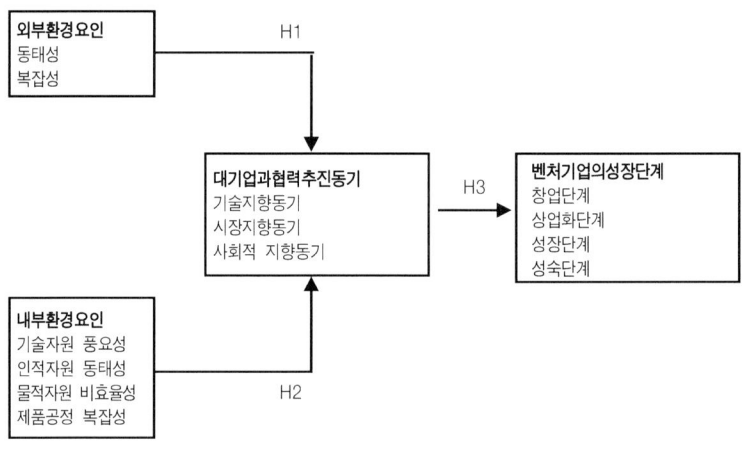

〈그림 1〉 연구의 모델

으로서 벤처기업이 대기업과의 협력을 추진하게 된다는 것을 보여주고 있으며, 이러한 협력유형은 벤처기업이 성장단계에 따라 달라지게 된다는 것을 설명해 주고 있다.

Ⅲ. 연구방법

본 연구에 사용된 변수들은 대부분이 추상적인 개념을 담고 있는 복합지수로 측정하였다. 즉 벤처기업의 내·외부적 환경요인, 벤처기업의 대기업과 협력유형 등은 복합지수로 이루어졌다. 이들 변수는 조작적 정의를 내리기 위해서 기존 연구에서 많은 변수를 도입하였다. 반면 벤처기업의 성장단계는 단일 척도를 통해 측정하였다.

1. 변수의 조작적 정의 및 측정

1) 벤처기업의 외부환경요인

벤처기업의 대기업과의 협력유형과 관련하여 외부환경요인으로 외부환경을 구성하는 집단을 동태성과 복잡성 관점에서 살펴보았다. 외부환경집단은 소비자, 경쟁자, 공급자, 제품, 기술, 정부 등(Duncan, 1972; Porter, 1985)을 외부환경의 주체로 삼았다. 이들 주체를 중심으로 외부환경의 동태성은 소비자 수요 및 기호 변화 예측성, 제품수명주기의 변화속도, 경쟁자 및 공급자 행위 예측성, 기술변화 및 정부개입의 예측성 등 환경구성요소의 예측가능성(predictability)을 중심으로 개념구성항목을 조작화하였다. 외부환경의 복잡성은 경쟁자 수 및 경쟁전략의 다양성, 소비자 수 및 집단의 다양성, 공급자 수 및 다양성 등 환경구성요소의 수(number)와 다양성(variety)을 중심으로 이루어졌으며, 5점 척도로 측정하였다.

2) 벤처기업의 내부환경요인

벤처기업의 내부환경요인으로는 제품 및 공정 복잡성(Woodward, 1965; Hayes and Wheelwright, 1979)을 중심으로 생산시스템의 복잡성을, 기능인력 및 기술인력 등 인적자원의 용이성, 자금조달의 용이성 그리고 내부기술경험 등과 같은 자원의 풍요성을, 마지막으로 임금인상, 노사분규, 작업자 태도변화, 생산현장의 낭비요인으로 구성된 인적자원의 동태성과 물적 자원의 비효율성을 조작화하였다. 이들 환경요인 변수는 모두 5점 척도로 측정하였다.

3) 대기업과의 협력유형

벤처기업의 대기업과의 협력유형은 시장지향, 기술지향 그리고 사회적 지향유형으로 측정하였다. 성과차이와 관련된 시장지향 및 기술지향은 전략연구에서 일반적으로 경쟁성과요인으로 자주 사용하는 원가, 품질, 유연성, 납기 등 성과차이의 구성요소에 대한 극복 및 전략적 우위확보 차원에서 조작화하였다. 사회지향적 협력유형은 기능인력의 부족, 노사분규, 작업환경, 생산활동 낭비제거, 공해문제 등에 관한 내용(박준병, 1992)을 변수화하였다. 이들 대기업 협력유형 변수는 모두 5점 척도로 측정하였다.

4) 벤처기업의 성장단계

벤처기업의 성장단계에 관하여서는 성장 4단계(Kazanjian, 1988)와 성장 6단계(김종규, 1999)를 활용하였다. 먼저 세부적으로는 존재단계, 생존단계, 위기단계, 성공단계, 도약단계, 성숙단계 등 6단계로 구분하였으며, 이를 창업단계, 상업화단계, 성장단계, 성숙단계로 다시 재집단화하는 방식을 취하였다. 창업단계는 존재, 생존단계로 회사를 창업하고 제품 / 서비스를 개발하는 단계이다. 벤처기업 척도는 명목변수로써 각 단계별 내용을 제시하고 벤처기업이 해당하는 단계에 답하도록 하였다. 이는 창업자가 자사의 성장단계에 대해 응답한 것을 활용하였다(한국벤처연구소, 2000). 응답하지 않은 벤처기업은 기업의 규모, 업력 등을 바탕으로 설정한 기준에 의하여 성장단계를 구분하였다.

2. 표본설계 및 표본분포

1) 표본의 일반적 특성

표본은 1997년 12월에 산업자원부로부터 시범테크노파크로 지정된 경북테크노파크를 비롯한 대구, 송도, 안산, 포항 등 테크노파크(technopark) 내에 입주한 벤처기업, 대학 및 벤처센터 그리고 산업단지 등 창업보육센터에 입주한 벤처기업 500개 업체를 대상으로 하였다. 본 연구는 자료수집을 위해 기본적으로 설문조사에 의한 실증적인 연구를 실시하였다. 이러한 자료수집의 응답률 제고와 설문항목에 대한 오해를 없애기 위해 기업체 방문을 통하여 직접 작성하는 것을 기본으로 하였다. 또한 충분한 자료수집을 위해서 사전 전화협조를 통한 전자메일(e-mail), 우편조사도 함께 실시하였다.

총 500개의 목표설문 중 직접 방문을 통하여 총 284(56.8%)개를 회수하였으며, 이 중 불성실하게 답변하거나 응답에 신빙성이 없는 9개 업체를 제외하고 최종 275개를 본 연구의 표본으로 확정하였다. 확정된 자료 총 275개는 직접 방문을 통하여 133(46.8%)개, 전자메일 94(33.1%)개, 우편조사 57(20.1%)개를 통해 회수되었다.

〈표 1〉 표본 벤처기업의 특성

구분	내용	세부내용	빈도	비율(%)
산업별 분포	정보통신·비정보통신	정보통신	102	42.1
	제조·비제조	비정보통신	140	57.9
		제조	162	66.9
조직규모	종업원 수	비제조	80	33.1
		5명 이하	68	28.1
		10명 미만	65	26.9
		20명 미만	46	19.0
		30명 미만	21	8.7
		50명 미만	13	5.4
		50명 이상	29	12.0
창업연도		99년 이후(2년 이내)	141	56.6
		97년-98년(2년~4년)	37	14.9
		93년-97년(4년~8년)	25	10.0
입주형태		92년 이전(8년 이상)	46	18.5
		창업보육센타	138	52.1
		공단단지	57	21.5
		일반지역	63	23.8
		기타	7	2.6

앞의 <표 1>은 조사대상업체의 일반적인 특성을 제조-비제조, 정보통신(IT)업 및 비정보통신업 차원에서 구분하여 산업별 분포를 먼저 살펴보았다. 그리고 응답자에 의한 성장단계, 종업원 수에 의존한 조직규모, 설립연도, 입주형태 등을 나타내고 있다. 구체적으로, 산업분포에 있어서는 비정보통신업체(57.9%)와 제조업체(66.9%)의 비중

이 높았다. 조직규모 차원에서 종업원 수는 대부분 20명 이하의 기업(74%)이 대부분을 차지하였다. 창업연도의 경우 2년 이하의 기업(56.6%)으로 가장 많은 비중을 차지하였으며, 그다음 2년~4년 이하, 8년 이상, 4년~8년 이하 등 순으로 나타나 전체 벤처기업의 특성을 대체로 잘 반영하고 있는 것으로 나타났다. 입주형태는 테크노파크 및 각종 기관의 창업보육센터(52.1%)에 입주한 경우가 가장 많은 비중을 보였다.

<표 2>는 벤처기업의 창업자 특성인 성별, 교육적 배경, 연령, 전공 등을 요약한 것으로 성별은 남성(84.6%)의 비중이 매우 높았으며, 교육적 배경으로는 대졸 이상(83.5%)이, 연령은 30대~49대 사이(79.5%)가 대다수를 차지하였다. 전공별로는 이공계 출신(62.2%)이 가장 많았으며, 경상계열, 인문사회계열 순이었다.

〈표 2〉 벤처창업자 특성

창업자 특성	내용	빈도	비율(%)
성별	남성	225	84.6
	여성	41	15.4
교육적 배경	중졸 이하	1	0.4
	고졸	15	5.6
	전문대졸	25	9.4
	대졸	142	53.2
	대학원졸	81	30.3
	해외MBA	3	1.1

창업자 특성	내용	빈도	비율(%)
연령	20대	11	4.3
	30대	83	32.7
	40대	119	46.9
	50대 이상	41	16.1
전공	경상	60	25.2
	이공계	148	62.2
	인문사회	17	7.1
	예체능	10	4.2
	농축산 · 기타	3	1.3

2) 변수의 신뢰성 및 타당성 평가

본 연구에 사용된 복합지수로 구성된 변수의 신뢰성은 내적 일관성을 측정하는 크론바 알파(cronbach – α)계수를 사용하였다. 타당성을 측정하기 위해서 구성타당성 검증에 해당하는 요인분석을 실시하였다. 분석결과는 아래 <표 4>~<표 6>에 나타난 바와 같다.

분석결과 <표 4>의 외부환경요인의 경우 본 조사의 설계대로 5개의 요인이 추출되었다. 동태성 차원은 제품기술, 소비자, 집단 동태성 등 3개의 요인이, 복잡성은 전방환경 및 후방환경 등 2개의 요인이 추출되었다. 각 요인에 적재된 부하치가 모두 .6 이상으로 나타났으며, 신뢰도 계수는 후방환경 복잡성이 .595로 조금 낮았다. <표 5>의 내부환경요인은 자원풍요성과 인적 동태성 및 물적 자원의 비효율성 등 2개의 요인이 추출되었다. 각 요인에 적재된 부하치가 모두 .5 이상으로 나타났으며, 신뢰도 계수는 두 변수 모두 .572 이상으로 나타나, 최소한의 타당성과 신뢰성이 확보되었다. <표 6>의 대기업과의 협력추진동기는 본 조사의 설계대로 3개의 요인이 추출되었다. 각 요인에 적재된 부하치가 사회적 동기의 한 항목이 .555인 경우를 제외하고 모두가 .6 이상으로 나타났으며, 신뢰도 계수는 모두 .70 이상으로 나타나 타당성과 신뢰성이 있는 것으로 판단된다.

〈표 4〉 외부환경요인에 대한 신뢰성과 타당성 분석 결과

요인명	문항	요인1	요인2	요인3	요인4	요인5	신뢰성 계수(α 값)
제품기술 동태성	dy04	0.819	0.121	0.134	0.074	0.142	0.826
	dy03	0.812	0.033	0.164	0.202	0.123	
	dy06	0.777	0.341	0.103	0.007	−0.012	
	dy07	0.639	0.418	0.015	0.011	0.052	
집단 동태성	dy05	0.218	0.759	0.040	0.167	0.082	0.712
	dy08	0.195	0.738	0.164	0.161	−0.019	
	dy09	0.126	0.705	0.129	0.026	0.179	
전방환경(소비자, 경쟁자) 복잡성	com01	0.110	0.073	0.865	0.105	0.082	0.662
	com02	0.163	0.198	0.804	−0.008	0.025	
소비자 동태성	dy01	−0.041	0.190	−0.023	0.855	−0.004	0.642
	dy02	0.336	0.099	0.156	0.773	0.088	
후방환경(공급자) 복잡성	com05	0.018	0.031	0.024	0.203	0.859	0.585
	com06	0.210	0.191	0.092	−0.152	0.798	
전체분산(%)		20.3	15.8	11.8	11.6	11.3	
아이겐 값		2.641	2.052	1.529	1.504	1.468	

<표 5> 내부환경요인에 대한 신뢰성과 타당성 분석 결과

요인명	문항	요인1	요인2	신뢰성 계수(α 값)
기술 풍요성	flu04	0.821	0.184	0.591
	flu03	0.762	0.025	
	flu05	0.573	−0.160	
인적자원 동태성 및 물적 자원의 비효율성	P−ine02	−0.242	0.761	0.572
	P−ine01	−0.239	0.722	
	H−dy01	0.306	0.587	
	H−dy03	0.198	0.522	
전체분산(%)		26.2	25.4	
아이겐 값		1.831	1.779	

<표 6> 협력유형에 대한 신뢰성과 타당성 분석 결과

요인명	문항	요인1	요인2	요인3	신뢰성 계수(α 값)
사회지향성	so04	0.835	0.013	0.148	0.825
	so05	0.806	0.066	0.248	
	so03	0.803	−0.132	0.188	
	so01	0.647	0.250	0.260	
	so02	0.555	0.466	0.059	
기술지향성	te03	0.123	0.847	0.112	0.820
	te02	0.110	0.832	0.162	
	te01	0.159	0.743	0.300	
	te04	−0.130	0.669	0.078	
시장지향성	ma02	0.159	0.118	0.826	0.789
	ma03	0.139	0.191	0.782	
	ma01	0.175	0.142	0.732	
	ma05	0.324	0.141	0.618	
전체분산(%)		22.8	21.5	19.5	
아이겐 값		2.800	2.537		

Ⅳ. 실증분석

1. 벤처기업 성장단계의 타당성분석

벤처기업의 성장단계에 관한 타당성과 신뢰성을 검증하기 위해서 기존연구(Kazanjian and Drazin, 1989; 이인찬 등, 1998; 김영배·하성욱, 2000)의 방법을 응용하였다. 즉 성장단계별로 기업연륜과 종업원 수를 적용하여 차이분석을 실시하였다. 기존 연구에서는 매출액 등과 같은 계량적 기업성과를 보고 있으나, 본 연구대상이 되는 벤처기업의 경우 매출액 노출을 상당히 꺼려하고 있어서 응답의 신빙성을 고려하여 여기에서는 제거하였다.

〈표 7〉 벤처기업 성장단계 타당성 분석

구분	성장단계	N	평균	표준편차	F값	유의값
종업원 수	창업단계	130	21.55	81.30	0.921	0.431
	상업화단계	57	31.63	67.08		
	성장단계	40	39.85	63.18		
	성숙단계	11	46.45	73.89		
조직업력	창업단계	134	4.85	6.83	3.896**	0.010
	상업화단계	59	7.53	7.45		
	성장단계	40	7.03	8.60		
	성숙단계	12	10.75	6.92		

구분		성장단계	N	평균	표준편차	F값	유의값
협력유형	사회지향성	창업단계	143	3.05	0.93	2.025	0.111
		상업화단계	67	3.03	0.95		
		성장단계	39	2.87	0.82		
		성숙단계	13	2.45	0.81		
	기술지향성	창업단계	145	3.85	0.78	1.509	0.213
		상업화단계	67	4.01	0.72		
		성장단계	40	3.78	0.73		
		성숙단계	13	3.60	0.80		
	시장지향성	창업단계	145	3.17	0.80	5.481**	0.001
		상업화단계	68	3.25	0.80		
		성장단계	40	2.81	0.86		
		성숙단계	13	2.49	0.66		

성장단계의 분석은 4단계 성장단계(Kazanjian, 1988; Kazanjian and Drazin, 1989)에 근거하여 조직업력과 종업원 수 그리고 본 연구에서 성장단계의 핵심요인으로 다루고 있는 대기업협력유형을 중심으로 차이분석을 실시하였다. 분석결과는 <표 7>에 나타난 바와 같이 성장단계에서 부분적으로 유의한 차이를 보이고 있다. 특히 조직업력과 시장지향동기에서 유의한 차이를 나타내고 있으며, 조직업력의 경우 대체로 성장이 창업단계에서 성숙단계로 진행되면서 높아지고 있음을 알 수 있다. 시장지향성은 최초 창업단계에서 상업화단계까지 높아졌다가 어느 정도 안정화되는 성장단계와 성숙단계로 진행되면서 낮아지는 경향이 있음을 알 수 있다. 특히 상업화단계에서는 대기업과의 시장지향성 협력이 매우 높은 것을 알 수 있다.

〈표 8〉 벤처기업 성장단계에 대한 사후 검증 결과

변수명	(I) 성장단계	(J) 성장단계	평균차이 (I−J)	유의값
조직업력	창업단계	상업화단계	−2.675*	0.020
		성숙단계	−5.899**	0.008
사회지향성협력	창업단계	성숙단계	0.605*	0.023
	상업화단계	성숙단계	0.581*	0.037
시장지향성협력	창업단계	성장단계	0.365*	0.012
		성숙단계	0.684**	0.004
	상업화단계	성장단계	0.447**	0.006
		성숙단계	0.766**	0.002

이를 사후분석을 통해 보다 구체적으로 살펴보면, <표 8>에 나타난 결과와 같이 조직업력, 사회지향성 그리고 시장지향성협력 모두에 있어서 창업단계와 성숙단계 사이에서 가장 큰 차이를 보이는 것으로 나타났다. 사회지향성협력의 경우 전반적인 차이검정에서는 유의한 차이를 보이지 않았지만, 사후검정을 통해 분석한 결과 창업 및 상업화단계−성숙단계에서는 .05의 유의수준에서 유의한 차이를 보여주고 있다. 한편 종업원 수의 경우 벤처기업의 성장단계가 높아질수록 증가하는 것으로 나타났으나, 통계적으로 유의한 차이를 보이지 못하고 있다. 이는 제조업이냐 비제조업이냐와 같은 업종의 영향으로 고려된다. 이러한 결과들을 종합적으로 볼 때 본 연구에서 구분한 벤처기업의 성장단계는 대체로 타당성이 있다고 판단된다.

2. 벤처기업의 대기업 협력유형에 대한 영향요인분석

벤처기업의 대기업 협력유형 추구에 대한 영향요인으로 벤처기업의 내·외부환경요인에 관하여 분석함으로써 가설 1과 가설 2를 검증할 수 있다. 이를 검정하기 위해서 외부환경요인과 내부환경요인 변수가 성과변수인 시장지향성, 기술지향성, 사회지향성 등 대기업의 협력유형추구에 미치는 영향관계에 대해 회귀분석을 실시한 결과 <표 9>에 나타나 있다. 즉 시장지향성, 기술지향성, 사회지향성 각각을 종속변수로 하고 외부환경요인과 내부환경요인을 독립변수로 하는 회귀분석을 실시하였다. 회귀분석 결과 시장지향성협력의 경우 $R^2=.366(F=14.070)$, 기술지향성협력 $R^2=.264(F=8.752)$ 그리고 사회지향성협력 $R^2=.278(F=9.408)$로 각각 36.6%, 26.4%, 27.8%의 설명력을 보였으며, 모두 유의수준 .05 이내에서 유의한 결과를 나타내었다.

분석결과를 살펴보면, 먼저 벤처기업의 외부환경요인과 내부환경요인이 대기업과의 시장지향성에 영향을 미치며, 특히 소비자 동태성과 소비자 및 경쟁자 복잡성을 의미하는 전방환경복잡성이 유의적인 영향을 미치고 있음을 알 수 있다. 이는 오늘날 벤처기업이 접하고 있는 시장환경변화를 생각할 때 매우 의미 있는 결과라고 생각할 수 있다. 즉 소비자의 수요 및 기호변화에 대한 예측이 어렵고 경쟁자 및 소비자의 수와 다양성이 높을 때 벤처기업의 경우 자본력과 제품촉진 등 시장진입에 곤란을 겪을 수밖에 없다. 따라서 대기업과의 협력을 통해서 시장진입장애의 극복 및 확장을 추구하고자 할 것이다.

다음으로 기술지향성협력에 대하여서는 내부환경요인이 유의한 영향을 미치며, 특히 인적·물적 자원의 동태성, 인적 풍요성 그리고 공정복잡성이 유의적인 영향을 미치는 것으로 나타났다. 즉 인적·물적 자원의 동태성이 높을수록, 기술인력이 부족할수록 그리고 제품공정이 복잡할수록 대기업과의 기술에 대한 협력이 높아진다고 하겠다. 여기에서 새로운 사실은 벤처기업의 경우 기술지향성에 있어서 기능인력과 기술인력의 조달이 어려운 경우 대기업을 통해 이를 해결하지 않으려는 노력을 하고 있다는 것이다. 그러나 외부환경요인은 유의한 영향을 미치지 못하는 것으로 나타났다.

마지막으로 사회지향성협력(문제해결)의 경우 내부환경요인이 유의한 영향을 미치며, 특히 인적·물적 자원의 동태성, 기술 풍요성, 공정복잡성 그리고 인적 풍요성이 유의적인 영향을 미치는 것으로 나타났다. 즉 인적·물적 자원의 동태성이 높을수록, 기술적인 능력이 부족할수록, 제품공정이 복잡할수록 그리고 기술인력이 부족할수록 대기업을 통해 기술인력부족, 작업환경 개선, 생산활동 낭비요소 제거 등 사회적 문제를 해결하고자 한다는 것이다. 여기에서 주목할 것은 기술상의 문제를 대기업과 협력추진에 있어서 기술지향성협력보다는 사회지향성협력을 통해서 달성하려고 한다는 것이다. 한편 사회지향성의 경우 외부환경요인의 경우 기술지향성협력과 마찬가지로 유의한 영향을 미치지 못하는 것으로 나타났다.

요컨대 분석결과를 종합하면, 벤처기업의 대기업 협력유형추진에 있어서 시장지향성협력에 있어서는 벤처기업을 둘러싸고 있는 외부환경요인과 내부환경요인 모두가 유의한 영향을 미치며, 기술지향성과 사회지향성협력에는 벤처기업의 내부생산환경만이 유의한 영향을 미치는 것으로 나타났다. 이를 볼 때, 외부환경요인이 대기업 협력유형

추구에 미치는 영향에 관한 가설 1은 부분적으로 채택되었으며, 내부 환경요인이 대기업 협력유형추구에 미치는 영향에 관한 가설 2는 채택되었다.

〈표 9〉 내·외부적 환경요인과 대기업 협력유형추구에 관한 회귀분석결과표

독립변수	종속변수	시장지향동기		기술지향동기		사회적 동기	
		β값	t값	β값	t값	β값	t값
외부환경요인 (가설 1)	제품기술 동태성	−0.048	−0.753	0.025	0.366	−0.047	−0.701
	집단 동태성	0.072	1.121	−0.017	−0.251	−0.023	−0.331
	소비자 동태성	0.184	3.161**	−0.042	−0.671	0.008	0.135
	전방환경복잡성	0.145	2.592**	0.063	1.042	0.009	0.153
	후방환경복잡성	−0.015	−0.274	−0.046	−0.755	0.072	1.197
내부환경요인 (가설 2)	제품복잡성	0.030	0.555	−0.027	−0.462	0.066	1.153
	공정복잡성	0.193	3.676**	0.098	1.725+	0.131	2.342*
	인적 풍요성	−0.044	−0.730	−0.152	−2.329*	−0.121	−1.878 +
	기술 풍요성	−0.267	4.909**	−0.026	−0.439	−0.230	−3.956**
	인적 물적 자원 동태성	0.274	4.444**	0.400	6.022**	0.364	5.536**
모형의 설명력		$R^2 =$ .366 F = 14.070**		$R^2 =$ .264 F = 8.752**		$R^2 =$ .278 F = 9.408**	

+ $p < .10$, * $p < .05$, ** $p < .01$

3. 대기업 협력유형과 벤처기업성장단계의 관계분석

벤처기업의 대기업 협력유형과 벤처기업성장단계의 관계분석을 위해서 먼저 협력유형변수를 사용하여 협력추구가 높은 집단과 낮은

집단으로 군집분석(cluster analysis)을 실시하고, 추출된 동기집단에 따른 벤처기업 성장단계의 차이분석을 t-test를 통해 분석하였다.

군집분석은 K-means 방식을 통해 2개의 집단을 지정하여 분석을 실시하였다. 군집분석결과는 <표 10>과 같다. 동기요인에 의한 군집분석에는 총 275개 중 267개 자료가 추출되었다. 추출된 집단은 <표 10>에 나타나 바와 같이 협력유형추구가 높은 집단(고동기 집단)은 267개 중 148개(55%), 낮은 집단(저동기 집단)은 119개(45%)로 추출되었다. 그리고 이들 동기집단군별로 t-test를 통해 차이 여부를 검정한 결과 3가지 동기 모두에 있어서 유의수준 .01에서 유의미하게 나타났다.

〈표 10〉 대기업 협력유형요인에 의한 군집분석 결과

	평 균		t값
	고동기 집단	저동기 집단	
시장지향성	3.61	2.47	15.222**
기술지향성	4.20	3.42	9.312**
사회지향성	3.52	2.31	13.818**
빈도	148	119	
비율(%)	0.55	0.45	

+ p<.10, * p<.05, ** p<.01

〈표 11〉 대기업 협력유형집단에 따른 성장단계 t-test 분석 결과

동기집단	성장단계		t값
	평균	표준편차	
고협력유형 집단	2.41	1.15	-2.197*
저협력유형 집단	2.73	1.19	

+ p<.10, * p<.05, ** p<.01

이들 동기집단에 따라서 성장단계의 차이여부(가설 3)를 분석하기 위해서 t-검정을 수행한 결과는 <표 11>에 나타난 바와 같다. 분석 결과를 살펴보면, 협력유형집단에 따라서 성장단계(창업단계가 1점, 성숙단계 4점)는 유의수준 .05에서 유의미한 차이를 있는 것으로 나타났다. 구체적으로 협력유형이 높은 집단의 경우 평균 2.41, 표준편차 1.15, 협력유형이 낮은 집단은 평균 2.73, 표준편차 1.19로 협력유형이 낮은 저협력유형 집단이 성장단계가 높은 것으로 나타났다. 즉 협력유형이 높은 집단은 창업단계 및 상업화단계에 있으며, 협력유형이 낮은 집단은 성장단계 및 성숙단계에 접어들고 있음을 알 수 있다. 따라서 이를 통해 가설 3 '협력유형에 따라서 벤처기업성장단계의 차이가 있을 것'이라는 가설이 채택되었다.

V. 결론: 전략적 함의와 제안

1. 연구요약과 전략적 함의

본 연구는 벤처기업의 독자적인 성장연구에서 탈피하여 기업간 파트너십(권기대, 1998a)을 통한 벤처기업관점에서 대기업과의 협력을 기반으로 한 실증적 연구이다. 본 연구의 자료분석에서 도출된 연구결과의 요약을 통한 시사점은 다음과 같다.

먼저, 벤처기업의 대기업 협력유형은 특히 기업내부환경요인에 영향을 많이 받는다는 결과를 도출하였다. 이러한 결과는 생산공정과 기술혁신상에 내부환경요인이 영향을 미친다는 기존의 연구결과(Woodward, 1965)와 맥락을 같이하고 있다. 벤처기업의 속성상 기술개발 및 제품이 완료되어 안정화 단계인 성장·성숙단계에 이르기까지 기업 외적환경을 고려하기보다는 기업 내적 환경에 주력하는 것을 알 수 있었다. 즉 기술수준향상과 이를 생산하는 인적자원에 따라서 대기업과의 협력을 추진하는 동인이 강함을 보여주고 있다. 다만, 대기업과의 협력관계를 통한 시장진입과 확장을 위해서는 외부환경요인에 영향을 받음을 알 수 있다. 특히 소비자 및 경쟁자 환경의 복잡성과 동태성이 대기업과의 협력유형추진에 매우 유의한 영향을 미치고 있음을 알 수 있다.

둘째, 벤처기업의 대기업 협력유형에 따라서 벤처기업의 성장단계가 다르다는 것을 발견하였다. 즉 대기업과의 협력유형이 낮은 저협력 벤처기업집단은 이미 성공 및 성장단계에 있으며, 높은 협력유형을 추구하는 고협력 집단은 창업단계, 즉 존재단계 및 생존단계 또는 상업화단계에 있다는 것을 알 수 있었다. 이러한 것을 볼 때, 벤처기업의 대기업 협력유형은 벤처기업의 성장단계를 예측하는 중요한 정보로 활용할 수 있을 것이다. 대기업관점에서 벤처기업과의 협력전략을 실행할 때, 해당 벤처기업이 현재 어느 정도의 성장단계에 있느냐를 파악하는 것이 매우 중요한 사항이 될 것이다. 이미 성숙단계의 자생력을 가진 벤처기업과의 협력추진은 현실적으로 협력을 이루어내기가 매우 곤란할 가능성이 있음을 시사하고 있다.

2. 연구의 한계점과 향후 연구제안

본 연구는 시장환경요인과 벤처기업의 대기업과의 협력유형 그리고 벤처기업의 성장단계와의 관계에 관한 연구를 진행하면서, 다음과 같은 몇 가지 연구의 한계점과 향후 연구방향성을 제시하고자 한다.

첫째, 벤처기업-대기업 협력유형에 관한 선행연구(권기대·김승호, 2001; 나중덕·권기대, 2001)가 거의 진행된 바가 없었기 때문에 실험적인 연구의 성격을 지니고 있다. 따라서 벤처기업-대기업 협력 형성에 관한 충분한 이론적 근거가 미흡하다. 또한 이러한 협력을 통해 도출되는 협력성과가 어떻게 변화하는가에 대한 논의가 포함되지 않았다. 하지만 이러한 연구를 계기로 벤처기업의 성장 및 성공요인이 대기업과의 협력이라는 새로운 시각을 실증적으로 제시함으로써 향후 벤처기업 연구에 하나의 방향성을 제시하였다는 점에서 의의가 있다.

둘째, 벤처기업-대기업의 산업적 특성을 고려하지 못하였다. 따라서 산업환경에 따라서 본 연구의 결과가 상이하게 나타날 수도 있다. 향후 벤처기업-대기업 협력에 관한 연구에서 제조 및 비제조 또는 정보통신 및 비정보통신, 닷컴(.com) 및 비닷컴(Non-.com) 산업으로 구분하여 연구방향을 접근할 필요성이 있다.

셋째, 벤처기업-대기업 협력관계에는 벤처기업 창업자의 가치관 및 행동, 벤처기업의 핵심역량, 대기업에 대한 신뢰, 의존, 기존의 거래관계 등 변수들이 중요한 영향을 미칠 수 있다. 따라서 향후의 연구에는 이들 변수에 대한 고려가 필요하다.

넷째, 본 연구는 쌍방연구(dyad study) 및 횡단면적 설계(cross sectional design)에서 한쪽 측에 대한 단일 정보제공자인 벤처기업 관점에서 대기업의 협력유형에 접근하였다. 향후의 연구에는 대기업의 관점에서 벤처기업에 대한 시각, 협력유형추구 및 협력유형을 분석함으로써 본 연구 결과와 비교연구를 시도할 필요가 있다.

다섯째, 본 연구의 모델에서 협력유형이 벤처기업의 성장단계에 영향을 미치는 것으로 연구의 가설을 설정하였으나 향후 반대방향 또는 쌍방 간의 관계성을 보완적으로 분석해 보는 것도 매우 의미가 있을 것으로 판단된다.

❏ 참고문헌

권기대(1998a), "유통경로상에서 구매자-판매자의 관계적 특징이 파트너십에 미치는 영향", 연세대학교 박사학위논문.

_____(1998b), "벤처기업의 신제품구매요인과 그 전략방안", **연세경영연구, 35(1)**, 157-178.

_____·김승호(2001), "벤처기업-대기업의 협력유형에 관한 탐색적 연구", 한국경영학회 하계학술발표대회, 1-32.

_____·박재림(1999), "마케팅전략과 기업의 핵심역량이 마케팅전략실행에 있어서의 분권화에 미치는 영향", 한국경상논총, 17(1), 180-201.

김영배·하성욱(2000), "우리나라 벤처기업의 성장단계에 대한 실증조사 : 핵심성공요인, 환경특성, 최고경영자 역할과 외부자원활용", 기술혁신연구, 8(1), 125 - 154.

김종규(1999), "인터넷 벤처기업의 아웃소싱전략", 연세대학교 석사학위
논문.

나중덕(1994), "모험자본회사의 유형별 투자행태 및 성과분석", 한국과
학기술원 박사학위논문.

_____ · 권기대(2001), **벤처기업 - 대기업의 성공적인 협력모델에 관한
연구**, (재)아산사회복지재단, 1 - 141.

남영호 · 김완민(1998), "벤처기업의 성장단계별 성공가능성 분석", 벤처
경영연구, 1(1), 36 - 56.

박준병(1992), "공장자동화기술도입의 영향요인에 관한 연구: 기술혁신
도입이론을 중심으로", 연세대학교 박사학위논문.

이인찬 · 이광훈 · 박성진 · 김운호(1998), 벤처기업의 성장단계별 성공요
인분석과 정책과제, 정보통신정책연구원.

이장우(1997), 벤처경영, 매일경제신문사.

이진주(1986), "신기술개발과 모험자본의 역할", 기술관리, 32, 40 - 50.

한국벤처연구소(2000), 벤처기업 정밀실태조사.

Anderson, C. R. and Paine, F. T.(1975), "Managerial Perceptions and
Strategic Behavior", Academy of Management Journal, 1(4), 257 - 279.

DiMaggio, P., and W. Powell(1983), "Iron Cage Revisited: Institutional
Isomorphism and collective Rationality in Organizational Field",
American Sociological Review, 48, 147 - 160.

Duncan, R. B.(1972), "Characteristics of Organizational Environments
and Perceived Environmental Uncertainty", Administrative Science
Quarterly, 20, 313 - 327.

Ettlie, J. E.(1983), "Organizational Policy and Innovation Among Suppliers
to the food Processing Sector", Academy of Management, 26(1),

27 – 44.

Gulati, R. and H. Singh(1998), "The Architecture of Cooperation: Managing Coordination Costs and Appropriation Concerns in Strategic Alliances", Administrative Science Quarterly, 43, 781 – 814.

Hayes, R. H. and S. C. Wheelwright(1979), "The Dynamics of Process – Product Life Cycles", Harvard Business Review, 57(2), 127 – 136.

Kazanjian, R. K.(1988), "Relation of Dominant Problems to Stage of Growth in Technology – based New Ventures", Academy of Management Journal, 31(2), 257 – 279.

_____, Drazin, R.(1989), "An Empirical Test of a Growth Progression Model", Management Science, 35(12), 1489 – 1503.

Lawrence, P. N. and Lorsch, J. W.(1967), Organization and Environment, Division of Research, Harvard University Press, Boston. Mass..

Munro, H. and Noori, H.(1988), "Measuring Commitment to New Manufacturing Technology: Integrating Technological Push and Market Pull Concepts", IEEE Transaction on E Management, 35(2), 63 – 70.

Porter, M. E.(1985), Competitive Advantage: Techniques for Analyzing Industries and Competitors, NY: The Free Press.

Wheelen, T. L. and Hunger, J. D.(1986), Strategic Management and Business Policy, Addison Wesley, 78 – 79.

Wheelwright, S. C.(1978), "Reflecting Corporate Strategy in Manufacturing Decisions", Business Horizons, 21(1), 57 – 66.

Woodward, J.(1965), Industrial Organization: Theory and Practice, London Oxford University Press, 35 – 49.

벤처기업 - 대기업 협력에 대한 실증적 연구: 의존성, 권력, 신뢰를 중심으로*

* 본 원고는 한국중소기업학회 「벤처경영연구」 제6권 제2호(2003. 07)에 게재된 논문입니다.

I. 서 론

벤처기업이란 "위험부담이 높으나 성공할 때 높은 기대이익이 예상되는 기업(이진주, 1986)" 또는 "1인 혹은 소수의 핵심적 기술창업인이 기술혁신의 개발아이디어를 상업화하기 위해 설립하는 신생기업"으로서 고부가가치의 신제품개발을 전제로 출발하는 작은 조직, 자율성, 실패에 대한 관대함, 민첩함과 창의적인 도전정신 등으로 특징지어진다(권기대, 2002).

한편, 지난 김대중 정권하의 벤처기업들은 정부주도 및 보호하에 급성장함으로써 빚어진 각종 게이트와 부도문제로 사회병리의 주요 쟁점이 되었으며 설상가상으로 일부 악덕 벤처기업인의 정경유착 또는 도덕적 해이(moral hazard)는 대다수의 벤처기업들이 기회와 위협을 직면케 하였다. 더욱이 벤처기업들은 성장의 엔진인 관리인프라가 구축되어 있지 않고, 비즈니스모델의 미비로 수익전망이 불투명하며 또한 유통 및 마케팅 능력과 조직력이 부족하여 경제 불황기에 시장 퇴출의 위험에 직면하였다. 더욱이 한국의 대기업들에 의해 수행되고 있는 주력사업들은 전반적으로 시장에서 제품수명주기상 성숙기에 직면하고 있으며, 이로 인해 조직의 방대함으로 인한 비효율성, 마케팅 및 관리비용의 증가로 인한 수익성의 악화, 비관련 다각화로 인한 핵심역량의 분산 등으로 인해 성장의 정체기에 접어들고 있는 것이다. 뿐만 아니라, 대외적으로 벤처기업과 대기업들은 시장개방으로 인하여 선진 기업들의 공격적 경영과 저임의 경쟁우위요소를 가진 중국 등 동남아국들 사이의 협공으로 넛크래커(nutcracker)의 위기국면임에도 서로의 고유 영역을 침범하는가 하면 서로 시기와 견제에 골몰하고, 상호 간에 협력의 필요성이 절실하지만 현실적으로 기업간의 긴밀한 협력과 유대관계를 형성하지 못하고 있는 실정이다. 이런 현상이 지속화된다면 글로벌 환경, 고객욕구의 다양화, 급속한 정보기술혁명 등과 같은 환경하에서 국민경제의 주축이 될 기업들이 변화에 적응하지 못함으로 인해 국가경쟁력이 약화될 것은 명약관화하다.

요컨대 벤처기업—대기업의 긴밀한 협력의 필요성과 그 의의는 벤처기업관점에서 작게는 자기회사의 생존과 발전을 위하고 크게는 국가경쟁력의 또 다른 희망의 씨앗 역할을 위해서이며, 대기업관점에서는 기존사업의 재조정(restructuring)을 통한 경쟁력 확보와 새로운 사업모델의 수혈을 통한 지속적 시장지배 강화를 위해 고도의 경영전략을 실행하는 것이다. 특히 신제품 개발능력, 유통·브랜드 중심의 마케팅능력을 가진 선진기업들과 저임을 기반으로 한 대량생산체제를 갖춘 중국의 경쟁력을 극복하기 위해서 그리고 우리나라가 처해 있는 부족한 부존자원, 중복투자의 배제, 효율적·효과적 경영자원의 관리맥락하에서 벤처기업—대기업의 협력뿐만 아니라 다양한 산업과 조직 간의 협력 또는 네트워크 조직으로의 변화가 곧 경쟁력 강화의 근본으로 작용할 것이다(송상호·김명형·허문구, 1996). 즉 이러한 의미는 벤처기업—대기업의 상호신뢰와 협력을 매개로 쌍방 간의 이익을 극대화할 수 있도록 조직이 혁신적으로 변화됨으로써 안정과 성장이라는 두 마리 토끼를 잡는 상생의 길을 추구함을 뜻한다. 그러므로 벤처기업—대기업의 단순한 거래적 관계가 신뢰에 기반을 둔 협력관계로의 전환됨은 시대적 배경이며 요청이라 할 수 있다. 이스라엘 산업통산부 장관이 한국대기업과 이스라엘의 벤처기업이 손잡음으로 인한 시너지 효과를 창출하기 위해 협력을 위한 교류가 활발해지기를 기원하는 것처럼 한국의 대기업과 벤처기업들은 협력을 통해 국부창출에 기여하여야 한다는 소명의식에서 출발해야 함을 주문하는 것이다.

따라서 본 연구의 필요성과 그 의의를 달성하기 위해 Skinner, Gassenheimer & Kelley(1992)의 공급자－구매자 간의 경로시스템 내에서의 협력연구와 Ganesan(1994)의 신뢰의 연구를 기반으로 활용하고자 한다. 여기에서 의존성, 권력, 신뢰 그리고 협력에 관한 이론적 연구를 기반으로 변수들 간의 관계에 관한 연구얼개(research framework)의 설계와 가설을 설정한 후, 벤처기업－대기업 간의 의존성, 강제적 권력 및 비강제적 권력 그리고 신뢰가 협력에 미치는 영향을 살펴본다. 변수들 간의 협력의 관계를 검증하기 위하여 벤처기업들을 대상으로 그들이 대기업에 대해 지각하고 있는 변수들의 정도를 측정하였고, 수집된 자료의 분석을 위해 요인분석, 신뢰도 분석 및 회귀분석을 실시하였다.

결론적으로 본 연구는 첫째, 우리나라 벤처기업－대기업 간의 협력, 즉 의존성, 권력, 신뢰에 대한 실증적 분석을 통해 오늘날의 벤처기업－대기업 협력관계를 알아보고, 둘째, 벤처기업－대기업과의 희망하는 관계형성 및 협력의 실태를 알아보며 셋째, 벤처기업－대기업의 만족스런 관계를 지속시킬 수 있는 협력은 어떻게 개발 및 유지되는가에 관한 전략적 시사점을 산업계에 제공하는 데 있다.

Ⅱ. 선행연구 고찰

기업간 또는 조직간의 관계에서 협력의 중요성이 강조됨에도 불구하고 실증연구가 그리 많지 않은 실정이다. 벤처기업에 초점을 둔 연구는 아니지만 중소기업과 대기업의 관계를 협력유형 및 산업정책적 관점에서 그 중요성이 제기된 이후(윤성민·홍장표·정우석, 2000) 벤처기업-대기업에 대한 협력의 당위성을 처음으로 논의하였으며(이장우·장수덕, 2001), 비로소 벤처기업-대기업의 협력유형에 관한 탐색적 연구 또는 실증적으로 검증되었다(권기대, 2002; 권기대·김승호·구자열, 2003).

먼저 벤처기업 성장단계별 성공요인을 살펴본 이장우와 장수덕 연구(2001)는 창업단계에 있는 벤처기업들이 경쟁의 강도를 강하게 지각하고 있는 것으로 파악한 후, 창업단계에서부터 다른 기업들과의 파트너십이나 전략적 제휴를 통해 비교적 안정적으로 시장에 진입할 수 있음을 제기하였다. 뿐만 아니라 이들의 연구에서는 창업단계에서 협력의 필요성을 제기하고 있는데 성장단계에 따른 경쟁강도의 차이분석 결과를 살펴보면 성숙단계에서도 경쟁의 강도가 높은 것으로 나타나고 있다. 요컨대 이장우와 장수덕 연구(2001)는 벤처기업들이 창업단계는 물론 성숙단계에서도 대기업과의 협력의 필요성에 대한 방향성을 제시하였다고 평가할 수 있다.

벤처기업-대기업 협력에 대한 보다 실증적 연구는 권기대(2002) 그리고 권기대, 김승호와 구자열(2003)에 의해 이루어졌다. 그들의 연구는 거래비용이론, 자원의존이론, 파트너십이론, 구조결함이론 등 핵심이론의 기반으로 벤처기업이 시장에의 진입을 통한 정상적 성장이 마케팅능력과 조직력 — 브랜드 및 광고효과, 선발기업의 시장선점, 인적자원의 효율적 관리 — 이라는 구조적 장벽으로 인해 제한되어 있음에 따라 대기업과의 협력을 추구해야 비로소 성장과 발전을 추구할 수 있다는 논리에서부터 출발한다.

구체적으로 권기대(2002)의 연구는 조직간 파트너십이론에 기반을 두어 벤처기업이 성장을 거듭할수록 대기업과의 협력에 있어서 수직적·통제적 협력유형인 합작투자, 스핀아웃, 인수합병에서 수평적·자율적 협력유형인 기능별 제휴와 아웃소싱을 취하는 것을 실증적으로 밝히고 있다. 또한, 권기대, 김승호와 구자열(2002)은 벤처기업의 성장단계와 대기업의 협력전략이 협력성과에 미치는 영향연구에서 벤처기업들은 성장을 진행하면서 구조적 자율성이 높은 기능별 제휴나 합작투자의 전략에 더욱 매력을 느끼며, 벤처기업들이 성장을 거듭하면서 단계별로 성과 — 계량적 성과, 유연성, 원가, 품질 — 를 창출하는 데 있어서 중요한 포인트는 바로 어느 정도의 기능별 제휴나 합작투자를 체결하느냐에 있었다.

한편, 벤처기업과 대기업 간의 협력연구에 연장선상에서 중소기업 간 관계로 인한 기업들의 성과나 만족의 증진은 파트너십 관계에 포함된 당사자들 간의 신뢰, 권력, 의존성, 협력 등에 의해 결정되었다 (류건우·이재훈·김영운, 2001; 이재훈·류건우·하영성, 2001; Skinner, Gassenheimer and Kelley, 1992). 그리고 우리나라 승용차 유통경로에서 의존성이 높을수록 협력이 높았으며, 비강압적 힘의 원천이 협력을 증진시켰다(계도원, 1996).

Ⅲ. 이론적 배경과 가설

1. 협력의 개념과 중요성

협력(cooperation)이란 파트너기업이 각각 최종 목표로 고객시장의 욕구를 충족시키는 데 초점을 두고 각 파트너기업의 성공이 부분적으로 다른 파트너기업에 의존한다는 상호인식과 이해가 존재하는 범위로서 상호 목표에 대한 조정된 노력을 제공하기 위해 공동활동을 수행하는 것을 뜻한다(Anderson and Narus, 1990; Mohr and Spekman, 1994; 권기대, 1998). 또한 협력의 각 당사자들이 공동의 목표를 달성하기 위해 상호 노력(Skinner, Gassenheimer and Kelley, 1992), 기업간의 정신적 교류(Ellram and Hendrick, 1995)로 정의하고 있다. 어떤 학자들은 갈등의 결핍을 협력으로 바라보곤 한다. 협력은 협력 당사자가 누군가에 따라 개인간의 협력, 집단간의 협력, 기업간의 협력 및 국가간의 협력으로 구분이 가능하며, 특정 기업이 성공하기 위해서는 구성원들 간의 협력, 집단간의 협력, 기업들 간의 협력을 증진시켜야 할 것이다.

높은 성과를 창출하고 있는 기업들은 고객들로부터 우호적인 태도를 끌어내려고 노력하고 있으며, 협력업체들과 우호적 관계를 유지하기 위해 노력하며, 심지어는 경쟁자들과도 전략적 제휴를 형성하고 있다. 기업간의 관계에서 수익을 창출하기 위해서는 그 당사자가 경쟁자라 할지라도 협력을 추구한 후 수익을 분배하는 과정에서 경쟁의 논리를 적용하여야 한다. 기업을 둘러싼 정보기술의 급속한 변화, 고객욕구의 다변화 등 환경의 변화는 개별기업들로 하여금 기업 간의 관계를 경쟁의 시대에서 협력의 시대로 진일보하도록 강요하고 있다. 또한 경쟁기업들 간의 협력하에서는 협력하면서도 경쟁관계가 더 중요시되는 반면, 비경쟁기업 간의 협력, 즉 구매업체와 공급업체 가 또는 제조업체와 유통업체 간 협력관계에서는 경쟁적 관계보다 협력적 관계가 더 중요시됨을 주장하고 있다(권영철, 2001, p.698). 그러므로 벤처기업과 대기업 간의 관계는 비경쟁기업 간의 협력관계 또는 보완적 협력관계로 정립돼야 할 것이다.

새로운 경쟁무기로서 흔히들 스피드 경영을 이야기하곤 한다. 고 객의 욕구에 신속히 대응하기 위해서는 개별 기업들은 다른 기업들 의 강점을 신속히 흡수해야만 그들의 고객을 만족시킬 수 있다. 환 경의 불확실성으로 인해 기업들은 환경변화에 적응하기 위해 핵심역 량을 자사가 보유한 채 다른 부분에서 협력을 중시하고 있으며(권기 대, 2002; 권기대·김승호·구자열, 2003), 주물소재 협동화 사업에 서 개별 기업들은 협동화 사업의 필요성을 강하게 인지하고 있다(류 건우·이재훈·김영운, 2001).

기업간 협력은 조직실패와 시장실패로 인한 거래비용을 최소화하 기 위한 조정기구의 하나이다(윤성민·홍장표·정우석, 2000). 즉 효 율적 자원배분을 가능하게 하는 기구로서 그 중요성을 인식하고 있 다. 중소기업과 대기업 간의 관계에 관한 논문에서 게임이론을 바탕 으로 대기업과 중소기업의 거래과정에서 양 당사자가 협조와 기회주 의라는 두 가지 극단적인 전략을 가지고서 경제 전체의 이윤을 극대 화할 수 있는 방법은 두 당사자가 서로 협력함으로써 가능하다(윤성민·홍장표·정우석, 2000). 이처럼 기업성공의 결정적인 요건의 하나가 기업간 협력이라는 사실이 밝혀졌으며(권기대, 1998; 이재훈, 2001; 윤성민·홍장표·정우석, 2000), 향후에도 협력의 중요성은 더욱 강조될 것이다.

2. 의존성과 협력

의존성은 "A에 대한 B의 의존성은 A가 B가 갈망하는 목표를 매개하고 있을 때 증진된다."라고 설명하고 있으며(Emerson, 1962), Pfeffer와 Salancik(1978)에 의하면 B의 목표달성을 위해 A가 자원을 제공하고 있을 때 B는 A에 대해 보다 의존적일 것이라고 설명하고 있다(Skinner, Gassenheimer and Kelley, 1992). 의존성이란 관련된 각 당사자들 간, 즉 개인간, 집단간 및 조직간의 이해가 공통으로 걸려 있음을 의미한다(이재훈, 2001). 그리고 우리나라 승용차 유통경로에서 의존성이 높을수록 협력이 높았으며(계도원, 1996), 이러한 의존성의 증가는 곧 결속의 확대를 통해 양질의 파트너십(협력)을 형성할 것이다(권기대, 1998).

Skinner, Gassenheimer와 Kelley(1992)는 농기구 및 전력장비 판매상들(n=226)을 대상으로 한 의존성, 권력, 협력, 갈등 및 만족 변수를 사용한 공분산구조분석에서 의존성과 협력 간에 정(+)적인 관계가 있음을 확인하였다.

기업간 협력이란 협력 당사자들 간에 상호 의존적임을 의미한다.

따라서 기업간 협력은 상호 간의 의존성의 정도에 영향을 받을 것으로 기대된다. 의존성의 개념에서 살펴볼 수 있듯이 거래 당사자들 간의 목표가 일치되고, 상호 간에 자원이 제공되거나 또는 이해관계가 걸려 있을 경우 각 당사자들 간의 협력은 증진될 것이다. 즉 기업들 간의 협력에 있어서 의존성이 존재하지 않는 경우보다 각자의 목표달성을 위해 의존성이 존재하는 경우 협력에 대한 필요성을 높게 인지함은 물론 실제로 보다 높은 수준의 협력이 이루어질 것이다.

벤처기업들이 그들의 성과가 대기업에 의해 영향을 받는다고 생각하면 대기업과의 관계를 유지하기 위해 보다 많은 노력을 기울일 것이다. 즉 벤처기업-대기업 간의 의존성이 높을수록 두 당사자 간의 협력이 증진됨을 기대할 수 있음에 따라 다음과 같은 가설을 수립할 수 있을 것이다.

> **가설 1**: 벤처기업의 대기업에 대한 의존성은 협력과 정(+)의 관계일 것이다.

3. 권력과 협력

권력이란 일반적으로 특정 개인, 집단 또는 조직이 다른 당사자에게 무엇인가를 행하도록 시킬 수 있는 능력으로 정의된다(Gaski, 1984). 즉 특정 주체가 다른 주체의 신념, 태도 및 행동에 영향을 미칠 수 있는 능력을 가지고 있을 때 권력을 보유하고 있다고 할 수 있다. 그렇다면 특정 당사자가 다른 당사자에게 영향을 미치고자 할 때 권력이 사용되는데 이러한 권력의 원천에는 어떤 것이 있는가를 이해하여야 할 것이다. French와 Raven(1959)은 권력의 원천을 보상적 권력, 강제적 권력, 합법적 권력, 전문적 권력 및 준거적 권력으로 구분하였고, 유통경로를 연구하는 학자들은 권력의 원천을 강제적 권력과 비강제적 권력으로 구분하여 연구를 수행하고 있다(Lusch, 1976; Lusch and Brown, 1982; Skinner, Gassenheimer and Kelley, 1992). 여기에서 강제적 권력이란 경로구성원을 제재할 수 있는 능력으로서 영업에 해를 끼치거나 긍정적인 보상의 철회를 의미하며, 비강제적 권력은 거래당사자에게 보상력을 뜻하는 것으로 신뢰와 직결된다.

권력을 행사한다는 것이 상대방을 억압하고 자신들의 목표만을 달성하려는 것만을 의미하지는 않는다. 오히려 권력이 잘 사용되면 권력을 행사하는 측과 권력을 수용하는 상대방 모두 만족스러운 관계를 유지할 수 있을 것이다. 이런 쌍방 간의 만족스런 관계는 서로가 이익이 될 수 있도록 하기 위한 상호 간의 협력을 통해 실현될 것이다(Skinner, Gassenheimer and Kelley, 1992).

이재훈, 류건우와 하영성(2001)은 섬유산업 내 중소기업간 파트너십에 관한 연구에서 영향력 행사가 관계만족도에 영향을 미치는 것으로 파악하였다. 이들은 영향력 행사정도는 만족도에 정(+)의 영향을 미칠 것으로, 영향력 수용은 영향력 행사의 반대 개념으로 부(-)의 영향을 미칠 것으로 예측하였으나 그 결과를 살펴보면 영향력 행사는 만족도와 정(+)의 관계가 있지만, 영향력 수용과 만족도 간에는 관계가 없는 것으로 파악됐다. 이런 연구결과는 쌍방 간 비교 연구가 이루어지지 않은 경우이기도 하지만(이재훈·류건우·하영성,

2001) 영향력을 행사하는 원천이 무엇인가에 관한 세부적인 확인이 필요할 것으로 기대된다.

거래 당사자들 간의 목표나 사용하는 자원이 서로 상이하기 때문에 각 당사자들은 자신들의 목표 달성을 위해 상대방에게 권력을 행사하게 될 것이며 이로 인해 당사자들 간에는 갈등이 발생할 것이다. 어떤 학자들(예를 들면 Dant & Monroe 등)은 갈등과 협력을 상호 반대되는 개념으로 파악하고 있다. 즉 갈등을 협력의 부재상태로 파악하고 있다. 이때 거래당사자들이 어떤 유형의 권력을 사용하는가에 따라 협력과 갈등의 존재가 서로 다른 양상을 지닌다. 따라서 권력을 행사하는 주체는 권력을 어떻게 행사함으로써 상대방의 협력을 유도할 것인가 하는 것은 중요한 논제이다.

Lusch(1976)는 자동차산업(n = 567)의 유통경로에 관한 연구에서 강제적 권력은 갈등을 증가시키며, 비강제적 권력은 갈등을 감소시킨다고 주장하였다. 농기구 및 전력장비 판매상들(n = 226)을 대상으로 Skinner, Gassenheimer와 Kelley(1992)는 비강제적 권력과 협력 간에는 정(+)의 관계가 있는 반면 강제적 권력과 협력 간에는 부(−)의 관계가 있음을 확인한 후 유통경로에서 거래당사자 간 협력의 조장을 통한 만족의 증진을 위해 가능한 한 비강제적 권력을 사용할 것을 권유하고 있다. 마찬가지로 우리나라 승용차 유통경로에서 비강압적 힘의 원천이 협력을 증진시켰다(계도원, 1996).

이러한 선행연구들을 바탕으로 기업간의 관계에서 강제적 권력은 협력을 감소시키는 반면, 비강제적 권력은 협력을 증진시킬 것으로 기대되는 가설을 수립할 수 있을 것이다.

가설　2: 벤처기업의 대기업에 대한 강제적 권력은 협력과 부
　　　　(－)의 관계일 것이다.

가설 2-1: 벤처기업의 대기업에 대한 비강제적 권력은 협력과 정
　　　　(＋)의 관계일 것이다.

4. 신뢰와 협력

신뢰(trust)는 기업이 서로 부정적인 결과를 낳는 기대치 못한 행동을 취하지 않으며, 기업이 긍정적 성과를 낳도록 활동할 것이라는 기업의 확신이다(Anderson and Narus, 1990; 권기대·정락채·신정화, 2003). 또한, 신뢰란 자신이 믿고 있는 교환상대방에 의존하려는 의지를 뜻한다(Moorman, Deshpandé, and Zaltman, 1993). 신뢰하는 관계자 입장에서의 자신감이란 신뢰할 만한 관계자가 믿을 수 있고, 높은 완전 무결성, 즉 일관성, 적합성, 정직성, 공정성, 책임, 지원 그리고 선의와 같은 그러한 질과 관련되어 있다는 기업의 확신에서 기인된 것이라고 한다(Altman and Taylor, 1973; Dwyer and LaGace, 1986). 이러한 신뢰에 대한 중요한 의미는 상대 파트너의 전문가적 식견, 신뢰성, 의도로부터 발생한 교환파트너에 대한 믿음, 감정 또는 기대로서의 개념이 내포되어 있기 때문이다(Ganesan, 1994).

본고에서 제공되는 신뢰의 정의는 신용과 호의의 두 가지 요소를 반영하고 있다. 먼저, 신용(credibility)이란 벤처기업의 입장에서 대기업이 효과적 및 신뢰할 수 있을 정도로 업무를 수행하는 데 전문적

지식을 획득하고 있다고 믿는 정도에 기반하고 있으며, 다음으로 호의(benevolence)는 대기업의 결속에 방해 요소로 새로운 조건이 발생하였을 때, 벤처기업에게 호의적인 의향과 동기를 갖고 있다는 것을 벤처기업이 믿는 정도에 있다. 전자는 교환상대방의 객관적인 신용, 즉 파트너의 전문성과 신뢰성을 토대로 한 신뢰이다. 즉 파트너의 구두(口頭) 또는 문서에 의존할 수 있는 개인에 의해 유지되는 기대에 초점을 두게 된다. 이것은 일관성, 안정성, 표출되는 행동에 대한 통제 등을 뜻한다. 후자는 교환파트너의 의도와 동기에 초점을 둔다. 이러한 차원은 파트너의 특정한 행동보다는 파트너의 품질, 의도, 특성 등을 포함한다. 자신의 이득뿐만 아니라, 벤처기업의 이득까지 함께 고려하는 대기업은 자신의 이득만을 고려하는 메이커에 비하여 더 많은 신뢰를 얻을 것이다. 이러한 점에서 신뢰는 한 명의 구성원(공급자의 관점)이 가지고 있는 다른 구성원에 대한 신뢰－파트너십의 주춧돌을 말한다(Spekman, 1988). 신용과 호의는 파트너십 지향성에 비슷한 효과를 지니고 있으며, 이것은 특정한 신뢰 행위와 의도 모두가 기회주의적 행동으로 인한 위험의 인지를 완화시켜 준다.

거래비용관점(Williamson, 1975, 1981)에서는, 쌍방 파트너 측에 대한 만족스러운 합의의 도출 비용, 예견치 못한 상황에 대한 합의의 적응비용, 그것의 조건을 시행할 수 있는 비용을 수반한다. 제한된 합리성과 문서화의 비용, 협상, 계약의 이행, 협력을 수반하는 포괄적 계약 등 문제 때문에, 거래의 성사가능성은 용이하지 않으나 신뢰가 존재한다면 기회주의적 행동은 줄어들 수 있다. 요컨대, 신뢰에 기반을 둔 관계에서의 불완전한 계약은 쌍방이 상호 간의 이익에 관한 행동에서 예측할 수 없는 상황을 수용하기로 동의함을 뜻한다

(Ganesan, 1994). 그러므로 신뢰가 존재할 때, 벤처기업－대기업 관계는 장기간의 특유투자가 지니는 위험정도는 제한적이며, 이는 쌍방이 서로의 편의 속에서 이익을 얻기 위해 환경을 바꾸거나 계약을 위반하는 행동을 하지 않기 때문에 신뢰관계는 보다 낮은 거래비용을 낳는다.

결론적으로 벤처기업－대기업에 있어서 공급자에 대한 구매자의 신뢰는 3가지 방식에서 구매자의 협력에 영향을 미친다. ① 신뢰는 공급자에 의한 기회주의적 행동과 관련된 위험의 지각을 감소시킨다. ② 신뢰는 단기간의 불평등을 장기간에 걸쳐서 소멸할 것이라는 구매자의 자신감을 증가시킨다. ③ 신뢰는 교환관계에서의 거래비용을 감소시킬 것이라는 점에서 다음과 같은 가설을 정립할 수 있을 것이다.

가설 3: 벤처기업의 대기업에 대한 신뢰는 협력과 정(+)의 관계일 것이다.

Ⅳ. 실증연구

1. 표본의 특징

본 연구에 필요한 자료는 경북테크노파크의 협조를 통해 대구, 송도, 안산, 포항 등 테크노파크 내에 입주한 벤처기업들, 대학, 신생기업육성을 위한 벤처센터 그리고 산업단지 등의 창업보육센터에 입주한 벤처기업들을 대상으로 설문조사를 실시하였다. 전체 500개 기업을 대상으로 설문조사가 실시되었고, 그중 284개(56.8%) 업체로부터 자료가 수집되었으며, 이 중에서 대기업과 거래관계를 갖고 있는 139개 업체를 최종 분석에 사용하였다.

〈표 1〉 표본 특성

구분	내용	세부내용	비율(%)
산업별 분포	정보통신 및 비정보통신	정보통신	42.1
		비정보통신	57.9
	제조 및 비제조	제조	66.9
		비제조	33.1
조직규모	종업원 수	5명 이하	28.1
		10명 미만	26.9
		20명 미만	19.0
		30명 미만	8.7
		50명 미만	5.4
		50명 이상	12.0
창업연도		99년 이후(2년 이내)	56.6
		97년~98년(2년~4년)	14.9
		93년~97년(4년~8년)	10.0
		92년 이전(8년 이상)	18.5
입주형태		창업보육센타	52.1
		공단단지	21.5
		일반지역	23.8
		기타	2.6

<표 1>은 조사대상업체의 표본 특성으로 제조－비제조, 정보통신 (IT)업 및 비정보통신업 차원에서 구분하여 산업별 분포를 먼저 살펴보았다. 그리고 응답자에 의한 성장단계, 종업원 수에 의존한 조직 규모, 설립연도, 입주형태 등을 나타내고 있다. 구체적으로, 산업분포에 있어서는 비정보통신 업체는 57.9%이였으며, 제조업체 66.9%의 비중이 제일 높았다. 조직규모 차원에서 종업원 수는 대부분 20명 이하의 기업이 74%를 차지하였다. 창업연도는 2년 이하의 기업은 56.6%, 2년~4년 이하, 8년 이상, 4년~8년 이하 등 순으로 나타났다. 입주형태는 테크노파크 및 각종 기관의 창업보육센터에 52.1% 입주하였다. 그리고 창업자의 인구통계적 특징인 성별, 교육적 배경, 연령, 전공 등을 요약하면, 성별은 남성84.6%이였으며, 학력은 대졸 이상이 83.5%를, 연령은 30대~49대 사이가 79.5%, 전공은 이공계 출신이 62.2%, 그다음으로 경상계열, 인문사회계열 순이었다.

〈표 2〉 대기업과 희망하는 관계형성 및 협력 관계

거래특성	내용	비율(%)
형성관계	대기업체의 출자관계	26.2
	대기업체 경영자와의 친인척관계	1.2
	대기업체의 전직 임직원 관계	9.8
	대기업체의 그룹회사관계	6.6
	대기업체 협력회사 협회의 회원	56.1
협력관계	임직원의 파견	4.0
	설비의 대여	12.0
	자금지원(채무보증)	16.3
	자금지원(융자알선)	12.4
	공업소유권 등의 제공	2.4
	기술의 공동개발	29.9
	종업원에 대한 기술연수	2.0
	기술정보의 제공	8.0
	생산기술, 공정의 관리지도	3.2
	경영관리의 강습과 연수	3.6
	공정 및 경영관리 진단의 지원	2.8
	기타	3.6

벤처기업이 대기업과 관련한 거래특성을 관계형성, 협력관계, 거래연도 그리고 관계정도 차원에서 분석한 것이 <표 2>이다. 먼저 벤처기업-대기업 간의 형성관계에 있어서 대기업체 협력회사 협회의 회원이 56.1%로 가장 많은 비중을 차지하였고, 다음으로 대기업체 출자관계 26.2%, 대기업체의 전직 임직원관계 9.8%, 대기업체의 그룹회사관계 6.6%, 마지막으로 대기업체 경영자와의 친인척관계의 순으로 나타났다. 다음으로 협력관계는 기술의 공동개발이 29.9%를, 재

무보증 또는 융자알선과 같은 자금적 지원이 28.7%, 설비대여 12.0%, 기술정보의 제공 8.0% 등 순이었다.

2. 변수의 측정

1) 독립변수들

의존성을 측정하기 위해 Skinner, Gassenheimer와 Kelley(1992)의 측정도구(4문항)를 활용하였다. 구체적으로 '벤처기업들이 대기업의 제품보증', '광고금액(량)', '긴급주문대응' 및 '신제품개발타이밍에 의존하는 정도'를 측정하였다. 이를 위해 리커드 유형의 5점 척도(1 = 전혀 의존하지 않음, 5 = 매우 의존함)를 사용하였고, 측정에 사용된 문항의 평균을 의존성을 나타내는 지표로 사용하였다

권력은 강제적 권력과 비강제적 권력으로 구분하여 측정하였다. 권력의 측정을 위해 Skinner, Gassenheimer와 Kelley(1992)의 측정도구(각각 4문항)를 활용하였고, 의존성과 마찬가지로 리커드 유형의 5점 척도(1 = 전혀 그렇지 않다, 5 = 매우 그렇다)를 사용하였다. 측정에 사용된 문항의 평균을 강제적 권력과 비강제적 권력을 나타내는 지표로 활용하였다. 강제적 권력을 측정하기 위한 항목은 대기업의 의견에 동의하지 않을 때 벤처기업에 곤란한 일이 발생할 수 있거나, 대기업의 위협 등과 관련된 질문(4문항) ― 대기업에 동의하지 않은 데 따른 제재, 이익감소, 재계약의 취소, 불가피한 서비스제공의

취소一이며, 비강제적 권력을 측정하기 위한 항목(4문항)에서는 벤처기업이 대기업과의 거래조건에 호의적으로 생각하는 정도一대기업 요청에 대한 임무완수, 대기업의 의사결정신뢰, 대기업의 비즈니스운용의 실제적용, 벤처기업의 타 거래선 개발에 대한 대기업의 호의적 태도一를 질문하였다.

신뢰는 신뢰성과 타당성이 검증된 Ganesan(1994)의 연구에서 사용되었던 개념을 본 연구에 적합하도록 부분 수정하였으며, '거래의 정직성', '쌍방의 향후경계', '경영방침추종의 성과', '수평적 동등관계', '협조적 거래의 기대', '사업의 담보 및 정체성' 등 6개 항목으로 구성되었다. 각 항목들은 5점 리커드 척도(5 points likert scale)(1 = 전혀 그렇지 않다, 5 = 매우 그렇다)를 이용하였다. 역시 측정에 사용된 문항의 평균을 신뢰를 나타내는 지표로 활용하였다.

2) 종속변수

본 연구에서는 협력을 종속변수로 삼고 있다. 협력을 측정하기 위해 Skinner, Gassenheimer와 Kelley(1992)의 측정도구를 활용하였다. 4문항에 대해 구체적으로 적시하면 '미래의 경영성과 개선에 대한 파트너의 관심', '미래목표의 공동달성', '미래수익에 대한 파트너와의 지속적 관계유지 가능성', '파트너의 다양한 지원의 의존성' 등 벤처기업들의 목표는 대기업과 공동으로 달성하는 것이라는 생각을 측정한 것이다. 이를 위해 Likert유형의 5점 척도(1 = 전혀 의존하지 않음, 5 = 매우 의존함)를 사용하였고, 측정에 사용된 문항의 평균을

협력을 나타내는 지표로 사용하였다

V. 분석결과

1. 측정의 타당도 및 신뢰도 분석

각 변수들의 측정의 타당도를 살펴보기 위해 사용된 22개 문항을 대상으로 직각(varimax)회전하여 요인분석을 실시한 결과 <표 3>과 같다. 신뢰를 측정하기 위한 문항 2(쌍방관계의 향후경계), 문항 3 (경영방침추종의 성과) 및 문항 6(사업의 담보 및 정체성)이 다른 요인에 적재되었으며 이들을 제거한 후 19개 문항은 각각 적재될 것으로 기대되는 요인(고유치=1 이상)에 적재되었으며 총 분산의 60.96%를 설명하는 것으로 나타났다. 또한 각 요인에 적재된 부하치가 0.548 이상으로 나타나 적절한 타당도를 확보하였다.

이들 문항을 대상으로 신뢰도를 검증한 결과 Cronbach's α값이 의존성은 0.65, 강제적 권력은 0.71, 비강제적 권력은 0.71, 신뢰는 0.70 그리고 협력은 0.84로 나타났으며 비교적 높은 내적 일관성을 갖고 있는 것으로 평가되어 신뢰도를 확보하였다.

<표 3> 요인분석결과

변 수	문항내용	요인부하량				
		요인1	요인2	요인3	요인4	요인5
의존성	의존성 1	0.195	0.145	−0.039	**0.600**	0.087
	의존성 2	−0.119	0.097	−0.056	**0.548**	0.313
	의존성 3	0.118	−0.032	0.154	**0.775**	−0.024
	의존성 4	0.112	0.097	0.030	**0.818**	−0.069
강제적 권력	강제적 권력 1	0.174	0.248	**0.513**	0.134	−0.329
	강제적 권력 2	0.256	0.019	**0.713**	−0.087	−0.164
	강제적 권력 3	−0.230	−0.099	**0.801**	0.132	−0.051
	강제적 권력 4	−0.188	−0.085	**0.826**	−0.015	0.047
비강제적 권력	비강제적 권력 1	−0.034	**0.763**	0.131	−0.051	0.135
	비강제적 권력 2	0.165	**0.755**	−0.019	0.092	0.023
	비강제적 권력 3	0.404	**0.611**	−0.070	0.198	0.031
	비강제적 권력 4	0.289	**0.588**	−0.147	0.195	0.057
신 뢰	신뢰 1	0.113	0.234	−0.101	−0.023	**0.673**
	신뢰 4	0.193	−0.132	−0.115	0.118	**0.720**
	신뢰 5	0.282	0.218	−0.027	0.105	**0.744**
협 력	협력 1	**0.607**	0.511	−0.064	0.066	0.183
	협력 2	**0.759**	0.300	0.000	0.087	0.112
	협력 3	**0.839**	0.170	0.030	0.132	0.109
	협력 4	**0.714**	0.019	−0.075	0.107	0.281
Eigen Value		4.812	2.436	1.744	1.401	1.191
분산설명비율(%)		25.326	12.819	9.177	7.375	6.271

2. 기술적 통계특성과 상관관계

본 연구에 포함된 변수들의 기술적 통계값들과 변수들 간의 상관관계는 <표 4>에 제시되어 있다. 평균값을 살펴보면 강제적 권력이 3.07로 가장 낮고 협력이 3.67로 가장 높은 것으로 나타났다. 변수들 간의 상관관계는 협력은 의존성 및 비강제적 권력 및 신뢰와 정(+)적인 상관관계를 갖고 있으며, 신뢰는 강제적 권력과는 부(-)적인 상관관계를, 다른 변수들과는 정(+)적인 상관관계를 갖는 것으로 확인되었다.

〈표 4〉 변수들의 평균과 표준편차 및 상관계수

변 수	평균	표준편차	의존성	강제적 권력	비강제적권력	신뢰	협력
의존성	3.22	0.65	1.00				
강제적 권력	3.07	0.71	0.07	1.00			
비강제적 권력	3.40	0.63	0.26**	-0.01	1.00		
신뢰	3.43	0.83	0.20*	-0.22**	0.27**	1.00	
협력	3.67	0.74	0.27**	-0.06	0.52**	0.38**	1.00

* $p < .05$, ** $p < .01$, n = 139.

3. 분석결과

협력을 종속변수로 하고 의존성, 강제적 권력, 비강제적 권력 및 신뢰를 독립변수로 한 다중회귀분석의 결과는 <표 5>와 같다. 회귀분석 결과를 살펴보면 협력은 의존성, 강제적 권력 및 비강제적 권력에 의해 전체 분산의 37%가 설명되며 전체 모형은 유의한 것(F = 18.939, p = .000)으로 파악되었다.

개별 변수들 간의 관계를 살펴보면 의존성은 협력에 통계적으로 유의한 영향(β = .11, p = 1.52)을 미치지 않는 것으로 나타나 가설 1은 기각되었다. 이런 연구결과는 선행연구(권기대, 1998; Skinner, Gassenheimer & Kelley, 1992)들과 상이한 결론을 나타내고 있다. 이는 우리나라에 있어서 벤처기업 – 대기업 간의 거래관계가 수평적이지 못하거나 협력의 관계가 어정쩡한 모습임을 그려 볼 수 있으며, 앞으로 쌍방 간에 강제적인 의존관계를 극복하여 상호 간에 목표의 일치를 통한 자원의 공유 및 이해관계의 기반을 통한 협력의 결속이 증진되어야 함을 시사한다.

권력과 협력 간의 관계를 살펴보면 강제적 권력과 협력 간에는 통계적으로 유의한 관계를 검정할 수 없었으나(β = − .01, p = − .08), 비강제적 권력의 사용은 상호 간의 협력을 증진시킨다는 사실(β = .43, p = 5.77)을 파악할 수 있었다. 즉 가설 2는 부분적으로 지지되었다. 이런 연구결과는 선행연구(Lusch, 1976; Skinner, Gassenheimer & Kelley, 1992) 결과들과 부분적으로 일치하고 있다. 그 이유는 유통경로 연구의 측정 도구를 벤처기업과 대기업 간의 관계를 이해하는 데 적용함으로써 발생한 문제점인 듯하다.

신뢰와 협력 간의 관계는 통계적으로 유의한 영향(β = .27, p = 3.55)을 미치는 것으로 보아 가설 3은 채택되었다. 이런 연구의 결과는 기존의 선행연구들과 매우 일치하고 있음을 보여준다(권기대, 1998). 여기에서 벤처기업 – 대기업 간의 협력은 거래의 정직성, 수평적 동등관계, 협조적 거래의 기대라는 쌍방 간에 신뢰를 토대로 하여야만 비로소 이상적 협력의 방향으로 전개될 수 있다는 것을 시사해 준다.

요컨대, 분석S에 포함된 독립변수들 중에서 벤처기업－대기업 간의 협력에 가장 큰 영향을 미치는 변수는 비강제적 권력인 것으로 파악됐다.

〈표 5〉 변수들 간의 회귀분석 결과

독립변수	협 력(종속변수)	
	beta	t값
의존성	0.11	1.52
강제적 권력	−0.01	−0.08
비강제적 권력	0.43	5.77**
신 뢰	0.27	3.55**
R^2	.370	
F	18.939	
p	.000	

* p < .05 ** p < .01 *** p < .001

Ⅵ. 결론

1. 요약과 전략적 함의

본 연구는 '벤처기업－대기업의 협력연구: 의존성, 권력, 신뢰를 중심으로'에 대한 연구의 얼개를 설계한 후, 연구가설을 검정하기 위해 실증연구를 수행하였다. 연구결과를 요약하면 다음과 같다.

첫째, 가설 1의 '벤처기업의 대기업에 대한 의존성은 협력과 정
(+)의 관계일 것이다'는 유의하지 않는 것으로 나타났다. 일반적으
로 쌍방 기업 간의 의존성이 증가할수록 두 당사자들의 협력이 증진
될 것이라고 생각되지만 작금의 벤처기업—대기업 간의 의존성에 있
어서 '보이지 않는 손'에 의해 불가피한 강제적 의존관계를 체결하
고 있음을 파악해 볼 수 있다. 즉 쌍방 기업 간의 의존은 투명한 거
래계약에 기반을 둔 의존적 협력관계가 이루어지지 않을 경우에는
언제든지 쌍방에게 기회적 행동을 유발할 수 있음을 확인시켜 주었
으며, 벤처기업이 대기업과의 거래에 있어서 대등한 관계가 아니라
적지 않는 불평등 거래관행의 구습이 아직도 존재하고 있음을 진단해
볼 수 있다. 따라서 앞으로 대등한 관점에서 벤처기업—대기업 간에
상호 유사한 목표의 설정이나 부분적인 자원의 공유 및 지원 등을 통
해 상호 간의 의존적 협력을 증진시켜야 하며, 이를 통해 각 당사자
모두 만족의 증진은 물론 성과향상에 심혈을 기울어야 할 것이다.

둘째, '벤처기업의 대기업에 대한 강제적 권력은 협력과 부(−)의
관계를 갖는 반면, 비강제적 권력은 협력과 정(+)의 관계일 것이다'
는 연구가설 2에 대한 분석결과에 있어서 강제적 권력은 협력과 무
관한 것으로 파악된 반면 비강제적 권력의 사용은 상호 간의 협력을
증진시킴을 확인할 수 있었다. 이런 결과는 벤처기업—대기업 간의
협력이 그들 간의 비강제적 권력의 사용에 의해 증진된다는 사실을
뜻한다. 따라서 기업 경영자들은 기업간 관계의 질을 향상시키기 위
해 비강제적 권력을 사용하여 협력을 증진 및 강화시켜야 하며, 그
결과 기업의 생산적 성과를 향상시킬 수 있을 것이다.

셋째, 가설 3의 '벤처기업의 대기업에 대한 신뢰는 협력과 정(+)의 관계일 것이다'는 통계적으로 유의한 것으로 나타났다. 여기에서 벤처기업－대기업 간의 협력은 거래의 정직성, 수평적 동등관계, 협조적 거래의 기대라는 쌍방 간에 신뢰를 토대로 하여야만 비로소 이상적 협력의 방향으로 전개될 수 있다는 것을 시사해 준다.

그리고 본 연구는 벤처기업－대기업과 협력유형(권기대, 2002)과 벤처기업－대기업의 협력전략이 성과에 미치는 영향 연구(권기대·김승호·구자열, 2003)의 연장선상에서 이루어졌다. 즉 벤처기업이 시장환경의 동태성으로 인하여 물론 단독으로 생존하는 방안도 중요하지만 벤처기업이 성장단계에 따라서 대기업과 적절하게 협력함으로써 성장의 디딤돌로 활용할 수 있으며, 아울러 벤처기업－대기업의 협력에 따른 성과창출에서도 기능별 제휴나 합작투자와 같은 구조적 자율성을 가진 협력이라야 계량적 성과, 원가, 유연성, 품질의 성과에 긍정적인 영향관계임을 구명하였다. 아울러, <표 2>에서 보듯이 벤처기업이 대기업과 관련한 거래특성을 관계형성, 협력관계, 거래연도 그리고 관계정도 차원에서의 분석을 주목할 필요성이 있다. 즉 우리나라 벤처기업의 성장과 발전은 곧 대기업과의 협력관계를 체결하느냐 여부와 어느 대기업과의 협력관계를 갖는가에 따라 흥망성쇠의 기로에 서 있음을 간접적으로 시사해 준다. 그러므로 벤처기업들이 대기업과의 투명한 협력관계를 제도화하고 장려하는 방안이 강구될 필요성이 대두된다. 또한 협력의 관계도 적대적 M&A 방식이 아닌 기술의 공동개발, 재무적인 지원, 설비대여, 기술정보의 제공에서 보듯이 벤처기업들이 대기업과의 위선적 협력관계가 아니라 벤처기업들이 동종산업에서 독자적으로 생존할 수 있도록 대기업의 열린 협력마인드가 요구된다.

요컨대, 본 연구는 벤처기업과 대기업 간의 관계를 행동적 차원에서 실증적 연구를 통해 검정함으로 실무에서의 기업간 관계 증진을 도모하는 데 필요한 이론적 바탕을 제공하고 있다. 즉 경영자들은 기업간의 만족 및 성과 향상을 위해 기업간 협력을 조장하여야 하며, 이를 위해 사용할 수 있는 전략으로 먼저 기업간의 의존성에 대한 대등한 위치에서 공생적 전략(symbiotic strategy)의 사용과 다음으로 기업의 목표 달성을 위해 당사자에게 영향력을 행사할 경우에는 강제적 권력보다는 비강제적 권력을 사용하여야 한다는 사실, 그 다음으로 협력의 주춧돌인 신뢰가 전제돼야 함을 발견할 수 있었다. 즉 신뢰의 경영-사실에 입각한 경영(manage by fact), 투명경영(transparent management)이 기업의 경쟁력 제고에 도움이 됨을 시사한다.

2. 연구의 한계점 및 미래연구의 제언

미래에 벤처기업-대기업의 관계에서 협력의 증가는 '벤처기업-대기업의 협력연구: 의존성, 권력, 신뢰를 중심으로의 실증적 연구'를 통한 전략적 시사점은 보다 산업현장의 협력관계에 관한 1차적 길잡이 역할을 할 것이지만 다음과 같은 연구의 한계점과 미래연구에 대한 제언을 하고자 한다.

첫째, 벤처기업과 대기업 간의 협력에 관한 연구를 행동적 차원에서 진행한 연구의 부족으로 인해 충분한 이론적 근거를 제시하지 못하고 있다. 본 연구에서는 유통경로 연구에서 많이 수행된 협력관련 연구를 벤처연구에 적용하였다. 향후에는 벤처기업－대기업 간의 관계에 관한 행동적 차원의 연구가 지속되어야 할 것이다.

둘째, 행동적 차원의 변수측정은 관리자가 평가할 수 있는 진정한 가치에 앞서 성과에 해당되는 판매액, 수익성, 시장점유율의 맥락에서 조사돼야 할 것이다.

셋째, 본 연구에 사용된 자료는 벤처기업으로부터의 응답에만 기초하고 있다. 기업간 관계에서 의존성, 권력, 신뢰 및 협력이라는 현상은 쌍방 간의 관계에 존재하는 현상이기 때문에 후속연구의 촉진 차원에서 대기업이 지각한 의존성, 권력, 신뢰 및 협력을 모두 고려한 쌍방연구(dyad study)가 수행돼야 할 것이다.

넷째, 벤처기업－대기업의 협력에 있어서 장기지향성의 결정요인과 산업클러스터에 입주해 있는 벤처기업과 그렇지 않는 일반지역이나 공단에 입주한 벤처기업간의 비교성과도 차후 연구가 진행돼야할 테마일 것이다.

다섯째, 소규모 벤처기업이 대기업과 가지는 협력관계는 벤처기업의 성장과 발전에 아주 긍정적인 영향을 미칠 수 있다. '대기업과 협력관계에 있는 소규모 벤처기업'과 '협력관계를 가지지 못한 소규모 벤처기업'을 비교하는 연구가 더욱 의미 있는 분석결과를 도출할 수 있을 것으로 기대된다. 이들 간의 특성과 기업성과의 차이를 비교해 볼 수 있을 것이다. 이를 통해 벤처기업－대기업 간 협력관계가 중요함을 실증하고, 미약한 소규모 벤처기업이 대기업과 협력관계를 가지기 위해서는 어떠해야 하는지에 대한 실무적 함의도 제시할 수 있을 것으로 생각된다.

❏ 참고문헌

계도원(1996), "승용차 유통경로에서 딜러의 협력, 갈등, 성과간의 관계에 관한 연구", **유통연구, 창간호**, 109-127.

권기대(1998), "유통경로상에서 구매자-판매자의 관계적 특징이 파트너십에 미치는 영향", 연세대학교 박사학위논문.

권기대(2002), "벤처기업의 성장유형과 대기업의 특징이 협력유형에 미치는 영향", **대한경영학회지, 15(3)**, 91-118.

권기대·김승호·구자열(2003), "벤처기업-대기업의 협력전략이 성과에 미치는 영향: 벤처기업의 성장단계를 중심으로", **대한경영학회지**, 35, 23-43.

권기대·정락채·신정화(2003), "공급체인상의 조직간 관계적 특징이 신뢰에 미치는 영향", **한국의류학회지**, 27(2), 229-238.

권기대·박재림(1999), "마케팅전략과 기업의 핵심역량이 마케팅전략실행에 있어서의 분권화에 미치는 영향", **한국경상논총, 17(1)**, 180-201.

권영철(2001), "기업간 경쟁과 협력의 논리와 규범", **경영학연구, 30(3)**, 695-718.

류건우·이재훈·김영운(2001), "한국 주물소재 협동화사업의 파트너십에 관한 연구", **중소기업연구, 23(1)**, 227-253.

송상호·김명형·허문구(1996), **우리 회사 어떻게 조직변화에 성공할 것인가?**, 명진출판사.

이장우·장수덕(2001), "벤처기업의 성장단계별 성공요인에 관한 탐색적 연구", **인사·조직연구, 9(2)**, 59-92.

이진주(1986), "신기술개발과 모험자본의 역할", **기술관리, 32**, 40-50.

이재훈(2001), "협력의 선행변수와 결과변수에 대한 탐색적 연구: 팀제 조직을 대상으로", **한국경상논총, 19(1)**, 157−182.

이재훈·류건우·하영성(2001), "중소기업간 관계 만족도에 관한 연구", **중소기업연구, 23(3)**, 259−284.

윤성민·홍장표·정우석(2000), "중소기업−대기업의 관계: 협력유형 및 산업정책", **중소기업연구, 22(2)**, 209−236.

Altman, I. and D. A. Taylor(1973), *Social Penetration: The Development of Interpersonal Relationships*, New York: Holt, Rinehart and Winston.

Anderson, J. C. and J. A. Narus(1990), "A Model of Distributor Firm and Manufacturer Firm Working Partnership", *Journal of Marketing*, 54(January), 42−58.

Dwyer, F. R., and R. R. LaGace(1986), "On the Nature and Role of Buyer −Seller Trust", *AMA Summer Educators Conference Proceedings*, T. Shimp et al. eds., Chicago: American Marketing Association, 40−45.

Emerson, R.(1962), "Power−Dependence Relations", ***American Sociological Review, 27(February)***, 31−41.

French, J. R. P., & B. Raven(1959), "The Bases of Social Power", in Dorwin Cartwright(ed.), ***in Studies Social Power***, Ann Arbor, MI: University of Michigan Institute for Social Research, 150−167.

Ganesan, S.(1994), "Determinants of Long−term Orientation in Buyer− Seller Relationships", *Journal of Marketing*, 58(April), 1−19.

Gaski, J. F.(1984), "The Theory of Power and Conflict in Channels of Distribution", ***Journal of Marketing***, 48(Summer), 9−29.

Lusch, R. F.(1976), "Sources of Power: Their Impact on Intrachannel Conflict", ***Journal of Marketing Research***, 13(November), 382−390.

Lusch, R. F., & J. R. Brown(1982), "A Modified Model of Power in Marketing Channel", *Journal of Marketing Research*, 19(August), 312−323.

Mohr, J. J. and R. Spekman, "Characteristics of Partnership Success: Partnership Attitudes, Communication Behavior, and Conflict Resolution Techniques", *Strategic Management Journal, 15(2)*, 1994, pp. 135−152.

Morgan, R. M. and S. D. Hunt(1994), "The Commitment−Trust Theory of Relationship Marketing", *Journal of Marketing,* 58(July), 20−38.

Moorman, C., R. Deshpandé, and G. Zaltman(1993), "Factors Affecting Trust in Market Research Relationships", *Journal of Marketing*, 57(Jan), 81−101.

Pfeffer, J. and G. R. Salancik(1978), *The External Control of Organizations: A Resource Dependence Perspective*, NY; Harper and Row.

Skinner, S. J., J. B. Gassenheimer and S. W. Kelley(1992), "Cooperation in Supplier−Dealer Relations", *Journal of Retailing*, 68(2), 174−193.

Spekman, R. C.(1988), "Strategic Supplier Selection: Understanding Long− term Buyer Relationship", *Business Horizons*, (July / Aug), pp.75−81.

Williamson, O. E.(1975), *Markets and Hierarchies, Analysis and Anti− trust Implications*, New York: The Free Press.

Williamson, O. E.(1981), "The Economics of Organization: The Transaction Cost Approach", *American Journal of Sociology,* 87(3), 548−577.

대기업과 벤처기업 간 관계특성, 협력 및 벤처기업 성과 간의 관계*

* 본 원고는 대한경영학회 「대한경영학회지」 제19권 제6호(2006. 12)에 게재된 논문입니다.

Ⅰ. 서 론

　최근 정보통신기술(IT)의 발달, 신기술의 확산과 기술변화속도의 가속화, 이에 따른 제품수명주기 단축, 기술의 복합성과 고정비용의 증가, 세계무역의 자유화와 전자상거래 증대로 인한 시장접근의 다양화 등 국내·외 환경변화는 한 기업이 독자적으로 자원조달, 생산·판매·제품개발·사후관리 등을 모두 담당해 나가는 것을 어렵게 만들고 있다. 시장 환경변화는 기업특유의 경쟁우위를 보다 넓은 세계 시장에서 이용하거나 고유의 경쟁우위를 다른 기업과 상호 교환하여 시장에서 보다 많은 기회를 가질 것을 요구하고 있으며, 이에 따라 기업간의 협력 형태도 다양해지고 그 수 역시 증가하고 있다(박광희·박경애, 2004). 동태적인 시장 환경에서 부존자원이 부족하고 막대한 신제품개발비의 조달장애, 시장성숙기에 따른 마케팅관리비용의 증가에 직면한 우리나라 기업들이 글로벌 시장에서 생존할 수 있는 무기란 바로 '기업간 협력을 통한 유연한 시장대응력을 강화하는 길'일 것이다. 기업간 협력은 기업간의 정보공유를 바탕으로 기업들의 핵심역량을 결집함으로써 기업 및 제품의 전문화, 특성화, 차별화를 가능하게 하고, 수요자의 요구에 신속하게 대응할 수 있으며, 환경변화에 유연하게 대처할 수 있는 능력을 제공한다.

　이런 주장을 증명이라도 하듯 경영학 분야의 다양한 영역(전략, 마케팅, 인사·조직 등)에서 기업성공을 위한 중요한 개념의 하나로 협력을 받아들이고 있으며, 특히 조직간 협력에 관해 많은 학자들

(김영인·박노광·정창선, 2001; 김영조, 2005; 류건우·이재훈·김영운, 2001; 윤성민·홍장표·정우석, 2000; Das and Teng, 1998; Gulati and Singh, 1998; Kumar and Van Dissel, 1996; Skinner, Gassenheimer, and Kelley, 1992; Stuart, 2000; Stuart, Hoang, and Hybels, 1999 등)이 관심을 기울이고 있다.

그렇지만 국내 벤처기업과 대기업들은 급변하는 환경변화에 대해 각각 위기를 직시하곤 있지만 서로가 서로를 시기(예를 들면, 전통적인 대기업들이 기업가정신을 가지고 열심히 일을 해서 수익을 창출한 반면, 일부 벤처기업들이 벼락부자가 되어 문어발식 확장을 하고 있다는 전경련 한 간부의 2000년 방송에서의 견해 등)하곤 하는 듯하며, 상호 간에 협력이 필요하다는 점을 인정하고 있지만 현실적으로 긴밀한 유대관계를 형성하지 않고 있다. 최근에 와서 정부는 물론 대기업도 벤처기업이나 중소기업과의 협력을 주장하고 있음에도 불구하고 대기업과 중소(벤처기업)기업 간의 양극화는 오히려 심화되고 있으며, 나아가 벤처·중소기업의 경쟁력 저하는 물론 대기업의 경쟁력까지도 떨어뜨릴 가능성도 제기되고 있다(한겨레, 2005). 이런 현상이 지속된다면 글로벌 환경, 고객욕구의 다양화, 급속한 정보기술혁명 등과 같은 환경하에서 국민경제의 주축이 될 기업들이 변화에 적응하지 못함으로 인해 국가경쟁력을 약화시킬 것이다. 따라서 대기업들은 새로운 사업방식의 창출 및 강화를 위해, 벤처기업은 기업의 생존과 발전을 위해 상호 협력하여야 한다.

경영학 영역에서 조직간 협력연구의 중요성이 강조됨에도 불구하고, 벤처기업과 대기업 간의 협력관계를 다룬 국내연구들은 아직 희소한 실정이다. 벤처기업과 대기업 간의 협력이 필요하다는 주장(이장우·장수덕, 2001)이 제기되었음에도 불구하고, 「벤처경영연구」 창간호부터 2005년 제8권 제2호까지 게재된 총 118편의 논문들 가운데 벤처기업과 대기업 간의 협력을 주제로 다룬 연구는 그리 많지 않는 실정이다(권기대·이상환, 2003).9) 이들의 연구는 협력의 선행요인으로 의존성, 권력 및 신뢰만을 고려하고 있는데 벤처기업과 대기업 간의 협력을 결정하는 관계특성에는 다양한 변수들이 존재할 수 있으며, 연구모형에 협력의 결과변수를 포함함으로써 벤처기업과 대기업의 협력이 기업성과를 향상시킨다는 이론적 근거를 제시할 수 있을 것이다. 또한 이장우·장수덕(2001)은 창업단계에 있는 벤처기업들이 경쟁의 강도를 강하게 지각하고 있는 것으로 파악한 후, 창업단계에서부터 다른 기업들과의 파트너십이나 전략적 제휴를 통해 비교적 안정적으로 시장에 진입해야 한다고 주장하였는데, 성장단계에 따른 경쟁강도의 차이분석결과를 살펴보면 성숙단계에서도 경쟁강도가 높은 것으로 나타나고 있기 때문에 벤처기업들은 창업단계는 물론 성숙단계에서도 대기업과의 협력이 절실히 요구된다. 이처럼 기업간 협력이 중요하고 요긴한 상황에서 본 연구에서는 벤처기업과 대기업 간의 관계를 연구대상으로 삼고, 협력의 선행요인으로 관계특성변수들(의사교환, 공유가치, 관계편익, 의존성 및 만족)을, 협력의 결과변수로 기업성과(기술경쟁력우위)를 선택하였다. 관련변수들을 연구모형에 포함시킨 배경은 먼저 협력을 바라는 기업간의 협력을 촉진하기 위해서 현실적으로도 의사교환 장벽의 해소가 곧 협력

---

9) 중소기업과 대기업 간의 협력을 주제로 한 연구는 김기찬(1995), 홍장표(1997), 윤성민·홍장표·정우식(2000)의 연구로부터 최근에 이르러 이장우·강용운(2006), 김기찬 등(2006)의 연구결과를 참고할 수 있다.

성과에 핵심적인 역할을 할 것으로 판단하였기 때문이며, 둘째, 쌍방기업 간의 공동의 목적을 달성하기 위해서는 적어도 기업문화 및 시장전략 등과 관련하여 공유가치를 채택하지 않을 수 없었다. 셋째, 쌍방기업 간 협력이란 상호 기업의 공생을 통한 건강하고 지속가능한 기업의 생태계 구축을 뜻하는 의미도 매우 중요하지만 우리나라 산업현장의 실태에서 볼 때 파트너 선택권과 관련된 제품의 수익성, 고객만족 그리고 제품의 성능과 같은 유무형의 경제적 편익에 해당되는 관계편익이 중요한 변수로 작용할 것이며(권기대, 1998), 넷째, 협력은 한 기업이 제한된 자원으로 인하여 협력기업의 경영자원에 대한 상대적 의존과 만족을 필요로 하기 때문이다. 마지막으로, 기업 간 협력은 기업의 경쟁우위라는 맥락에서 시장에서의 기술경쟁력 회복이나 유지 또는 우위를 가져다주어야 한다고 판단되었기 때문이다.

위와 같은 연구의 필요성에 근거한 본 연구의 목적은 첫째, 벤처기업과 대기업 간의 관계특성들이 협력과 맺는 관계와 협력이 성과(기업의 기술경쟁력)와 갖는 관계를 실증적으로 검정함으로써 협력을 추구하고자 하는 기업들에게 방향성을 제시하고, 둘째, 벤처기업의 대기업에 대한 실무적 시사점을 제공하는 데 있다.

II. 이론적 배경 및 가설

1. 협력

협력(cooperation)이란 협력 당사자들이 공동의 목표를 달성하기 위해 상호 간에 지속적인 노력을 기울이거나(Skinner et al., 1992), 기업간 정신적 교류(Ellram and Hendrick, 1995)의 활성화를 의미한다. 협력은 서로 흥미 있는 어떤 목적을 달성하기 위한 참가자들의 공동 노력이므로(김상현·김재륜, 2004), 자원의 교환, 공유 또는 상호개발과 관련된 기업들 간의 다양한 유형의 활동을 협력관계로 정의할 수 있고, 여기에는 협력 파트너에 의한 자본, 기술 혹은 다양한 유형의 자원이 관여하게 된다(Gulati, 1998). 기업들이 협력을 추구하는 동기에는 협력기업들 간의 공동연구개발, 공동제조, 공동구매를 통하여 얻게 되는 규모의 경제 및 범위의 경제 효과 외에도, 상호보완적인 자원이나 핵심역량을 공유함으로써 생산성 향상이나 시장지배력 증대 등이 있다. 이처럼 기업들은 다양한 목적을 가지고 협력에 참여하게 된다(Gulati and Singh, 1998; Stuart, 2000).

협력의 전략적 의도는 총비용의 절감, 이동경로에 대한 가치증가에 따른 상호이익의 획득에 있으며, 이를 통하여 고객만족의 강화, 파트너 간의 경쟁우위 확보, 부가가치 기회의 활용, 공급사슬상의 전반적 수행기능의 강화 등을 달성할 수 있다(권기대, 1998). 이러한 협력은 협력주체가 누군가에 따라 개인간의 협력, 집단간의 협력, 기업간의 협력 및 국가간의 협력 그리고 해외기업과 국내기업 간의 협력으로 구분가능하며, 특정 기업이 성공하기 위해서는 내적 구성원들 간의 협력, 집단간의 협력, 기업들 간의 협력을 증진시켜야 할 것이다. 기업간 협력관계는 수평적일지라도 공급체인에서는 수직적 조정을 달성하는 데 있어 핵심적 역할을 한다(Anderson and Narus, 1990, Morgan and Hunt, 1994). 즉 협력은 조직실패와 시장실패로 인한 거래비용을 최소화하기 위한 조정기구이며(윤성민 등, 2000), 공동의 목표를 달성하고, 상호 간의 발전을 도모하기 위한 것이므로 협력적인 기업간 경로에서 각 당사자들은 서로 긴밀한 정보를 교환하고, 가치를 공유하여 마치 수직적으로 통합된 것과 같은 효과를 얻을 수 있어야 한다. 가령, 특정 벤처기업과 대기업 간의 협력을 활성화하기 위해서는, 신제품개발의 초기단계에서부터 공동으로 참여하고, 신제품개발에 대한 시장정보와 비용정보를 공유하며, 신상품개발계획에 대한 심도 있는 토론을 통해 수요 및 공급예측정보도 공유하도록 하여야 한다.

협력은 기업의 전략이라는 맥락에서 볼 때 전혀 생소한 개념은 아니며, 이전에도 제휴네트워크(alliance network), 파트너십(partnership), 연합(coalition), 결합(linkage), 협력(collaboration), 협력협정(collaboration arrangement) 등과 같이 다양한 용어로 정의되고 연구되어 왔다(노형봉·서윤주·정주훈, 2001). Porter and Fuller(1986)는 '결합'을 "합병까지는 이르지 못하지만 사업 활동의 일정 영역에서 이루어지는 공식적, 장기적인 기업간 제휴"로 정의하였고, Morris and Hergert(1987)는 '협력협정'을 "공유된 목표를 공동으로 추구하기 위한 기업들 간의 연계활동"이라고 주장하였다. 1980년대 중반부터는 전략적 제휴

(strategic alliance)라는 용어로 널리 사용되어 오늘에 이르고 있다 (James, 1985; Yoshino and Rangan, 1995).

벤처기업과 대기업 간의 협력에 관한 이론적 토대는 교환이론, 자원 의존이론, 거래비용이론, 네트워크 이론 등에서 찾아볼 수 있다. 먼저 교환이론에 따르면 협력은 경제적·심리적 이익을 최대화하기 위한 수단으로 간주되고 있다. 조직간 관계교환의 이점에는 불확실성의 감소, 관리된 의존관계, 사회적 의존, 복잡한 운영망의 확립 등이 있으며, 교환관계는 윤리적 책임과 의무가 주어지는 형태이다(Gundlach and Murphy, 1993). 둘째, 자원의존이론에서는 협력을 조직들이 환경과의 상호작용을 통해 희소한 자원을 획득하기 위한 이해관계자들 간의 제휴로 간주하고 있다(Pfeffer and Salancik, 1978). 이 이론의 핵심은 조직이 핵심적 자원을 통제하는 환경에서 다른 조직이나 집단의 요구에 적절히 반응하는 한편, 경영자들도 조직의 생존을 위해서 그리고 가능하면 환경의 제약으로부터 더 많은 자율성과 재량권을 획득하기 위해서 외부적인 의존관계를 관리하려고 한다는 점이다. 셋째, 거래비용이론은 전통적인 신고전경제학을 보완하는 신제도경제학의 패러다임에 속하며, 그 기본적인 전제는 적응, 성과의 평가 그리고 보호비용이 부재하거나 낮으면 경제행위자들은 시장지배구조를 선호할 것이지만, 시장에서의 관련비용이 생산비 이점을 초과할 만큼 충분히 높으면 기업은 내부조직을 선호할 것이라는 논리이다(Williamson, 1975, 1985; Rindflesch and Heide, 1997). 따라서 거래비용이론은 기업간 협력형성의 경제적 타당성과 위계조직적 이슈인 기업의 존재근거, 범위, 수직적 통합, 효율적인 기업내부구조, 거래비용감축을 위한 효율적 조정구조를 설명하는 주요 이론적 토대를 제공한다. 넷째, 네트워크이론에서 네트워크란 상호 독립적인 조직들 간의 자발적이고 반복적인 협력관계를 뜻하며(Powell, 1990), 조직간 네트워크에서는 시장관계와 달리 거래기업들이 거래마다 자신의 이익을 극대화하기 위해 거래 파트너들을 새로 평가하여 특정 거래파트너들과 장기적인 협력관계를 유지하게 된다. 그러나 동시에 계층적 관계와는 달리 장기적 협력관계를 유지하는 파트너들이 독립성을 유지하며, 또 이들 간의 협력이 계층적인 권한에 기반을 둔 명령과 복종이 아닌 자발적 의사결정에 따라 이루어지게 된다. 네트워크이론은 1980년대 중반 이후 전 세계적으로 급속히 확산되어 왔으며, 이런 경향은 네트워크 혁명, 제휴혁명 등으로 불리어 왔다(Yoshino and Rangan, 1995).

2. 연구가설

1) 의사교환과 협력

의사교환은 파트너 간에 의미 있는 비공식적 정보 및 공식적 정보공유와 시의 적절한 정보공유를 뜻하며(Anderson and Narus, 1990), 계획, 프로그램, 기대 목표 그리고 평가기준의 상호개방과도 관련되는 등 광범위하게 정의된다(Anderson and Weitz, 1989). 특히 시의 적절한 의사교환(Moorman, Zaltman, and Deshpandé, 1992)은 논쟁과 갈등을 해결하고, 지각과 기대를 결합함으로써 갈등이 아닌 신뢰와 협력을 잉태할 뿐만 아니라 조직기능의 중요한 토대이기 때문에, 의사교환 행동은 조직의 성공에 결정적 역할을 하며(Mohr and Spekman, 1994), 과거의 의사교환은 신뢰의 전제조건이지만, 일련의 기간에 있어서 의사교환의 누적은 더 좋은 협력을 낳게 한다(Anderson and Narus, 1990). 즉 관계 당사자들 간에 양질의 의사교환이 이루어질수록 당사자들은 공동의 목표달성을 위해 상호 노력을 증가시킬 것이다.

상황에 적합하고, 시의 적절하며 그리고 신뢰할 수 있다는 것에 대한 파트너의 인식은 곧 양자 간의 갈등을 생산적 측면에서 치유하는 동시에 더 큰 상생의 관계인 협력을 유발한다. 의사교환은 공급사슬상의 조직들을 함께 묶어 주는 접착제(glue)로 설명될 수 있으며(Mohr and Nevin, 1990), 이는 기업간 경로에서 파트너 간에 상호 이해를 제고시킴으로써 관계강화와 촉진에 긍정적인 역할을 한다(Anderson and Weitz, 1989). 특히, Morgan and Hunt(1994)는 신뢰와 관계결속에 관한 연구모델에서 의사교환을 중요한 변수로 다룸에 따라 기업간 관계의 증진을 위해 의사교환이 협력을 촉진시킨다고 볼 수 있다. 따라서 의사교환은 협력의 편익을 성취하기 위해서 파트너 간의 효과적인 수단으로 매우 중요하기 때문에 다음과 같은 가설을 설정하였다.

가설 1: 벤처기업의 대기업에 대한 의사교환이 증가할수록 협력은 증가할 것이다.

2) 공유가치와 협력

본 연구에서는 공유가치를 특정 파트너의 행동, 목표, 및 정책의 중요성과 적합성 여부 그리고 옳고 그름에 대한 믿음의 정도로 정의하며(Morgan and Hunt, 1994), 협력당사자 간에 높은 수준의 믿음이 형성될수록 서로 신뢰를 잃지 않기 위한 상호 간의 협력행동이 증진될 것으로 기대하고 있다.

Heide and John(1992)은 공유가치를 적절한 행동과 관련되는 규범(norms)으로 파악하였다. 규범은 가치가 조작화된 규칙으로서 규범이 집합적 대 개별적 목표에 대해 금지된 행동과는 차이가 있다(Wilson, 1995). 개별 목표는 경쟁적 행동의 규범을 낳는 반면, 관계적 교환의 규범은 이익의 상호성에 기반을 두며, 또한 필수적으로 경영행동을 묘사하기 위해 관계의 존재가 잘 제고될 수 있도록 설계해야 한다(Heide and John, 1992). 마찬가지로 Dwyer, Schurr, and Oh(1987)는 공유가치를 신뢰 및 협력의 발전에 중요한 역할을 한다고 주장하였다. 가치는 조직문화의 정의에 중요한 것으로(Enz, 1988) ① 관찰할 수 있는 문화유물, ② 가치, ③ 기본적인 중요한 가정(assumptions)들을 문화의 세 가지 기본적 수준이라고 하였다(Schein, 1990). 더욱이 가치는 광범위하고 강력하게 유지될 때 문화에 반영된다. 본 연구에서는 위의 주장과 선행연구들에 근거하여 교환관계에 있는 벤처기업과 대기업 간에 특정의 가치가 공유될 때, 파트너들은 사실상 그들의 관계를 더욱 지속시키기 위해 상호 간에 협력할 것이므로 다음과 같은 가설을 설정하였다.

가설 2: 벤처기업의 대기업에 대한 공유가치가 증가할수록 협력은 증가할 것이다.

3) 관계편익과 협력

관계편익(relationship benefits)이란 파트너 선택권과 관련된 제품의 수익성, 고객만족 그리고 제품의 성능과 같은 유·무형의 경제적 편익을 의미한다(Morgan and Hunt, 1994). 이러한 우월적 편익을 제공받는 당사자는 그 상대방에 대해 적극적으로 협력함으로써 상호 발전을 도모할 수 있기 때문에 관계편익은 실질적으로 협력을 위한 핵심적 연결고리 역할을 한다. 일반적으로, 우리나라의 조직간 관계시장 환경에서 경제적 편익의 많고 적음은 지속적 협력관계의 전제조건이다(권기대, 1998). 거래에 있어서, 벤처기업의 대기업에 대한 협력이 신뢰라는 토대로 형성되기보다는, 많은 경우에 있어 일시적으로 경제적 혜택을 누리려는 거래 관계자의 음험한 기회주의적 행위와 이중적 파트너십에 의해 협력의 정도가 결정되기도 했음을 부인하기 어렵다.

글로벌 환경하의 무한 경쟁상황은 기업들로 하여금 어떤 기업이라도 자사의 제공물에 부가가치를 제공해 주는 제품, 프로세스(process), 기술 등을 모색하도록 요구한다. 이런 맥락에서 제한된 자원을 갖고 있는 기업은 다른 기업과 제품, 프로세스, 기술의 유형적 편익은 물론 무형적인 브랜드를 통한 관계편익의 발전을 촉진하고 있다. 따라서 벤처기업은 대기업에 대해 다른 선택권과 관련된 제품의 수익성, 고객만족 그리고 제품의 성능과 같은 우월한 편익을 제공받음으로써 벤처기업의 대기업에 대한 건강하고 지속가능한 협력이 유지될 수 있을 것이므로 다음과 같은 가설을 설정하였다.

가설 3: 벤처기업의 대기업에 대한 관계편익이 증가할수록 협력은 증가할 것이다.

4) 의존성과 협력

'A에 대한 B의 의존성은 A에게 B가 갈망하는 목표를 매개하고 있을 때 증진된다'고 할 수 있다(Emerson, 1962). Pfeffer and Salancik (1978)에 의하면 B의 목표달성을 위해 A가 자원을 제공하고 있을 때 B는 A에 대해 보다 의존적일 것이다(Skinner et al., 1992). 의존성이란 관련된 각 당사자들 간, 즉 개인간, 집단간 및 조직간의 이해가 공통으로 걸려있음을 의미한다(이재훈, 2001). 협력 당사자들 간에 상호 의존적이란 말은 공동의 목표달성을 위해 당사자 간에 협력이 요구됨을 의미한다. 따라서 기업간 협력은 상호 간의 의존성의 정도에 의해 영향을 받을 것으로 기대된다. 의존성의 개념에서 살펴볼 수 있듯 거래 당사자들 간의 목표가 일치되고, 상호 간에 자원이 제공되며 또는 이해관계가 걸려있을 때 각 당사자들 간에 협력이 증진될 것이다.

기업들 간의 관계에 있어서 의존성이 존재하지 않는 경우보다 각자의 목표달성을 위해 의존성이 존재하는 경우 상호 협력에 대한 필요성을 높게 인지함은 물론 실제로 보다 높은 수준의 협력관계를 갖는다. 물론 경로구성원 간의 의존성의 심화는 오히려 상대방의 배려 부족과 양보의 미흡으로 갈등의 증폭요인도 존재할 수 있지만, 한국에서 수행된 실증결과들에 의하면, 승용차 유통경로에서 의존성이 높을수록 협력이 증가하였고(계도원, 1996), 의존성의 증가는 결속의 확대를 통해 양질의 협력을 형성하는 것으로 밝혀졌다(권기대, 1998). 벤처기업이 자사의 성과가 관련 대기업에 의해 영향을 받는다고 생각하면 관련 대기업과의 협력관계를 유지하기 위해 보다 많은 노력을 기울일 것이므로 협력이 증진됨을 기대할 수 있기에 다음과 같은 가설을 설정하였다.

가설 4: 벤처기업의 대기업에 대한 의존성이 증가할수록 협력은 증가할 것이다.

5) 만족과 협력

만족이란 "다른 상대방과의 관계 속에서 상대방의 모든 요소에 대한 긍정적 감정의 상태"로 정의되며(Anderson and Narus 1984), Gaski and Nevin(1985)이 사용한 측정도구는 이러한 개념적 정의를 적절히 반영하고 있다. 본 연구에서는 벤처기업이 지각한 대기업에 대한 만족을 측정하기 위해 대기업이 거래하기 좋다고 생각하는 정도, 다른 기업에게 추천하고자 하는 정도, 대기업의 서비스제공 정도 그리고 대기업과 지속적 거래를 하는 정도를 측정하기 위한 4개 문항을 사용하였다. Anderson and Narus(1990)는 조직간 교환모형에서 만족이 상대방과의 협력관계를 형성하는 데 핵심적인 요소로 작용함을 제시하였다. 이는 만족이 인지된 효과성에 대한 상당한 대리효과(close proxy)를 나타낼 뿐만 아니라 만족을 통해서 상대방의 미래 행동에 대해 보다 잘 예측할 수 있기 때문이다. 더 나아가 만족은 협력관계의 지속을 이끌어 낼 수 있다. 유통경로연구에서는 경로구성원의 만족이 경로구성원 간의 협력을 증진시키고, 관계의 종결을 줄이며, 법적문제를 감소시키는 데 중요한 역할을 하는 것으로 확인되었으며 (Ganesan, 1994), 경로구성원의 만족은 조직간 관계의 성과인 동시에 경로 전체의 성과로서 활용되고 있다(Anderson and Narus, 1984; 1990).

기업간 협력의 근본 원리는 기업간의 지속적인 신뢰 및 충성도와 관련됨으로써 선택 대안을 감소시키려 한다는 현상 내지는 의향을 뜻한다. 이는 궁극적으로 기업들 간의 긍정적이고 지속적인 관계는 협력과 만족을 통해 가능하며, 경로구성원들의 협력적 노력은 만족의 상위수준인 더 많은 경로의 효율성과 목표의 달성을 가져온다 (Anderson and Narus, 1984; 1990). Hunt and Nevin(1974)은 과거 거래관계에서의 만족한 경험은 거래관계에서의 도덕적 가치와 협력을 증대시킴으로써 상호 간의 관계가 보다 오래 지속될 가능성이 높아진다고 하였고, Dwyer et al.(1987)의 연구에서도 공급업자와 소매업자 간의 거래경험이 증가할수록 쌍방은 어려운 시기를 성공적으로 극복할 가능성이 높다고 주장하였다. 또한 거래당사자들은 오해를 예방하고 서로 합의를 도출하는 경우에만 만족하게 되며, 이런 만족한 경험이 장기지향성에 영향을 미친다(Anald and Stern, 1985). 결과적으로 이러한 관점에서 과거 거래에서의 만족스런 경험은 거래 상대에 대한 협력을 높이는 역할을 하게 될 것이므로 다음과 같은 가설을 설정할 수 있다.

가설 5: 벤처기업의 대기업에 대한 만족이 증가할수록 협력은 증가할 것이다.

6) 협력과 기업성과

협력은 사회과학에서 주로 세 가지 관점에서 연구되어 왔다(Sibley and Michie, 1982). 첫째, 사회를 위한 가치체계의 독특한 형태로 이론화되었다는 점, 둘째, 경쟁과 대비되는 것으로서 개인 또는 집단을 위한 행동전략으로 고려되어 왔다는 점, 셋째, 둘 이상 당사자 간의 갈등문제를 해결하기 위한 기술, 기법 또는 수단 등 도구적인 방법으로 간주되어 왔다는 것 등이다. 협력이란 '개인 또는 시스템의 목표를 달성하도록 지향된 공동노력', '상호이익목표를 달성하기 위해 기득권을 가진 참가자들의 공동노력', '협력의 각 당사자들이 공동의 목표를 달성하기 위한 상호 노력(Skinner et al., 1992)', '기업간의 정신적 교류(Ellram and Hendrick, 1995)' 등 다양하게 정의된다. 여러 학자들의 협력에 대한 정의를 종합해 보면 협력은 '상호호혜적인 성과를 달성하기 위하여 상호의존적인 관계에 있는 기업들에 의해 취해지는 유사하거나 보완적인 조정된 행동들'로 볼 수 있으며(김완민·배상욱·이주형, 2005), 협력에 의한 상호의존적 행동은 강제적으로 해야 하는 것을 능동적 또는 순향적(proactive)으로 이끌어 나가는 것이다(Morgan and Hunt, 1994).

한편, 오늘날 기업들은 환경의 불확실성으로 인해 변화하는 환경에 적응할 수 있도록 자사가 핵심역량을 보유하고 부족한 다른 부분에서 협력체결을 중요시하고 있으며(권기대·이상환, 2003), 특히 벤처기업은 시장의 교두보를 확보하기 위해 무엇보다도 기술경쟁요인과 마케팅요인을 해결해야 한다. 그러한 맥락에서 제한된 자원을 보유한 벤처기업은 기술력과 브랜드, 자금력이 막강한 대기업과의 협력관계를 통한 시장진입을 모색하게 된다. 일반적으로 벤처기업의 CEO는 기술력만 있다면 낯선 시장진입도 용이할 것처럼 말하지만 공고한 기술력을 보유하지 않는 기업의 시장진입은 궁극적으로 소비자의 외면으로 모래성에 지나지 않는다.

따라서 무엇보다도 벤처기업은 대기업과의 협력을 토대로 기존제품이나 신제품의 개선수준을 향상한다든지, 공정 및 업무개선, 신공정의 도입, 불량률 감소, 생산성 증대 그리고 특허출원 및 등록건수 등 내부역량의 강화가 선결돼야 비로소 시장에서의 교두보 확보가 용이할 것이다. 따라서 벤처기업은 대기업과의 안정적인 기술협력이 곧 소비자들로 하여금 브랜드의 지각적 위험을 감소시키고 협력성과를 제고시킬 수 있을 것이므로 아래와 같은 가설을 설정할 수 있을 것이다.

가설 6: 벤처기업의 대기업에 대한 협력이 증가할수록 기업성과는 향상될 것이다.

Ⅲ. 연구방법

1. 표본과 자료 수집

지식정보화사회에서 부가가치창출의 중요한 두 축인 벤처기업과 대기업 간의 관계라는 연구 상황을 채택한 본 연구는 벤처기업이 지각한 대기업과의 의사교환, 공유가치, 관계편익, 의존성 및 만족이 기업간 협력행동을 촉진하는 데 어떤 역할을 하는가와, 협력이 기업성과에 어떤 영향을 주는가를 살펴봄으로써 기업경쟁력은 물론 국가경쟁력 향상에 기여할 수 있을 것이다. 본 연구모형과 가설의 검정을 위해 필요한 자료는 2002년 경북테크노파크의 도움을 받아 대구, 송도, 안산, 포항 등 테크노파크 입주기업, 대학이나 산업단지의 벤처센터나 창업보육센터 입주기업, 일반산업단지의 벤처기업 등을 대상으로 수집하였다. 500개의 벤처기업들을 대상으로 자기보고식 설문지가 배포되었고 그중 270개 업체로부터 수집된 자료를 최종 분석대상으로 삼았다.

기업들의 입주형태는 테크노파크 42개(15.6%), 창업보육센터 94개(34.8%), 공단단지 57개(21.1%), 일반지역 63개(23.3%), 기타 6개(2.2%), 무응답 8개(3.0%)였으며, 평균 종업원 수는 28.03명이며, 10명 이하 131개(48.5%), 11명-20명 54개(20.0%), 21-30명 18개(6.7%), 31-40명 7개(2.6%), 41-50명 7개(2.6%), 50명 이상 23개(8.5%), 무응답 30개(11.12%)인 것으로 나타났다. 대상기업들의 산업별 특성을 정보통신(IT)업-비정보통신업, 제조업-비제조업으로 구분하여 살펴보면 정보통신업이 102개(37.8%), 비정보통신업 137개(50.7%), 무응답 31개(11.5%)였으며, 제조업 160개(59.3%), 비제조업 79개(29.3%), 무응답(11.5%)인 것으로 확인되었다.

응답자의 성별은 남자 223명(82.6%) 여자 40명(14.8%), 무응답 7명(2.6%)이었으며, 30세 이하가 22명(8.1%), 31~40세는 99명(36.7%), 41~50세는 102명(37.8%), 51세 이상 28명(10.4%), 무응답이 19명

(7.0%)으로 나타났다. 해당 회사의 기업가들이 지난 5년간 주로 근무한 관리기능은 경영관리 77명(28.5%), 마케팅 43명(15.9%), 기술직 120명(44.4%), 사무직 16명(5.9%), 재무업무 2명(0.7%), 기타 3명(1.1%), 무응답 9명(3.3%)으로 나타났고, 교육수준은 중졸 이하 1명(0.4%), 고졸 14명(5.2%), 전문대졸 25명(9.3%), 대졸 140명(51.9%), 대학원졸 84명(31.1%), 무응답 6명(2.2%)으로 구성되어 있다.

2. 변수의 조작적 정의 및 측정

본 연구에서는 벤처기업의 대기업에 대한 관계특성, 협력 및 벤처기업 성과와의 관계를 분석하기 위해 그 각각을 다음과 같이 측정하였다. 첫째, 관계특성이란 조직간에 관계를 맺고 유지하는 주요한 특성들을 의미하며, 본 연구에서는 독립변수에 해당되는 관계특성변수로 의사교환, 공유가치, 관계편익, 의존성 및 만족을 포함하였다. 5개 변수의 측정을 위해 사용된 설문문항은 <표 1>에 제시되어 있다. 각각의 변수에 대한 모든 항목들은 Likert유형의 5점 척도(1=전혀 그렇지 않다, 5=매우 그렇다)를 사용하여 측정하였다. 둘째, 의사교환은 "파트너 간에 의미 있는 비공식적 정보공유 및 시의 적절한 정보와 공식적 정보를 공유하는 것"으로 정의하고, Mohr and Nevin(1990)이 사용한 의사교환의 효율성, 의사결정자와의 접촉용이성, 정보통신 활용 장려, 전화이용을 통한 의사교환의 용이성, 갈등해결을 위한 대면의 용이성, 혁신적 제안에 대한 신속한 반응이라는 6개의 항목으로 측정하였다. 셋째, 공유가치는 "파트너 간의 행동, 목표, 정책의 중요성 여부 그리고 옳고 그름에 대한 일반적인 믿음(beliefs)을 가지는 정도(Morgan and Hunt, 1994, p.25)"를 의미한다. 사업성공을 위해 비윤리적인 방법과 타협, 구성원들의 성공을 위한 비윤리성과의 타협, 구성원의 이익추구에 대한 제재, 구성원의 부도덕한 목표달성에 대한 제재에 관한 4개 문항으로 측정하였다(Hunt, Wood, and Chonko, 1989; Gundlach and Murphy, 1993). 넷째, 관계편익은 "파트너 선택권과 관련된 제품의 수익성, 고객만족 그리고 제품의 성능(Morgan and Hunt, 1994, p.209)과 같은 유·무형의 경제적 편익"을 의미하며, 기업간 거래를 통해 획득된 총수익, 제품구색, 촉진 및 촉진서비스, 유통 및 물적·유통서비스, 마진율이라는 5개 문항으로 측정하였다(Anderson and Narus, 1990). 다섯째, 의존성은 "거래당사자 간에 이해관계가 연결되어 있고, 목표달성을 위해 거래당사자의 특별한 자원이 가치 있다고 동의하는 정도"로 정의하였다. 의존성에 대한 측정은 Skinner et al.(1992)가 사용한 측정문항을 본 연구에 상황에 맞게끔 재구성하였으며, 벤처기업들에 대한 대기업의 제품보증, 광고금액, 긴급주문대응, 신제품개발타이밍에 의존하는 정도를 확인하기 위한 4개 문항이 사용되었다. 여섯째, "상대방과의 관계 속에서 상대방에 대한 긍정적인 감정의 상태"를 의미하는(Anderson and Narus 1984) 만족에 대한 측정은 Gaski and Nevin(1985)에 의해 개발된 거래하기 좋은 공급자, 다른 딜러에게의 추천, 공급자의 서비스제공, 공급자에 대한 지속적 판매를 나타내는 4개 문항을 사용하였다.

본 연구모형에서 매개변수에 해당하는 협력은 "거래 당사자들이 목표달성을 위해 상호 노력하고 서로 돕는 정도"를 의미하며, 이의 측정을 위해 Cannon and Perreault(1999) 그리고 Skinner et al.(1992)가 사용한 4개 문항을 활용하였다. 미래의 경영성과 개선에 대한 파트너의 관심, 미래목표의 공동달성, 미래수익에 대한 파트너와의 지속적 관계유지 가능성, 파트너의 다양한 지원 사용된 문항들이다.

기업성과는 대체로 모든 기업 활동의 종합적인 성과로서 시장경쟁 하에서의 가시적 성과를 말한다. 기업성과는 외형적 및 내재적 성과로 구분할 수 있다. 전자는 시장 전체에서 특정기업 혹은 특정제품이 차지하는 비율을 말하며 시장점유율로 평가된다. 후자는 재무적인 측면에 치중한 수익성을 들 수 있다. 본 연구에서는 기술우위를 시장경쟁력의 우위로 보아 경쟁자 대비 해당 기업의 기술 경쟁력을 확인하기 위한 기존제품 개선기술수준, 신제품개발기술수준, 생산공정 / 업무개선기술수준, 새로운 공정의 도입, 불량률 감소, 생산성 증대, 특허출원 및 등록건수와 관련된 7개 문항을 활용하였다(김기영, 1998).

3. 측정의 신뢰도와 타당도

본 연구에서는 측정의 신뢰도와 타당도를 확인하기 위해 다음과 같은 과정을 거쳤다. 먼저, 사각회전 방법에 의한 탐색적 요인분석을 실시함으로써 단일차원성을 확인하였고, 신뢰도분석을 통해 내적일관성 여부를 판단하였다(김계수, 2006, p.543). 그다음 개념타당도를 살펴보기 위해 단일차원성과 신뢰도가 검정된 모든 측정항목들을 대상으로 탐색적 요인분석을 실시하였다. 추가적으로 단일차원성을 저해하는 항목을 제거하기 위한 목적으로 구성개념별로 확인적 요인분석을 실시(김계수, 2006, p.544)한 후, 마지막으로 집중타당도와 판별타당도 여부를 확인하기 위해 전 단계에서 제거되지 않고 남아 있는 모든 측정지표들을 대상으로 확인적 요인분석을 실시하였다.

단일차원성 여부를 판단하기 위해 각 요인별로 사각회전 방법에 의한 탐색적 요인분석을 실시한 결과, <표 1>에 제시되어 있듯 의사교환과 공유가치를 측정하기 위한 문항들 가운데 1개 문항과 2개 문항이 단일차원성을 저해하는 것으로 나타나 이들 문항들을 제거하였으며, 각 요인별로 남은 문항들을 대상으로 신뢰도를 검증한 결과 모든 변수들의 Cronbach's α값이 0.627 이상인 것으로 확인되었다.

〈표 1〉 요인별 탐색적 요인분석과 신뢰도분석

요 인	최초문항	요인분석 후 문항	신뢰도분석 문항	Cronbach's α
의사교환	6	5	5	0.801
공유가치	4	2	2	0.815
관계편익	5	5	5	0.886
의 존 성	4	4	4	0.627
만 족	4	4	4	0.856
협 력	4	4	4	0.825
기업성과	7	7	7	0.870

개념타당도를 살펴보기 위해 신뢰도분석에 사용된 총 31개 문항을 대상으로 직교회전 후 요인분석을 실시한 결과 의사교환을 측정하기 위한 1개 문항이 다른 요인에 적재되어 이를 제거한 후 30개 문항을 대상으로 다시 요인분석을 실시하였다. 그 결과 <표 2>에 제

시된 것처럼 1 이상의 고윳값을 갖는 요인은 7개이며, 총 분산 중 65.63%가 이들 요인들에 의해 설명되는 것으로 나타났다. 첫 번째 요인에는 기업성과(7개 문항), 두 번째 요인에는 관계편익(5개 문항), 세 번째 요인에는 만족(4개 문항), 네 번째 요인에는 협력(4개 문항), 다섯 번째 요인에는 의사교환(4개 문항), 여섯 번째 요인에는 의존성 (4개 문항), 일곱 번째 요인에는 공유가치(2개 문항)를 측정하기 위한 문항들이 0.545 이상의 요인부하량을 갖고 해당요인에 적재되었다. 문항별 요인적재 패턴과 적재값들은 측정도구가 개념타당도를 갖고 있음을 보여주는 것이다.

추가적으로 단일차원성을 저해하는 항목들이 있는가를 확인하기 위해 구성개념별로 확인적 요인분석을 실시한 결과, 의존성과 기업성과를 측정하기 위한 문항들 가운데 각 1개 문항의 표준화된 추정치가 0.5 이하로 나타나 이들 문항들을 제거하였다. 구성개념별 확인적 요인분석 모형들의 적합도 지수는 <표 3>에 정리되어 있다. 적합도 지수 가운데 RMR, GFI, NFI를 중심으로 살펴보면, 기업성과 측정모형의 적합도는 조금 미흡한 듯하며, 나머지 모형들은 단일차원성 검정에 적합한 것으로 확인되었다.

⟨표 2⟩ 탐색적 요인분석

요인	문 항	요인						
		1	2	3	4	5	6	7
의사 교환	2. 의사결정자와 접촉용이성	0.015	0.137	0.450	−0.015	**0.589**	0.014	0.188
	3. 팩스 등 정보통신 활용의 장려	0.090	0.136	−0.023	0.083	**0.756**	0.137	0.103
	4. 전화이용을 통한 의사교환의 용이성	0.089	0.044	0.226	0.134	**0.781**	0.039	−0.094
	5. 갈등해결 위한 의사결정자와 대면용이성	0.054	0.088	0.413	0.188	**0.643**	0.057	0.116
공유 가치	3. 구성원의 이익추구에 대한 제재	0.158	0.158	0.066	0.164	0.055	0.047	**0.860**
	4. 구성원의 부덕한 목표달성에의 제재	0.085	0.177	0.101	0.123	0.110	0.072	**0.867**
관계 편익	1. 획득된 총수익	0.080	**0.711**	0.360	0.152	0.065	0.038	0.061
	2. 제공된 제품구색	0.063	**0.785**	0.253	0.166	0.093	0.024	0.078
	3. 판촉서비스	0.082	**0.862**	0.072	0.200	0.105	0.092	0.094
	4. 유통서비스	0.100	**0.820**	0.075	0.185	0.063	0.074	0.144
	5. 마진율	0.014	**0.594**	0.459	0.005	0.148	0.102	0.101
의 존 성	1. 벤처기업들의 대기업에 대한 제품보증	0.114	−0.045	0.285	0.265	−0.065	**0.588**	0.113
	2. 광고금액	−0.027	0.058	0.089	−0.042	0.046	**0.602**	0.049
	3. 긴급주문 대응력	0.054	0.091	−0.148	0.016	0.208	**0.726**	0.013
	4. 신제품개발 타이밍	0.098	0.086	−0.013	0.182	0.017	**0.753**	−0.029
만족	1. 거래하기 좋은 공급자	0.176	0.293	**0.678**	0.225	0.104	−0.020	0.098
	2. 다른 협력 거래선에게 추천	0.193	0.249	**0.688**	0.256	0.177	−0.013	0.100
	3. 공급자의 서비스 제공	0.129	0.353	**0.597**	0.276	0.283	0.086	−0.002
	4. 공급자에 대한 지속적 판매	0.202	0.277	**0.663**	0.045	0.305	0.126	−0.025
협력	1. 미래의 경영성과에 대한 파트너관심	0.117	0.110	0.153	**0.734**	0.048	0.092	0.164
	2. 미래목표의 공동달성	0.139	0.136	0.103	**0.828**	0.064	0.076	0.074

요인	문 항	요인						
		1	2	3	4	5	6	7
협력	3. 미래수익에 대한 파트너와의 지속성	0.150	0.178	0.094	**0.819**	0.047	0.112	0.117
	4. 파트너의 다양한 지원의 의존성	0.020	0.222	0.151	**0.626**	0.209	0.045	−0.029
기업성과	1. 기존제품 개선기술수준	**0.775**	0.119	−0.045	0.193	0.096	−0.081	0.059
	2. 신제품 개발기술수준	**0.814**	0.207	−0.066	0.124	0.100	−0.048	0.016
	3. 생산공정 / 업무개선기술수준	**0.824**	0.045	0.188	0.145	−0.016	0.043	0.019
	4. 새로운 공정의 도입	**0.783**	0.016	0.047	0.052	0.019	0.046	0.102
	5. 불량률 감소	**0.692**	−0.084	0.286	0.014	−0.033	0.042	0.081
	6. 생산성 증대	**0.751**	−0.041	0.254	0.069	−0.024	0.144	0.002
	7. 특허출원 및 등록건수	**0.545**	0.160	−0.009	−0.056	0.247	0.147	0.049
	고유값	4.179	3.568	2.949	2.898	2.407	1.970	1.717
	설명된 분산의 비율	13.931	11.895	9.832	9.659	8.025	6.567	5.723

〈표 3〉 구성개념별 확인적 요인분석

구성개념	최초항목 (최종항목)	RMR	GFI	NFI	x^2	df	p
의사교환	4(4)	0.039	0.960	0.929	21.849	2	0.000
공유가치	2(2)	부정모형					
관계편익	5(5)	0.021	0.970	0.971	21.759	5	0.001
의존성	4(3)	포화모형					
만 족	4(4)	0.040	0.929	0.915	43.274	2	0.000
협 력	4(4)	0.013	0.993	0.991	3.755	2	0.153
기업성과	7(6)	0.053 〈0.022〉	0.877 〈0.970〉	0.876 〈0.972〉	110.761 〈24.915〉	9 〈8〉	0.000 〈0.002〉

〈　〉안의 값은 모형수정 후 결과임(수정지수를 참조하여 기업성과 1과 기업성과 2의 오차 사이에 공분산이 존재할 수 있다고 판단되어 이들 간의 자유특징수를 증가시킨 후 분석함)

집중타당도를 평가하기 위해 모든 구성개념의 측정항목(28개 문항: 탐색적 요인분석 후의 30개 문항에서 구성개념별 확인적 요인분석 후 2문항 제거)들을 포함하는 확인적 요인분석을 실시하였다. <표 4>에 나타난 것처럼 GFI와 NFI는 매우 만족스러운 수준은 아니지만, 다른 적합도 지수를 살펴보면 측정모형의 적합도는 적정한 것으로 판단된다. 측정변수들의 표준화된 추정치는 0.537~0.862, 개념신뢰도(CR: composite reliability)는 0.647~0.89, 평균분산추출(AVE: average variance extracted)은 0.385~0.69로 나타났다. Fornell and Larcker(1981)는 집중타당도를 평가하기 위해 개념신뢰도 0.7 이상, 평균분산추출값이 0.5 이상일 것을 제안하고 있다. 이들의 기준에 따르면 의존성은 개념신뢰도, 의사교환과 의존성은 평균분산추출값이 각각의 기준에 조금 부족한 것으로 확인되었다. 판별타당도를 평가하기 위해 각 구성개념의 평균분산추출값과 다른 구성개념과의 상관계수 제곱값을 비교(Fornell and Larcker, 1981)한 결과 <표 5>에 제시된 것처럼 평균분산추출값이 상관계수 제곱값보다 큰 것으로 나타났다. 이를 통해 집중타당도(의사교환과 의존성은 집중타당도가 조금 낮음)와 판별타당도를 입증할 수 있었다.

〈표 4〉 확인적 요인분석(측정모형)

구성 개념	경 로	추정치	표준 오차	t값	p값	표준화 된 추정치	SMC	Cronba ch's α	CR	AVE
의사 교환	의사교환5 ← 의사교환	1.000				0.794	0.63	0.778	0.778	0.471
	의사교환4 ← 의사교환	0.897	0.086	10.430	0.000	0.685	0.469			
	의사교환3 ← 의사교환	0.697	0.084	8.309	0.000	0.546	0.298			
	의사교환2 ← 의사교환	0.925	0.087	10.604	0.000	0.697	0.486			

구성 개념	경 로	추정치	표준 오차	t값	p값	표준화된 추정치	SMC	Cronbach's α	CR	AVE
공유 가치	공유가치4 ← 공유가치	1.000				0.838	0.702	0.815	0.816	0.690
	공유가치3 ← 공유가치	1.058	0.130	8.130	0.000	0.823	0.678			
관계 편익	관계편익5 ← 관계편익	1.000				0.659	0.434	0.886	0.890	0.620
	관계편익4 ← 관계편익	1.283	0.114	11.298	0.000	0.801	0.641			
	관계편익3 ← 관계편익	1.270	0.106	11.939	0.000	0.861	0.741			
	관계편익2 ← 관계편익	1.236	0.107	11.600	0.000	0.828	0.686			
	관계편익1 ← 관계편익	1.266	0.115	10.982	0.000	0.773	0.598			
의존성	의존성4 ← 의존성	1.000				0.745	0.555	0.634	0.647	0.385
	의존성3 ← 의존성	0.722	0.123	5.858	0.000	0.558	0.312			
	의존성1 ← 의존성	0.715	0.124	5.779	0.000	0.537	0.288			
만족	만족4 ← 만족	1.000				0.720	0.518	0.856	0.856	0.598
	만족3 ← 만족	1.105	0.090	12.339	0.000	0.803	0.645			
	만족2 ← 만족	1.137	0.091	12.493	0.000	0.814	0.662			
	만족1 ← 만족	0.970	0.083	11.614	0.000	0.753	0.568			
협력	협력1 ← 협력	1.000				0.695	0.483	0.825	0.835	0.563
	협력2 ← 협력	1.312	0.111	11.787	0.000	0.819	0.671			
	협력3 ← 협력	1.423	0.117	12.135	0.000	0.861	0.741			
	협력4 ← 협력	0.903	0.101	8.899	0.000	0.597	0.356			
기업 성과	기업성과1 ← 기업성과	1.000				0.722	0.522	0.860	0.886	0.566
	기업성과2 ← 기업성과	1.088	0.092	11.757	0.000	0.752	0.565			
	기업성과3 ← 기업성과	1.053	0.079	13.389	0.000	0.862	0.743			
	기업성과4 ← 기업성과	0.985	0.083	11.855	0.000	0.758	0.574			
	기업성과5 ← 기업성과	0.838	0.081	10.348	0.000	0.662	0.438			
	기업성과6 ← 기업성과	0.867	0.074	11.645	0.000	0.744	0.554			

1: fixed parameter, $n=270$,

측정모형의 적합도: $x^2=638.849$, $df=329$, $x^2/df=2.07$; RMR $=0.042$; GFI $=0.844$; NFI $=0.832$; IFI $=0.905$; CFI $=0.904$.

CR(개념신뢰도) $=$ (표준부하량의 합)^2 / {(표준부하량의 합)^2 + 측정오차의 합}
AVE(평균분산추출) $=$ (표준부하량 제곱의 합) / {(표준부하량의 제곱의 합) + 측정오차의 합}

Ⅳ. 연구결과

가설검정에 앞서 변수들의 기술통계값과 상관관계를 확인하였는데, 그 결과는 <표 5>에 나타나 있다. 모든 변수들이 중앙값인 3.0 이상의 평균값을 보이고 있으며, 표준편차는 0.653에서 0.948 사이의 값을 갖고 있다. 상관계수를 살펴보면 모든 변수들 간의 관계가 통계적으로 유의한($p < 0.01$) 것으로 확인되었다.

〈표 5〉 구성개념의 평균, 표준편차 및 상관관계

구성개념	평 균	표준편차	의사교환	공유가치	관계편익	의존성	만 족	협 력	기업성과
의사교환	3.078	0.709	0.471						
공유가치	3.573	0.948	0.252** (0.063)	0.690					
관계편익	3.403	0.706	0.384** (0.147)	0.346** (0.120)	0.620				
의존성	3.340	0.653	0.203** (0.041)	0.168** (0.028)	0.198** (0.039)	0.385			
만 족	3.287	0.727	0.572** (0.328)	0.287** (0.083)	0.616** (0.380)	0.219** (0.048)	0.598		
협 력	3.598	0.703	0.322** (0.104)	0.342** (0.117)	0.452** (0.204)	0.304** (0.092)	0.483 (0.233)	0.563	
기업성과	3.455	0.694	0.194** (0.038)	0.235** (0.055)	0.212** (0.045)	0.175** (0.031)	0.359** (0.129)	0.300** (0.090)	0.566

** $P < 0.01$, ( ) 안의 값은 상관계수의 제곱값, 대각선은 평균분산추출값.

본 연구에서는 벤처기업의 대기업에 대한 관계특성을 나타내는 의사교환, 공유가치, 관계편익, 의존성 및 만족이 각각 협력에 영향을 주고, 협력은 성과에 영향을 준다는 연구모형을 설계하고 변수들 간의 관계를 나타내는 가설을 설정하였다. 연구모형의 타당도와 가설검정을 위해 공분산구조분석을 실시한 결과, <표 6>에 제시된 바와 같이 모형의 적합도는 매우 뛰어난 것은 아니지만 변수들 간의 관계를 추론하는 데 무리가 없는 것으로 판단된다. 본 연구모형의 예측력을 살펴보면 협력은 전체 분산의 40.7%가 의사교환, 공유가치, 관계편익, 의존성 및 만족에 의해 설명되었고, 설명력의 크기는 만족(γ_{15}＝0.372), 의존성(γ_{14}＝0.244), 공유가치(γ_{12}＝0.182)의 순서로 나타났다. 성과는 협력에 의해서 전체 분산의 13.7%가 설명되는 것으로 확인되었다. 이런 결과는 벤처기업의 대기업에 대한 협력을 증진시키기 위해서는 만족, 의사교환 및 공유가치에 보다 많은 관심을 기울여야 하며, 벤처기업의 기술적 경쟁우위는 대기업과의 협력정도에 의해 많은 부분이 결정될 수 있음을 시사한다.

본 연구의 가설검정결과를 요약하면 <표 6>과 같다. 먼저 가설 1은 '벤처기업의 대기업에 대한 의사교환은 협력과 정(＋)적 관계를 갖는다'는 것이었는데, 분석결과 γ_{11}＝−0.059(t＝−0.566, p＝0.571)로 나타나 통계적으로 유의하지 않아 기각하였다. 의사교환과 협력 간에 통계적으로 유의한 관계가 없는 것으로 나타난 원인은, 과거에는 기업간 정보전송에 이용된 매체 혹은 의사교환 양식이 상대적으로 단조로웠지만 그 유용성이 상대적으로 높았던 데 반해, 최근에 와서는 다양한 양방향성의 매체를 활용할 수 있었기 때문에 의사교환의 중요성에 대한 상대적 인식이 낮아졌고 그 중요성이 덜 인지되었기 때문인 것으로도 유추할 수도 있을 것 같다. 그러나 일반적으로 관계를 형성하고 있는 협력 당사자들 간에 원활한 의사교환이 일어남으로써 갈등 요인인 논쟁을 해결하고 인식과 기대를 일치시킴으로써 협력이 증진될 것이다. 이와 관련하여 오세조·강보현·김상덕(2004)은 프랜차이즈산업을 대상으로 구매자와 판매자 간 결속이 낮은 단계에서 구매자의 판매자에 대한 의사교환이 증가할수록 구매자의 관계해지의도는 낮아진다는 것을 실증·검정하였다.

〈표 6〉 가설검정 결과

가 설	모수	추정치	표준오차	t값	p값	표준화된 추정치
가설 1: 의사교환 → 협력	γ_{11}	−0.047	0.083	−0.566	0.571	−0.059
가설 2: 공유가치 → 협력	γ_{12}	0.120	0.048	2.520	0.012	0.182
가설 3: 관계편익 → 협력	γ_{13}	0.129	0.092	1.401	0.161	0.127
가설 4: 의존성 → 협력	γ_{14}	0.209	0.067	3.130	0.002	0.244
가설 5: 만 족 → 협력	γ_{15}	0.327	0.113	2.882	0.004	0.372
가설 6: 협 력 → 기업성과	β_{21}	0.448	0.088	5.091	0.000	0.371

구조모형의 적합도: $x^2 = 703.203$, $df = 334$, $x^2/df = 2.105$; RMR = 0.051;
GFI = 0.841; NFI = 0.827; IFI = 0.901; CFI = 0.900

가설 2에서는 '벤처기업의 대기업에 대한 높은 공유가치가 형성되어 있을수록 협력은 증가될 것'이라고 가정하였고, 공분산구조분석결과 통계적으로 유의한 관계($\gamma_{12} = 0.182$, t = 2.520, $p = 0.012$)를 갖는 것으로 확인되어 해당 가설은 채택되었다. 이런 결과는 벤처기업의 대기업에 대한 관계특성 가운데 파트너 간의 행동, 목표, 정책의 중요성 여부 그리고 옳고 그름에 대한 일반적인 믿음(beliefs)을 갖는 정도(Morgan and Hunt, 1994, p.25)인 공유가치가 기업간 협력을 유발하는 데 도움이 됨을 의미한다.

'벤처기업의 대기업에 대한 관계편익이 높게 지각할수록 협력행동은 증진될 것'이라고 예측한 가설 3은 <표 6>에 제시된 것처럼 두 변수 간에 통계적으로 무의미한 관계($\gamma_{13}=0.127$, $t=1.401$, $p=0.161$)인 것으로 나타나 기각되었다.

가설 4에서는 '벤처기업의 대기업에 대한 의존성이 높을수록 협력이 왕성하게 일어날 것'으로 예측하고 있다. <표 6>에서 보듯이 의존성은 협력과 통계적으로 유의한 관계($\gamma_{14}=0.244$, $t=3.13$, $p=0.002$)를 갖고 있어 해당 가설은 채택되었다. 이런 결과는 구매자의 판매자에 대한 의존이 크면 클수록 당사자 간의 파트너십은 증가할 것이라는 선행연구 결과(권기대·김종우, 2003)와 한국의 의약품산업에서 소매상의 도매상에 대한 의존은 협력에 정(+)적 영향을 준다는 연구결과(김세호·홍영준, 2001)와 같다. 하지만 권기대·이상환(2003)의 연구에서는 벤처기업-대기업 간의 의존성이 협력에 유의한 영향을 주지 않는 것으로 나타나는 등 시장상황 또는 산업의 차별적 특징에 따라 의존성과 협력 간의 관계가 달라질 수 있음을 보여준다.

〈표 7〉 경로별 인과효과 분석

경 로	직접효과	간접효과	인과효과
의사교환 → 협력	−0.049		−0.049
공유가치 → 협력	0.179		0.179
관계편익 → 협력	0.137		0.137
의존성 → 협력	0.242		0.242
만 족 → 협력	0.345		0.345
협 력 → 기업성과	0.136		0.136
의사교환 → 성과	−0.171	−0.007	−0.178
공유가치 → 성과	0.136	0.024	0.160
관계편익 → 성과	−0.150	0.019	−0.131
의 존 성 → 성과	0.097	0.033	0.130
만 족 → 성과	0.484	0.047	0.531

구조모형의 적합도: $x^2 = 638.849$, $df = 329$, $x^2 / df = 2.079$; RMR = 0.042; GFI = 0.844; NFI = 0.832; IFI = 0.905; CFI = 0.904

가설 5에서는 '벤처기업의 대기업에 대한 관계에서 만족할수록 협력이 증가할 것'으로 가정하고 있으며, 분석결과 통계적으로 유의한 관계($\gamma_{15} = 0.372$, t = 2.882, p = 0.004)를 갖는 것으로 확인되었다. 이런 연구결과는 박기안・김찬경・임재욱(2002)이 가전산업에서 외국계 공급업자와 현지 소매업자 간의 장기지향성 결정요인 연구에서 만족이 장기지향성에 긍정적인 영향을 미치고 있음을 확인한 결과와 일맥상통하다.

가설 6은 '벤처기업의 대기업에 대한 협력의 정도가 벤처기업의 상대적 기술우위라는 성과와 정(+)적 관계를 가질 것'이라는 것으로, 분석결과 $\beta_{21} = 0.371$(t = 5.091, p = 0.000)로 나타나 벤처기업의 대기업에 대한 협력이 벤처기업의 성과(기술경쟁력)에 정(+)적 영향을 준다는 가설 6은 채택되었다. 이런 결과는 벤처기업의 대기업에 대한 기술경쟁력 제고 차원의 전략적 협력이 상당히 긍정적임을 시사하고 있다.

추가적으로 구성개념들 간의 직접효과와 간접효과를 살펴보기 위해 관계특성들이 기업성과와 갖는 각각의 관계에 관한 경로를 설정한 후 공변량구조분석을 실시하였다. 그 결과 모형의 적합도는 매우 우수한 것은 아니지만 모수들 간의 관계를 추론하는 데 문제가 없는 것으로 판단되며, 구성개념들 간의 직접효과, 간접효과 및 인과효과는 <표 7>에 제시되어 있다.

V. 결론

1. 요약 및 전략적 함의

본 연구에서는 벤처기업의 대기업에 대한 관계특성들(의사교환, 공유가치, 관계편익, 의존성 및 만족)이 협력에 미치는 영향과 협력이 성과에 주는 영향에 관한 연구모형을 설정한 후, 공분산구조분석을 통해 변수들 간의 관계를 검정하였다. <표 6>에 제시되어 있듯 연구모형은 변수들 간의 관계를 추론하는 데 무리가 없는 것으로 평가된다. 협력은 전체 분산의 40.7%가 연구모형에 포함된 관계특성변수들에 의해 설명되었고, 성과는 협력에 의해 전체 분산의 13.7%가설명되는 것으로 나타났다. 관계특성에 해당하는 다섯 개 변수와 협력 간의 관계에 관한 가설들 가운데 공유가치, 의존성 및 만족이 협력과 맺는 관계에 관한 3개의 가설들(가설 2, 가설 4, 가설 5)은 채택되었고, 협력에 주는 영향력의 정도는 만족, 의존성, 공유가치의 순서로 확인되었다. 또한 협력과 기업성과와의 관계에 관한 가설 6 역시 채택되었다.

본 연구의 이론적 특징과 실무적 함의를 살펴보면 다음과 같다. 첫째, 선행연구들과 본 연구를 통해서 기업간 관계특성 변수들이 협력과 갖는 관계의 비일관성(유의적 또는 비유의적 관계)을 확인할 수 있었는데 이는 산업 분야마다 협력의 선행변수들이 협력과 갖는 관계가 획일적이지 않을 수도 있음을 시사한다. 이런 발견은 산업 분야마다 기업간 협력을 활성화시키기 위해 고려해야 하는 관계특성 변수들의 중요성이 다를 수 있음을 의미한다. 따라서 기업들은 해당 산업 분야에서 요구되는 관계특성변수들을 사전에 충분히 숙지하여 협력체결 시 협상력을 제고시킬 필요가 있다. 물론 이런 주장이 받아들여지기 위해서는 관계특성변수들과 협력 간의 관계에 있어 산업 분야의 조절역할을 검정한 후속연구들이 요구된다. 둘째, 벤처기업 CEO들은 제한된 자원으로 창업하고 시장진입을 통해 기업발전을 구상하는 것이 해법일지 몰라도 현실적인 시장진입장벽요인을 조기에 극복할 수 있는 건설적인 대안은 대기업과의 전략적 협력을 적극적으로 모색해야 한다는 점이다. 셋째, 벤처 CEO들은 벤처기업이 대기업과의 협력에 성공하기 위해서 구체적으로 만족, 공유가치, 관계편익, 의존성 그리고 의사교환을 충분히 이해하고 실행해야 협력에 관계되는 제반비용 또는 협력의 실패비용을 최소화할 수 있을 것이다. 마지막으로, 협력과 성과 간의 관계에서 다수의 연구들이 시장 점유율과 수익성에 초점을 두고 있으나, 사실 시장에서의 경쟁우위의 선결과제는 바로 기술력을 갖춘 후 마케팅 분야에서 협력을 강구해야 한다. 만약 그러하지 못할 경우에 품질이나 기술의 하자로 인하여 조기에 시장에서 퇴출 될 수 있기 때문이다. 본 연구결과는 벤처기업이 대기업과 양질의 협력관계를 형성할수록 벤처기업의 기술경쟁력이 향상된다는 이론적 근거를 제공하고 있다. 따라서 벤처기업은 자사의 기술경쟁력은 물론 국가경쟁력 향상을 위해서도 거래 대기업과 우호적 협력관계를 유지·발전시켜야 할 것이다.

2. 연구의 한계 및 연구방향 제언

본 연구 역시 다른 연구들과 마찬가지로 몇몇 한계점을 갖고 있으며, 연구의 한계점들을 살펴봄으로써 향후 연구방향에 대한 제언을 하고자 한다. 첫째, 벤처기업의 대기업에 대한 협력은 장기간에 걸쳐 그 관계가 유지·발전되어 간다. 이런 맥락에서 본 연구에서 채택한 횡단연구(cross sectional research)는 대안적인 인과추론을 배제한다는 점에서 한계가 있다. 이에 종단연구(longitudinal study)가 더 적합할 것으로 판단되며 이 경우 기존의 모형에 시간변수가 포함된 다중적이고 순차적인 관계가 반영될 필요성이 있다. 둘째, 벤처기업의 대기업에 대한 관계특성들이 협력에 미치는 영향에는 환경적 요인과 산업 고유의 특징도 고려되어야 하기 때문에 향후 연구에서 반영돼야 할 것이다. 즉 거래특유투자, 관계주의, 신뢰, 명성 등을 포함하는 다각적인 연구가 진행될 필요가 있다. 셋째, 벤처기업의 대기업에 대한 협력이 상호보완적으로 그 중요성이 부각되고 거기에 따라 연구도 활발하게 진행되고 있지만 현재의 파트너와 고객가치, 협력전환비용의 장벽정도, 대안의 매력도 등 변수들도 활용하여 협력이 얼마나 중요한 것이지 그리고 기회주의적 행동이 협력을 얼마나 신뢰를 무너뜨리는지에 대한 연구도 보완돼야 할 사안이다.

이에 따라 향후의 연구는 다음과 같은 방향으로 전개되는 것이 바람직할 것으로 사료된다. 첫째, 벤처기업의 대기업에 대한 협력지향의 유지·발전과 달리 협력지향에 따른 문제점 예방차원에서 협력지향의 불균형에 대한 연구조사도 뒤따라야 할 것이다. 협력지향에 있어서 불균형의 정도는 벤처기업의 대기업에 대한 불일치를 이끌어 낼 수 있고 그러한 불일치는 갈등, 불만족, 심지어는 협력지향의 해지 등을 낳을 수 있다. 그러므로 벤처기업의 대기업에 대한 협력지향은 보다 임의적이 아닌 건강하고 지속가능한 장기적 맥락에서 협력지향을 낳을 수 있어야 할 것이다. 둘째, 본 연구가 벤처기업의 대기업에 대한 협력관계에 분석의 초점을 맞추었으나 실증분석에서는 벤처기업으로부터 수집된 자료만을 사용하였기 때문에 보다 타당성 있는 연구가 되기 위해서는 벤처기업뿐만 아니라 대기업들로부터 얻은 자료를 쌍으로 같이 분석함으로써 방법론이 갖는 한계를 극복할 수 있을 것으로 기대된다. 셋째, 본 연구가 벤처기업의 대기업에 대한 협력관계, 즉 기업간의 협력에 초점을 두고 있으나 향후에는 공급체인사슬선상(Cooper and Ellram, 1993)으로 확장하여 연구할 필요성이 있다. 아무쪼록 본 연구가 벤처기업의 대기업에 대한 협력을 증진시켜야 하는 이론적 근거를 제시함으로써 국가경쟁력 향상에 도움이 되며, 벤처기업의 대기업에 대한 협력연구의 결과를 누적하는 데 도움이 되기를 바란다.

□ 참고문헌

계도원 (1996), "승용차 유통경로에서 딜러의 협력, 갈등, 성과간의 관계에 관한 연구", 유통연구, 창간호, 109－127.

권기대 (1998), 유통경로상에서 구매자－판매자의 관계적 특징이 파트너십에 미치는 영향, 연세대학교 박사학위논문.

권기대·김종우 (2003), "유통경로상 조직간 협력에 대한 관계결속의 프로세스적 접근", 대한경영학회지, 16(2), 91－118.

권기대·이상환 (2003), "벤처기업－대기업 협력에 대한 실증적 연구: 의존성, 권력, 신뢰를 중심으로", 벤처경영연구, 6(2), 53－75.

김기영 (1998), 우리나라 제조기업의 생산전략, 서울, 박영사.

김기찬(1995), "대기업－중소기업간 협력관계와 시스템경영효과: 자동차 산업을 중심으로", 중소기업연구, 17(2), 193－221.

김기찬·김수욱 외(2006), "대·중소기업 상생협력의 이론적 모형설계: 건강하고 지속가능한 기업생태계 구축", 중소기업연구, 28(3), 381－410.

김계수 (2006), AMOS 구조방정식 모형분석, 서울, 도서 출판 한나래.

김상현·김재륜 (2004), "의약품 도매상과 약국간 관계특성과 협력에 관한 연구", 마케팅과학연구, 13, 183－209.

김세호·홍영준 (2001), "우리나라 의약품 유통조직의 협력에 관한 연구", 인적자원관리연구, 2, 201－220.

김영인·박노광·정창선 (2001), "한·미·일에 있어서 자동차산업과 부
　　품산업간 협력관계의 특징비교", 경영학연구, 30(3), 671－694.

김영조 (2005), "중소기업의 기술협력 활동이 기술혁신 성과 및 재무성
　　과에 미치는 영향", 중소기업연구, 27(3), 123－154.

김완민·배상욱·이주형 (2005), "유통경로 상에서 관계마케팅이 갈등
　　및 경로성과에 미치는 영향에 관한 실증연구: 유통업자를 중심으
　　로", 마케팅관리연구, 10(1), 95－119.

노형봉·서윤주·정주훈 (2001), "국내기업간 전략적 제휴의 핵심성공요
　　인에 관한 연구: 상호호혜적 조정전략을 중심으로", 경영학연구,
　　30(1), 237－255.

류건우·이재훈·김영운 (2001), "한국주물소재 협동화사업의 파트너쉽
　　에 관한 연구", 중소기업연구, 23(1), 227－253.

박광희·박영애 (2004), "섬유업체간 전략적 제휴성과의 결정요인: 대구·
　　경북지역 중소섬유업체를 중심으로", 중소기업연구, 26(2), 99－
　　119.

박기안·김찬경·임재욱 (2002), "한국과 중국가전산업의 외국계 공급자
　　와 현지 소매업자간의 장기지향성 결정요인에 관한 연구", 경영
　　학연구, 31(6), 1659－1679.

윤성민·홍장표·정우석 (2000), "중소기업－대기업의 관계: 협력유형
　　및 산업정책", 중소기업연구, 22(2), 209－236.

이장우·장수덕 (2001), "벤처기업의 성장단계별 성공요인에 관한 탐색
　　적 연구", 인사·조직연구, 9(2), 59－92.

이장우·강용운(2006), "대－중소기업간 협력이 기술혁신 성과에 미치는
　　영향에 관한 탐색적 연구", 중소기업연구, 28(3), 243－268.

이재훈 (2001), "협력의 선행변수와 결과변수에 대한 탐색적 연구: 팀제

조직을 대상으로", 한국경상논총, 19(1), 157−182.

오세조·강보현·김상덕 (2004), "저결속 구매자−판매자 관계에서 관계 해지의 완화요인과 촉진요인", 유통연구, 9(3), 21−47.

한겨레(2005), "대기업−벤처·중소기업 더 깊어진 양극화", 5. 16 기사.

홍장표(1997), "제품개발에서 대기업과 중소기업의 기술협력과 인센티브 제도: 자동차승인방식을 중심으로", 중소기업연구, 19(2), 111−133.

Anald, P. and L. W. Stern (1985), "A Sociopsychological Expectation for Why Marketing Channel Members Relinquish Control", *Journal of Marketing Research*, 22(November), 365−376.

Anderson, J. C. and J. A. Narus (1984), "A Model of Distributor's Perspective of Distributors−Manufacturer Working Partnership", *Journal of Marketing,* 48(Fall), 62−74.

Anderson, J. C. and J. A. Narus (1990), "A Model of Distributor Firm and Manufacturer Firm Working Partnership", *Journal of Marketing,* 54(January), 42−58.

Anderson, E. and B. Weitz (1989), "Determinants of Continuity in Conventional Industrial Channel Dyads", *Marketing Science*, 8(Fall), 310−323.

Cannon, J. P. and W. D. Perreault (1999), "Buyer−Seller Relationship in Business Market", *Journal of Marketing Research,* 36(4), 439−460.

Cooper, M. C. and L. M. Ellram (1993), "Characteristics of Supply Chain Management and Implication for Purchasing and Logistics Strategy", *International Journal of Logistics Management,* 4(2), 13−24.

Das, T. K. and B. S. Teng (1998), "Between Trust and Control: Developing Confidence in Partner Cooperation in Alliances", *Academy of Manage-*

ment Review, 23(3), 491−512.

Dwyer, F. R., P. H. Schurr and Sejo Oh (1987), "Developing Buyer−Seller Relationships", *Journal of Marketing*, 51(April), 11−27.

Ellram, L. M. and T. E. Hendrick (1995), "Partnering Characteristics: A Dyadic Perspective", *Journal of Business Logistics*, 16(1), 41−64.

Emerson, R. (1962), "Power−Dependence Relations", *American Sociological Review*, 27(February), 31−41.

Enz, C. A. (1988), "The Role of Value Congruity in Intraorganizational Power", *Administrative Science Quarterly*, 33(June), 284−304.

Fornell, C. and D. F. Larcker (1981), "Evaluating Structural Equation Models with Unobservable Variables and Measurement Error", *Journal of Marketing Research*, 18(February), 39−50.

Ganesan, S. (1994), "Determinants of Long−term Orientation in Buyer−Seller Relationships*", Journal of Marketing*, 58(April), 1−19.

Gaski, J. F. and J. R. Nevin (1985), "The Differential Effects of Exercised and Exercised Power Sources in a Marketing Channels", *Journal of Marketing Research*, 22(May), 130−142.

Gulati, R. (1998), "Alliance and Networks", *Strategic Management Journal*, 19, 293−317.

Gulati, R. and H. Singh (1998), "The Architecture of Cooperation: Managing Coordination Costs and Appropriation Concerns in Strategic Alliances", *Administrative Science Quarterly*, 43, 781−814.

Gundlach, G. T. and P. E. Murphy (1993), "Ethical and Legal Foundations of Relational Marketing Exchange", *Journal of Marketing*, 57 (October), 35−46.

Heide, J. B. and G. John (1992), "Do Norms Mater in Marketing

Relationships?", *Journal of Marketing*, 56(April), 32−44.

Hunt, S. D. and J. R. Nevin (1974), "Power in a Channel of Distribution: Sources and Consequence", *Journal of Marketing Research*, 11(May), 186−193.

Hunt, S. D., V. R. Wood and L. B. Chonko (1989), "Corporate Ethical Values and Organizational Commitment in Marketing", *Journal of Marketing*, 53(July), 79−90.

James, B. G. (1985), "Alliance, the New Strategic Focus", *Long Range Planning*, 18, 76−81.

Kumar, K. and H. G. Van Dissel (1996), "Sustainable collaboration: Managing conflict and cooperation in interorganizational systems", *MIS Quarterly*, september, 279−300.

Mohr, J. and J. R. Nevin (1990), "Communication Strategies in Marketing Channels: A Theoretical Perspective", *Journal of Marketing*, 54(October), 36−51.

Mohr, J. J. and R. Spekman (1994), "Characteristics of Partnership Success: Partnership Attitudes, Communication Behavior, and Conflict Resolution Techniques", *Strategic Management Journal*, 15(2), 135−152.

Morgan, R. M. and S. D. Hunt (1994), "The Commitment−Trust Theory of Relationship Marketing", *Journal of Marketing*, 58(July), 20−38.

Moorman, C., G. Zaltman and R. Deshpandé (1992), "Relationships between Providers and Users of Market Research: The Dynamics of Trust within and between Organization", *Journal of Marketing Research*, 29(August), 314−328.

Morris, D. and M. Hergert (1987), "Trends in International Collaborative

Agreement", *Columbia Journal of World Business*, Sum, 15−21.

Ohtaki, S. (1991), "Strategic Alliance and Organizational Learning", *Organizational Science*, 25(1), 80−88.

Pfeffer, J. and G. R. Salancik (1978), *The External Control of Organizations: A Resource Dependence Perspective*, NY; Harper and Row.

Powell, W. W. (1990), "Neither market nor Hierarchy: Network Forms of Organization", in L. L. Cummings & B. M. Staw ed., *Research in Organizational Behavior*, Greenwich, CT: JAI Press, 295−336.

Porter, M. E. and M. Fuller (1986), "Coalitions and Global Strategy", in M. Porter(ed.), Competition in Global Industries, Boston, harvard Business School Press, 315−343.

Rindfleisch, A. and J. B. Heide (1997), "Transaction Cost Analysis: Past, Present and Future Application", *Journal of Marketing*, 61, 30−54.

Schein, E. H. (1990), "Organizational Culture", *American Psychologist*, 45(2), 109−119.

Skinner, S. J., J. B. Gassenheimer and S. W. Kelley (1992), "Cooperation in Supplier Dealer Relations", *Journal of Retailing*, 68(2), 174−193.

Stuart, T. E. (2000), "Interorganizational Alliance and the Performance of Firms: A Study Growth and Innovation Rates in a High−technology Industry", *Strategic Management Journal*, 21, 791−811.

Stuart, T. E., H. Hoang and R. C. Hybels (1999), "Interorganizational endorsements and the performance of entrepreneurial ventures", *Administrative Science Quarterly*, 44, 315−349.

Sibley, S. D. and S. A. Michie (1982), "An Exploratory Investigation of

Cooperation in a Franchise Channel", *Journal of Retailing*, 58 (Winter), 23−45.

Wilson, D. T. (1995), "An Integrated Model of Buyer−Seller Relationships", *Journal of the Academy of Marketing Science*, 23(Fall), 335−345.

Williamson, O. E. (1975), *Markets and hierarchies; Analysis and Antitrust Implications*, New York; Basic Books.

Williamson, O. E. (1985), *The Economic Institutions of Capitalism*, New York; Free Press.

Yoshino, M. and U. S. Rangan (1995), *Strategic Alliance*, Boston, Harvard Business School Press.

벤처기업 – 대기업 협력유형 연구 *

* 본 원고는 한국경제통상학회 「경제연구」 제21권 제4호(2003. 12)에 게재된 논문입니다.

I. 서 론

　성공한 벤처기업들은 독창적 기술개발과 틈새기술경쟁의 리더들로
서 유연한 조직, 자율권, 실패에 대한 관대함, 민첩함과 창의적 도전
정신 등 세계제일의 이념으로 글로벌시장에 공격적 경영에 나서고
있다. 그러나 정부주도하에 급성장한 벤처기업들은 마케팅능력과 조
직력의 부족, 관리인프라의 미구축, 비즈니스모델의 미흡으로 수익전
망이 불투명하고 경제적 침체기에 직면하게 되면서 시장생존의 갈림
길에 놓여 있다.

　반면, 우리나라 대기업들의 사업특징은 시장의 성숙기 진입에 따
른 마케팅 및 관리비용 증가로 수익성 악화, 경직된 의사결정체제에
의한 비효율성, 조직의 방대함, 비관련 다각화로 핵심역량 분산, 규
모에 집착한 저부가가치형 생산구조, 중후장대형 산업이나 단순한
모방방식으로는 더 이상 성장의 혜택을 담보할 수 없음으로 인하여,
대기업의 노화현상을 극복할 수 있는 새로운 돌파구를 모색하여야
하는 상황에 처해 있다. 즉 벤처기업은 도전정신과 주도권을 장악하
는 능력은 우수하나 조직화가 부족하고 기성세대의 반격에 시달릴
수 있고, 대기업은 규율과 부가가치를 추구하는 데 비해 대기업병에
전염되기 쉽고 정예화된 인적자원의 이탈가능성을 내재하고 있다.

　그러므로 조직간 협력, 즉 벤처기업－벤처기업, 벤처기업－중소기
업, 중소기업－대기업, 벤처기업－대기업, 국가를 초월한 선진 초우
량기업 간의 협력은 부존자원이 부족하고 중복투자를 배제하면서 경

영의 효율적 효과적 관리맥락에서 무한경쟁시대에 역동적 대응력을 갖게 하는 경쟁무기이다. 이에 본 연구는 벤처기업의 성장유형과 대기업의 특징이 협력유형에 미치는 영향(권기대, 2002b), 벤처기업의 환경요인과 성장단계에 따른 벤처기업-대기업의 협력유형에 관한 탐색적 연구(권기대·나중덕·김승호, 2002) 그리고 벤처기업-대기업 협력전략이 성과에 미치는 영향(권기대·김승호·구자열, 2003) 연구의 연장선상에서 선행연구의 독립적 부문을 보완하고 또한 통합적 관점에서 벤처기업-대기업의 협력유형을 연구하고자 한다.

따라서 본 연구의 목적은 벤처기업-대기업 협력유형에 관한 통합적 관점에서 첫째, 벤처기업 외부경쟁환경요인과 기업내부환경요인이 대기업과의 협력추진동기를 살펴본다. 둘째, 벤처기업이 대기업과의 협력추진동기와 벤처기업의 성장단계와는 어떤 관계에 있는지를 알아본다. 셋째, 벤처기업의 성장단계와 대기업의 협력유형에 따라 협력의 성과와는 어떤 차이가 나는지를 분석해 본다.

II. 연구얼개와 연구가설

1. 연구얼개

<그림 1>에서와 같이 연구의 얼개(research framework)를 설명하면 첫째, 벤처기업은 기업의 내·외부 환경요인의 변화로 인해 새로운

경쟁압력과 기회인식이라는 동시유발적 상황에 처함에 따라 급변하는 환경에 대한 유연한 적응으로 조직의 안정을 도모하고, 기업의 지속적인 가치창출활동을 위해 시장생리에 익숙하며, 환경변화에 능동적인 대기업의 축적된 경영관리능력과의 협력을 추진하게 됨을 의미한다. 둘째, 벤처기업의 대기업에 대한 협력추진동기는 시장에서 벤처기업이 성장단계에 따라 달라지게 되고, 벤처기업의 성장단계에 따라 대기업과의 협력성과도 달라짐을 뜻한다. 다시 말해서, 아무리 벤처기업의 역량이 현저할지라도 대기업과의 협력유형에도 눈높이가 존재할 것이다. 셋째, 벤처기업의 성장단계는 대기업과 어떠한 협력유형을 취사선택하느냐에 따라 벤처기업의 협력성과가 달라지게 된다는 것을 말한다. 즉 벤처기업의 성장단계와 협력성과 간에 대기업과의 협력유형이 조절효과를 가진다는 것을 구명하고 한다.

요약하면, 본 연구에서는 벤처기업이 대기업과의 협력동기를 발생시키는 기업의 내·외부적 환경요인이 무엇이며, 환경요인에 따른 벤처기업이 대기업과의 협력을 추진하는 동기를 살펴보고, 이러한 환경요인 및 협력동기가 벤처기업의 성장단계에 어떠한 공헌을 하고 있으며 협력성과에 어떠한 영향을 미치는가를 살펴보고자 한다.

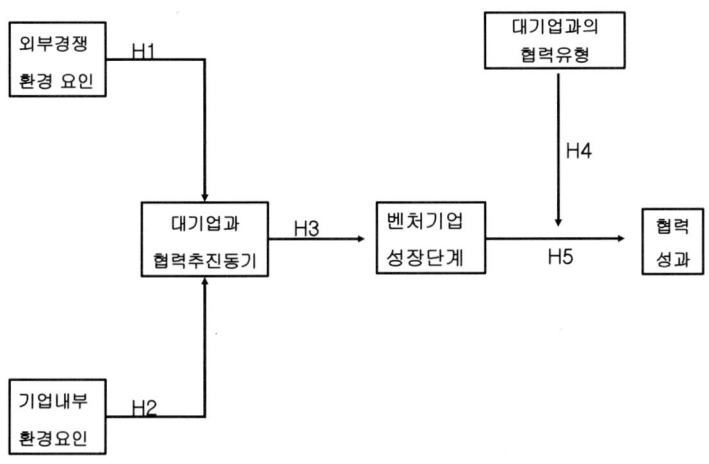

〈그림 1〉 연구의 얼개

2. 연구가설

1) 벤처기업 - 대기업 협력추진동기에 대한 환경요인 가설

기업의 외부환경은 크게 과업환경과 사회적 환경으로 대별하여 접근할 수 있다(Wheelen & Hunger, 1986). 이러한 외부환경요인들은 기업내부변화의 강력한 동인으로 작용한다. 특히 본 연구에서는 조직혁신에 초점을 두어 변화의 압력을 가하는 여러 외부환경 중에서 환경의 동태성(dynamics)과 복잡성(complexity)을 구성요소로 하는 소위 환경의 불확실성에 초점을 두었다(Duncan, 1972; Lawrence & Lorsch, 1967). 환경이 안정적인 상태에서 불안정인 상태로 변화하는, 즉 동태성이 증가할 때 기존의 일상화된 질서나 절차를 지닌 조직은 변화에 대응하기가 상당히 곤란하게 된다. 특히 벤처기업의 불확실성이 높아질수록 상대적으로 안정적인 수요처가 되는 대기업에 대한 의존도가 높아질 수밖에 없기 때문에 대기업과의 협력추진동기라는 혁신행동을 취하게 될 것이다.

한편, 조직환경의 이질성(heterogeneity)이 높아지는 이른바 환경의 복잡성(dynamics)이 증가할수록 조직은 변화를 추구하게 된다(Dimaggio & Powell, 1983). 일반적으로 벤처기업은 매우 복잡한 기술적·시장적 상황에 직면해 있기 때문에 조직의 안정과 위기를 극복하기 위해 대기업과의 협력을 추진하게 될 것이다. 이와 같이 환경의 불확실성, 즉 환경의 동태성 및 복잡성이 높을 때 벤처기업은 지속적인 성장을 추구하기 위해서 반사적으로 대기업과의 협력을 모색하게 될 것이다. 이상의 논의를 근거로 외부환경요인과 대기업과의 협력추진동기에 관한 가설을 다음과 같이 설정하였다.

가설   1: 벤처기업 외부환경의 불확실성은 대기업과의 협력추진동기에 영향을 줄 것이다.

가설 1 - 1: 벤처기업은 환경이 동태적일수록 대기업과의 협력추진동기가 높을 것이다.

가설 1 - 2: 벤처기업은 환경이 복잡할수록 대기업과의 협력추진동기가 높을 것이다.

다음으로 벤처기업 내부환경의 핵심요인인 생산기술개발시스템의 복잡성(Woodward, 1965), 자원의 풍요성(Ettlie, 1983) 그리고 인적자원의 동태성 및 물적 자원의 비효율성(박준병, 1992)은 대기업과의 협력추진을 고려할 수 있다. 여기에서 생산기술개발시스템의 복잡성은 제품의 복잡성과 공정의 복잡성 차원에서 접근할 수 있다(Hays and Wheelwright, 1979). 자원의 풍요성은 자금, 기술, 인적자원 등 여유자원(slack resources)에 대한 풍요성을 들 수 있다(Ettlie, 1993). 끝으로 인적자원의 동태성 및 물적 자원의 비효율성은 벤처붐의 거품이 빠지면서 최근 급격히 겪고 있는 벤처기업의 노동시장의 인력부족 현상과 스톡옵션체제의 붕괴로 인한 임금 문제 그리고 모험을 추구하는 벤처기업의 특성상 작업환경 및 안정성으로 인한 인적자원에 대한 동태성과 작업현장에서 발생하는 시설활용상의 비효율성을 고려할 수 있다. 앞의 논의를 토대로 벤처기업의 내부환경요인과 대기업과의 협력추진동기에 관해 다음과 같은 가설을 설정하였다.

가설 2: 벤처기업 내부환경요인의 특성이 대기업과의 협력추진 동기에 영향을 줄 것이다.

가설 2 - 1: 벤처기업은 기술개발시스템의 복잡할수록 대기업과의 협력추진동기에 영향을 줄 것이다.

가설 2 - 2: 벤처기업은 내부자원이 풍요할수록 대기업과의 협력추진동기에 영향을 줄 것이다.

가설 2 - 3: 벤처기업은 인적자원의 동태성 및 물적 자원이 비효율적일수록 대기업과의 협력추진동기에 영향을 줄 것이다.

2) 벤처기업 – 대기업의 협력추진동기 및 벤처기업의 성장단계 가설

벤처기업의 성장과정에서 대기업과 협력을 추진하게 되는 배경은 벤처기업이 처해 있는 내·외부적 환경요인의 압력에 따라 발생하는 전략적 동기에 의하여 결정된다(Anderson and Paine, 1975). 특히 위험감수와 도전성이 강한 벤처기업의 생존을 추구하기 위해서는 성과창출에 초점을 두게 된다. 즉 자본과 인력 등 자원이 부족한 상황에서 단지 기술과 아이디어를 중심으로 사업을 전개하는 벤처기업은 그 추구목표가 장기적인 투자와 달성이 매우 어렵다. 이러한 상황에서 최종 목표를 추구하기 위해 조직유지 차원에서 부가적인 수익창출과 함께 기술 및 개발에 필요한 자금과 시장 그리고 기술을 대기업과의 협력을 통해 얻어내면서 벤처기업의 성장을 도모하게 된다. 벤처기업의 성장요건은 시장지향(market–pull)동기와 기술지향(technology–pull)동기 그리고 사회적(society–pull) 동기 등이다. 일반적으로 기업조직의 전략추구 차원에서 시장지향동기는 방어적 성격, 기술추구동기는 공격적 성격, 사회적 동기는 간접적 성격 등을 지니고 있으나 (Munro and Noori, 1988), 성공단계 전까지 대부분의 벤처기업에 있어서 이러한 모든 동기는 생존(survival)에 필수적인 요소로 공격적인 성격이 강하다고 볼 수 있다. 기술개발이 성공적으로 이루어진 벤처기업은 기술지향동기보다는 수익성 향상을 위해서 시장지향동기에 보다 집중하게 될 것이다. 또한 기술과 시장이라는 양 목표를 달성한 벤처기업은 사회적으로 인정받는 기업으로 성장을 도모할 것이다. 따라서 벤처기업이 대기업과의 협력추진동기에 있어서 현재 벤처기업의 위치가 어느 정도의 성장단계이냐에 따라 달라질 것이다.

그러나 우리나라 벤처기업의 현실을 고려할 때 기술, 시장 그리고 사회적 지향동기 모두가 전략적 성격을 띤다고 평가된다. 그러므로 대기업과의 추구동기는 벤처기업 성장의 맥락과 같이할 것으로 생각된다. 이에 다음과 같은 가설을 도출하였다.

가설 3: 벤처기업이 추진하는 대기업과의 협력동기유형에 따라서 벤처기업의 성장단계가 다를 것이다. 즉 기술지향동기, 시장지향동기 그리고 사회적 동기가 높을수록 벤처기업의 성장단계가 높을 것이다.

3) 벤처기업의 성장단계 및 대기업과의 협력유형 가설

벤처기업의 성장모델에 의하면, 초기 존재 및 생존단계에는 자본창출에 초점을 두게 된다(Scott and Bruce, 1987). 이러한 단계를 극복하게 되면 시설 및 규모의 증가에 따른 관리비용의 문제와 경영의 비효율성이 발생하는 위기단계를 겪게 된다. 어느 정도 경영관리상의 위기단계와 유지비용을 방어할 수 있는 단계를 극복하고부터는 지속적인 경쟁우위와 성장에 주력하는 성공 및 도약 그리고 안정적인 사업을 수행하게 되는 성숙단계로 진입하게 된다. 이러한 성장은 벤처기업의 자본주가 엔젤 → 벤처캐피탈 → 코스닥으로 이전되듯이 사업 주체도 벤처기업 ─ 대기업과의 협력 또는 극단적으로 대기업의 인수라는 경로로 발전한다. 가공과 조립공정은 제조중소기업이 분담하되 경제의 주축은 기존의 역량과 디지털시대의 역량을 결합시켜 변신에 성공하는 대기업이 될 것이다.

이러한 벤처기업-대기업의 협력을 거래비용관점에서 보면, 벤처 기업이 지니고 있는 기술기반의 자산특유성(asset specificity)이 개인 투자에 의한 엔젤의 소규모 투자보다는 대기업의 높은 투자를 가능 하게 하기 때문에 거래비용의 절감효과를 가져온다(Williamson, 1985; Powell, 1990). 벤처기업을 둘러싸고 있는 미개척된 치열한 경쟁시장 상황하에서 이러한 협력적 관계의 형성은 기업간 경쟁의 성공에 중요 한 요인 중의 하나이다(Granovetter, 1985). 개방체계접근(open system approach)에서 개별조직은 기업이 직면한 환경으로부터 충분한 지원을 받지 못하고서는 생존할 수 없다(Pfeffer & Salancik, 1978; Pfeffer, 1987). 결과적으로 벤처기업은 성과를 높이기 위해서 벤처기업 특유 의 기술 및 아이템기반이라는 내부자원에 더하여 대기업의 재무·시 장자원과 상호작용함으로써 그 성장기반을 구축할 수 있다. 그리고 네트워크 이론에 의하면, 거래(여기에서는 협력)는 개별 기업이 환경 과의 상호작용에서 축적한 사회적 관계의 양과 성격에 영향을 받는 다. 이는 경제적으로는 비효율적인 기업이라도 미래 잠재력과 기술, 기존의 관계 등의 제도적 환경과 사회적 관계에 의해서 지속적으로 관계를 유지하면서 생존을 거듭하게 된다(Meyer and Zucker, 1989). 파트너십(partnership) 이론에서도 역시 기업의 성장과 성공은 거래기 업 간의 신뢰, 결속 등을 기반으로 하는 협력이 벤처기업의 성공에 핵심적인 요소임을 밝혀 주고 있다(권기대, 1998a, 1998b). 한편 역 할이론(role theory)을 원용하고 있는 구조결함이론에서 구조자율성 (structural autonomy)의 개념은 벤처기업-대기업의 협력유형에 있어 서 협력상의 지위와 구조적 제약 간의 관계가 성장단계에 따라 상이 한 협력 유형을 취하게 된다는 것을 보여준다(Burt, 1982; 1990). 벤처기업-대기업 협력관계는 이들 간에 체결되는 협력유형의 구조자율성 범위 안에서 독점적 이익을 누릴 수 있게 된다(Burt, 1982).

요컨대 성장단계가 높아질수록 벤처기업 자체의 자생력이 높아져 대기업으로부터 상대적으로 협상력이 강한 기능적 제휴나 합작투자형태를 취하게 될 것이다. 반면 상대적으로 창업단계에 해당하는 존재 및 생존단계에서는 대기업의 아웃소싱, 스핀아웃 유형의 협력협정을 맺게 될 가능성이 높을 것이다.

이상의 논의를 기반으로 할 때 벤처기업의 성장에 있어서 상대적으로 자본, 인력, 시장 등 자원의 풍부성을 지닌 대기업과의 협력은 성과에 지대한 영향을 미칠 것이라고 볼 수 있다. 특히 벤처기업의 성장단계별로 대기업과 취하는 협력형태는 다를 것이다. 따라서 다음과 같은 가설을 설정하였다.

가설 4: 벤처기업의 성장단계에 따라서 대기업과의 협력유형이 다를 것이다. 즉 창업 초기 존재, 생존 그리고 위기단계에는 아웃소싱, 스핀아웃, 인수합병형태를 성공, 도약, 성숙단계에는 기능별 제휴나 합작투자형태를 취할 것이다.

3. 벤처기업 성장단계와 협력성과 가설

기업의 성장은 곧 성과의 향상과 그 맥락을 같이한다고 볼 수 있다. 벤처기업은 성장을 거듭할수록 벤처의 특성상 그 성과는 일정시점에서 매우 급격히 변화하게 된다. 그러므로 벤처기업의 성장단계

에 따라서 대기업과의 협력을 취하게 될 때 협력성과는 다르게 나타
날 것이다. 특히 벤처기업의 성장단계에 있어서 대기업과 어떠한 협
력유형을 취사선택하느냐에 따라 그 협력성과는 달라질 것으로 평가
되어서 다음과 같은 가설을 설정하였다.

가설 5: 벤처기업의 성장단계와 협력성과 간에 대기업과의 협력유
형이 영향을 미칠 것이다.

Ⅲ. 연구조사방법

본 연구에 사용된 변수들은 대부분이 추상적인 개념을 담고 있는
복합지수로 측정하였다. 이를 측정하기 위해서 선행연구의 검토를
통해 먼저 변수의 조작적 정의를 내렸다. 벤처기업의 내·외부적 환
경요인, 벤처기업의 대기업에 대한 협력추진동기, 협력성과 등은 복
합지수로 이루어졌다. 반면 벤처기업의 성장단계와 대기업과의 협력
유형은 단일 척도를 통해 측정하였다.

본 연구의 분석단위는 기업수준이며, 분석대상은 벤처기업이다. 벤
처기업을 대상으로 성장 영향요인 및 성장단계, 대기업과의 협력유
형 그리고 협력성과를 분석대상으로 삼았다. 이러한 실증적인 연구
를 토대로 벤처기업 성장단계-대기업의 협력에 있어서 영향요인과
성과를 분석하는 것이 목적이다.

본 연구의 분석방법은 설문조사의 결과에 대한 다양한 측면의 단

순분석과 벤처기업의 성장단계별 대기업과의 성공적인 협력요인분석을 기본적 내용으로 하고 있다. 구체적으로 벤처기업의 창업, 보육, 상업화 등 기업의 성장단계를 명확히 정의하기 위해 본 연구에서는 피설문자의 선택과 통계적 기법의 두 가지 접근을 모두 사용하고자 한다. 먼저, 1차적으로 피설문자의 선택기법(Kajanzian, 1988)의 접근방법을 통해 기업을 분류한 후 성장단계별 내·외부환경요인, 대기업 협력추진동기에 대한 다양한 분석을 통해 국내 벤처기업의 구체적 실태 및 현황을 파악하고자 한다. 또한 실증연구를 통해 벤처기업-대기업의 성공적인 협력을 결정짓는 여러 가지 요인들이 협력성과가 달라지는지를 구명하고자 한다.

1. 변수의 조작적 정의 및 측정

1) 벤처기업의 내·외부 환경요인

벤처기업의 대기업 협력동기와 관련하여 외부환경요인으로 외부환경을 구성하는 집단을 동태성과 복잡성 관점에서 살펴보았다. 외부환경집단은 소비자, 경쟁자, 공급자, 제품, 기술, 정부 등(Duncan, 1972; Porter, 1985)을 외부환경의 주체로 삼았다. 이들 주체를 중심으로 외부환경의 동태성은 소비자 수요 및 기호 변화 예측성, 제품수명주기의 변화속도, 경쟁자 및 공급자 행위 예측성, 기술변화 및 정부개입의 예측성 등 환경구성요소의 예측가능성(predictability)을 중심으로 개념구성항목을 조작화하였다. 외부환경의 복잡성은 경쟁자 수 및 경쟁전략의 다양성, 소비자 수 및 집단의 다양성, 공급자 수 및 다양성 등 환경 구성요소의 수(number)와 다양성(variety)을 중심으로 이루어졌다.

내부환경요인으로는 제품 및 공정 복잡성(Woodward, 1965; Hayes and Wheelwright, 1979)을 중심으로 생산시스템의 복잡성을, 기능인력 및 기술인력 등 인적자원의 용이성, 자금조달의 용이성 그리고 내부기술경험 등과 같은 자원의 풍요성을, 마지막으로 임금인상, 노사분규, 작업자 태도변화, 생산현장의 낭비요인으로 구성된 인적자원의 동태성과 물적 자원의 비효율성을 조작화하였다. 이들 환경요인 변수는 모두 5점 척도로 측정하였다.

2) 벤처기업 – 대기업 협력추진동기

대기업과의 협력추진동기는 시장지향동기, 기술지향동기 그리고 사회적 지향동기로 측정하였다. 성과차이와 관련된 시장지향동기 및 기술지향동기는 전략연구에서 일반적으로 경쟁성과요인으로 자주 사용하는 원가, 품질, 유연성, 납기 등 성과차이의 구성요소에 대한 극복 및 전략적 우위확보 차원에서 조작화하였다. 사회적 동기는 기능인력의 부족, 노사분규, 작업환경, 생산활동 낭비제거, 공해문제 등에 관한 내용(박준병, 1992)을 변수화하였다. 이들 대기업 협력추진동기 변수는 모두 5점 척도로 측정하였다.

3) 벤처기업의 성장단계

벤처기업의 성장단계에 관하여서는 성장 4단계(Kazanjian, 1988)와 성장 6단계(김종규, 1999)를 활용하였다. 먼저 세부적으로는 존재단계, 생존단계, 위기단계, 성공단계, 도약단계, 성숙단계 등 6단계로 구분하였으며, 이를 창업단계, 상업화단계, 성장단계, 성숙단계로 다시 재집단화하는 방식을 취하였다. 창업단계는 존재, 생존단계로 회사를 창업하고 제품 / 서비스를 개발하는 단계이다. 기존 연구에서는 이를 창업 후 2년 이내의 기업으로 규정하고 있다(남영호·김완민, 1998). 상업화단계는 초기 성장기(김영배·하성욱, 2000)로서 위기단계와 성공단계의 범주로 제품생산과 매출을 발생시키며 기업관리상의 위기와 시장성장에 주력하는 단계이다. 이러한 기업은 창업 후 4년 미만의 기업들이 대부분 해당된다. 성장단계는 도약단계로 제품다각화와 시장매출이 급증하는 시기로서 아직 주식시장에 상장되지 않은 4∼8년 사이의 기업이 해당된다. 마지막으로 성숙단계는 중견기업으로 안정화되고 주식시장에도 상장된 단계이다. 이러한 기업은 창업 후 8년 이상의 기업으로서 상장된 기업들이 해당된다. 벤처기업 척도는 명목변수로써 각 단계별 내용을 제시하고 벤처기업이 해당하는 단계에 답하도록 하였다. 이는 창업자가 자사의 성장단계에 대해 응답한 것을 활용하였다(한국벤처연구소, 2000). 응답하지 않은 벤처기업은 기업의 규모, 업력 등을 바탕으로 설정한 기준에 의하여 성장단계를 구분하였다.

4) 벤처기업 - 대기업 협력유형

벤처기업-대기업의 협력유형은 대기업의 지분참여가 없는 기능적 제휴, 대기업으로부터 독립된 법인체로서 합작투자, 인력, 생산, 기술, 제품 등 대기업으로부터 협력을 지원받는 아웃소싱, 대기업에서 분사되는 형태인 스핀아웃 그리고 대기업과 결합되는 기업매수 형태인 인수합병 등으로 조작화하였다. 이러한 협력유형은 명목척도로서 벤처기업이 대기업과 희망하는 협력유형으로 하나만을 선택하도록 하였다.

5) 벤처기업 협력성과

벤처기업의 협력성과는 성장률, 시장점유율, 수익성 등가 같은 벤처기업 전반적인 계량적 성과와 원가절감, 품질향상, 유연성 등과 같은 질적 성과로 측정하였다 이러한 성과변수는 모두 5점 척도로 측정하였다.

2. 표본설계 및 표본특징

표본은 1997년 12월에 산업자원부로부터 시범테크노파크로 지정된 경북테크노파크의 협조를 받아 대구, 송도, 안산, 포항 등 테크노파크에 입주한 벤처기업, 대학 및 벤처센터 그리고 산업단지 등 창업보육센터에 입주한 벤처기업 500개 업체를 대상으로 하였다. 본 연구는 자료수집을 위해 기본적으로 설문조사에 의한 실증적인 연구를 실시하였다. 이러한 자료수집의 응답률 제고와 설문항목에 대한 오해를 없애기 위해 기업체 방문을 통하여 직접 작성하는 것을 기본으로 하였다. 또한 충분한 자료수집을 위해서 사전 전화협조를 통한 전자메일(e-mail), 우편조사도 함께 실시하였다.

〈표 1〉 표본 벤처기업의 특성

구분	내용	세부내용	빈도	비율(%)
산업별 분포	정보통신·비정보통신	정보통신	102	42.1
		비정보통신	140	57.9
	제조·비제조	제조	162	66.9
		비제조	80	33.1
조직 규모	종업원 수	5명 이하	68	28.1
		10명 미만	65	26.9
		20명 미만	46	19.0
		30명 미만	21	8.7
		50명 미만	13	5.4
		50명 이상	29	12.0
창업연도		99년 이후(2년 이내)	141	56.6
		97년-98년(2년~4년)	37	14.9
		93년-97년(4년~8년)	25	10.0
		92년 이전(8년 이상)	46	18.5
입주형태		창업보육센타	138	52.1
		공단단지	57	21.5
		일반지역	63	23.8
		기타	7	2.6

총 500개의 목표설문 중 직접 방문을 통하여 총 284(56.8%)개를 회수하였다. 수집된 자료 총 275개는 직접 방문을 통하여 133(46.8%)개, 전자메일 94(33.1%)개, 우편조사 57(20.1%)개를 통해 회수되었다. 이 중 불성실하게 답변하거나 응답에 신빙성이 없는 9개 업체를 제외하고 최종 275개를 본 연구의 표본으로 확정하였다.

앞의 <표 1>은 조사대상업체의 일반적인 특성을 제조-비제조, 정보통신(IT)업 및 비정보통신업 차원에서 구분하여 산업별 분포를 먼저 살펴보았다. 그리고 응답자에 의한 성장단계, 종업원 수에 의존한 조직규모, 설립연도, 입주형태 등을 나타내고 있다. 구체적으로, 산업분포에 있어서는 비정보통신 업체(57.9%)와 제조업체(66.9%)의 비중이 높았다. 조직규모 차원에서 종업원 수는 대부분 20명 이하의 기업(74%)이 대부분을 차지하였다. 창업연도의 경우 2년 이하의 기업(56.6%)으로 가장 많은 비중을 차지하였으며, 그다음 2년~4년 이하, 8년 이상, 4년~8년 이하 등 순으로 나타나 전체 벤처기업의 특성을 대체로 잘 반영하고 있는 것으로 나타났다. 입주형태는 테크노파크 및 각종 기관의 창업보육센터(52.1%)에 입주한 경우가 가장 많은 비중을 보였다.

<표 2>는 벤처기업의 창업자 특성인 성별, 교육적 배경, 연령, 전공 등을 요약한 것으로 성별은 남성(84.6%)의 비중이 매우 높았으며, 교육적 배경으로는 대졸 이상(83.5%)이 대다수를 차지하였다. 연령은 30대~49대 사이가(79.5%)로 대다수를 차지하였다. 전공별로는 이공계 출신(62.2%)이 가장 많았으며, 경상계열, 인문사회계열 순이었다.

〈표 2〉 벤처창업자 특성

창업자 특성	내용	빈도	비율(%)
성별	남성	225	84.6
	여성	41	15.4
교육적 배경	중졸 이하	1	0.4
	고졸	15	5.6
	전문대졸	25	9.4
	대졸	142	53.2
	대학원졸	81	30.3
	해외MBA	3	1.1
연령	20대	11	4.3
	30대	83	32.7
	40대	119	46.9
	50대 이상	41	16.1
전공	경상	60	25.2
	이공계	148	62.2
	인문사회	17	7.1
	예체능	10	4.2
	농축산·기타	3	1.3

3. 변수의 신뢰성 및 타당성 평가

<표 3>~<표 6>에 나타난 바와 같이 본 연구에 사용된 복합지수로 구성된 변수의 신뢰성은 내적 일관성을 측정하는 크론바하 알파계수를, 타당성을 측정하기 위해서 구성타당성 검증에 해당하는 요

인분석을 실시하였다. <표 3>의 외부환경요인은 본 조사의 설계대로 5개의 요인이 추출되었다. 동태성 차원은 제품기술, 소비자, 집단 동태성 등 3개의 요인이, 복잡성은 전방환경 및 후방환경 등 2개의 요인이 추출되었다. 각 요인에 적재된 부하치가 모두 .6 이상으로 나타났으며, 신뢰도 계수는 후방환경 복잡성이 .585[10]로 조금 낮았다.

〈표 3〉 외부환경요인에 대한 신뢰성 및 타당성 분석

요인명	문항	요인1	요인2	요인3	요인4	요인5	신뢰성 계수(α 값)
제품기술 동태성	dy04	0.819	0.121	0.134	0.074	0.142	0.826
	dy03	0.812	0.033	0.164	0.202	0.123	
	dy06	0.777	0.341	0.103	0.007	−0.012	
	dy07	0.639	0.418	0.015	0.011	0.052	
집단 동태성	dy05	0.218	0.759	0.040	0.167	0.082	0.712
	dy08	0.195	0.738	0.164	0.161	−0.019	
	dy09	0.126	0.705	0.129	0.026	0.179	
전방환경(소비자, 경쟁자)복잡성	com01	0.110	0.073	0.865	0.105	0.082	0.662
	com02	0.163	0.198	0.804	−0.008	0.025	
소비자 동태성	dy01	−0.041	0.190	−0.023	0.855	−0.004	0.642
	dy02	0.336	0.099	0.156	0.773	0.088	
후방환경(공급자) 복잡성	com05	0.018	0.031	0.024	0.203	0.859	0.585
	com06	0.210	0.191	0.092	−0.152	0.798	
전체분산(%)		20.3	15.8	11.8	11.6	11.3	
아이겐 값		2.641	2.052	1.529	1.504	1.468	

10) Nunnally(1978, 225-255)는 탐색적인 연구 분야에서는 Cronbach's alpha 값은 0.5-0.6 이상이면 충분하고 기초연구 분야에서는 0.8 그리고 중요한 의사결정이 요구되는 응용 분야에서는 0.9 이상이어야 한다고 주장하였다.

〈표 4〉 내부환경요인에 대한 신뢰성 및 타당성 분석

요인명	문항	요인1	요인2	신뢰성 계수(α 값)
기술 풍요성	flu04	0.821	0.184	0.591
	flu03	0.762	0.025	
	flu05	0.573	−0.160	
인적 자원 동태성 및 물적 자원의 비효율성	P−ine02	−0.242	0.761	0.572
	P−ine01	−0.239	0.722	
	H−dy01	0.306	0.587	
	H−dy03	0.198	0.522	
전체분산(%)		26.2	25.4	
아이겐 값		1.831	1.779	

〈표 5〉 협력추진동기에 대한 신뢰성 및 타당성 분석

요인명	문항	요인1	요인2	요인3	신뢰성 계수(α 값)
사회적 동기	so04	0.835	0.013	0.148	0.825
	so05	0.806	0.066	0.248	
	so03	0.803	−0.132	0.188	
	so01	0.647	0.250	0.260	
	so02	0.555	0.466	0.059	
기술지향 동기	te03	0.123	0.847	0.112	0.820
	te02	0.110	0.832	0.162	
	te01	0.159	0.743	0.300	
	te04	−0.130	0.669	0.078	
시장지향 동기	ma02	0.159	0.118	0.826	0.789
	ma03	0.139	0.191	0.782	
	ma01	0.175	0.142	0.732	
	ma05	0.324	0.141	0.618	
전체분산(%)		22.8	21.5	19.5	
아이겐 값		2.969	2.800	2.537	

〈표 6〉 협력성과에 관한 신뢰성 및 타당성 분석

요인명	문항	요인1	요인2	요인3	요인4	신뢰성 계수(α 값)
계량적 성과	pe01	0.831	0.131	0.276	0.063	
	pe02	0.828	0.128	0.211	0.130	0.823
	pe03	0.772	0.290	0.094	0.158	
유연성	fl03	0.116	0.845	0.295	0.089	
	fl04	0.175	0.820	0.237	0.122	0.816
	fl01	0.273	0.557	0.025	0.498	
	fl02	0.450	0.548	-0.025	0.366	
품질	qu02	0.172	0.109	0.812	0.210	
	qu03	0.167	0.237	0.805	0.143	0.811
	qu01	0.365	0.397	0.558	0.178	
원가	co04	0.123	0.156	0.102	0.828	
	co03	0.023	0.154	0.234	0.724	0.694
	co02	0.353	0.025	0.379	0.516	
전체분산(%)		20.2	18.4	16.2	15.6	
아이겐 값		2.624	2.389	2.102	2.022	

　　〈표 4〉의 내부환경요인은 자원풍요성과 인적자원 동태성 및 물적자원의 비효율성 등 2개 요인이 추출되었다. 각 요인에 적재된 부하치가 모두 .5 이상으로 나타났으며, 신뢰도 계수는 두 변수 모두 .572 이상으로 나타나, 최소한의 타당성과 신뢰성이 확보되었다. 〈표 5〉의 대기업과의 협력추진동기는 본 조사의 설계대로 3개 요인이 추출되었다. 각 요인에 적재된 부하치가 사회적 동기의 한 항목이 .555인 경우를 제외하고 모두가 .6 이상으로 나타났으며, 신뢰도 계수는 모두 .70 이상으로 나타나 타당성과 신뢰성이 있는 것으로 판단된다.

<표 6>의 대기업과의 협력성과는 4개의 요인이 추출되었다. 각 요인에 적재된 부하치가 모두 .50 이상으로 나타났으며, 신뢰도는 모두 .60 이상으로 나타나 타당성과 신뢰성이 확보되었다.

Ⅳ. 연구분석 결과

1. 벤처기업 성장단계와 협력유형 분석

1) 벤처기업 성장단계의 타당성 분석

벤처기업의 성장단계에 관한 타당성과 신뢰성을 검증하기 위해서 기존연구(Kazanjian and Drazin, 1989; 이인찬 등, 1998; 김영배·하성욱, 2000)의 방법을 응용하였다. 즉 성장단계별로 기업연륜과 종업원 수를 적용하여 차이분석을 실시하였다. 기존 연구에서는 매출액 등과 같은 계량적 기업성과를 보고 있으나, 본 연구대상이 되는 벤처기업의 경우 매출액 노출을 상당히 꺼려하고 있어서 응답의 신빙성을 고려하여 여기에서는 제거하였다. 성장단계의 분석은 4단계 성장단계(Kazanjian, 1988; Kazanjian and Drazin, 1989)에 근거하여 조직업력과 종업원 수 그리고 본 연구에서 성장단계의 핵심요인으로 다루고 있는 대기업협력추구동기를 중심으로 차이분석을 실시하였다.

분석결과는 <표 7>에 나타난 바와 같이 성장단계에서 유의한 차이를 보이고 있다. 분석결과 조직업력과 시장지향동기에서 유의한 차이를 보이고 있다. 조직업력의 경우 대체로 성장이 창업단계에서 성숙단계로 진행되면서 높아지고 있음을 알 수 있다. 시장지향동기는 최초 창업단계에서 상업화단계까지 높아졌다가 어느 정도 안정화되는 성장단계와 성숙단계로 진행되면서 낮아지는 경향이 있음을 알 수 있다. 특히 상업화단계에서는 대기업과의 시장지향협력이 매우 높은 것을 알 수 있다.

　　이를 사후분석을 통해 보다 구체적으로 살펴보면, <표 8>에 나타난 결과와 같이 조직업력, 사회적 동기 그리고 시장지향동기 모두에 있어서 창업단계와 성숙단계 사이에서 가장 큰 차이를 보이는 것으로 나타났다. 사회적 지향 동기의 경우 전반적인 차이검정에서는 유의한 차이를 보이지 않았지만, 사후검정을 통해 분석한 결과 창업 및 상업화단계-성숙단계에서는 .05의 유의수준에서 유의한 차이를 보여주고 있다. 한편 종업원 수의 경우 벤처기업의 성장단계가 높아질수록 증가하는 것으로 나타났으나, 통계적으로 유의한 차이를 보이지 못하고 있다. 이는 제조업이냐 비제조업이냐와 같은 업종의 영향으로 고려된다. 이러한 결과들을 종합적으로 볼 때 본 연구에서 구분한 벤처기업의 성장단계는 대체로 타당성이 있다고 판단된다.

〈표 7〉 벤처기업 성장단계 타당성 분석

구분	성장단계	N	평균	표준편차	F값	유의값
종업원 수	창업단계	130	21.55	81.30	0.921	0.431
	상업화단계	57	31.63	67.08		
	성장단계	40	39.85	63.18		
	성숙단계	11	46.45	73.89		
조직업력	창업단계	134	4.85	6.83	3.896**	0.010
	상업화단계	59	7.53	7.45		
	성장단계	40	7.03	8.60		
	성숙단계	12	10.75	6.92		
사회적 지향동기	창업단계	143	3.05	0.93	2.025	0.111
	상업화단계	67	3.03	0.95		
	성장단계	39	2.87	0.82		
	성숙단계	13	2.45	0.81		
기술지향 동기	창업단계	145	3.85	0.78	1.509	0.213
	상업화단계	67	4.01	0.72		
	성장단계	40	3.78	0.73		
	성숙단계	13	3.60	0.80		
시장지향 동기	창업단계	145	3.17	0.80	5.481**	0.001
	상업화단계	68	3.25	0.80		
	성장단계	40	2.81	0.86		
	성숙단계	13	2.49	0.66		

〈표 8〉 벤처기업 성장단계에 대한 사후검증

변수명	(I) 성장단계	(J) 성장단계	평균차이 (I−J)	유의값
조직업력	창업단계	상업화단계	−2.675*	0.020
		성숙단계	−5.899**	0.008
사회적 동기	창업단계	성숙단계	0.605*	0.023
	상업화단계	성숙단계	0.581*	0.037
시장지향동기	창업단계	성장단계	0.365*	0.012
		성숙단계	0.684**	0.004
	상업화단계	성장단계	0.447**	0.006
		성숙단계	0.766**	0.002

2) 벤처기업 성장단계와 협력유형 분석

본 연구에서 설정한 연구모델 및 연구가설 검정에 앞서 가설 4에 대한 벤처기업의 성장단계와 협력유형에 관하여 분석을 실시하였다. 다음의 <표 9>는 본 연구 대상 벤처기업의 성장단계와 대기업과의 협력유형을 나타내고 있다. 벤처기업의 성장단계는 창업단계(54.1%)가 가장 많은 비중을 차지하였으며, 상업화단계, 성장단계, 성숙단계 순으로 나타났다. 보다 구체적으로 창업단계에서는 생존단계(31.0%)가 존재단계(23.1%)보다 많은 비중을 차지하였고, 상업화단계에서는 성공단계(13.1%)가 위기단계(12.3%)보다 많은 비중을 차지하는 것으로 나타났다.

요약컨대 대기업과 협력하고자 하는 협력유형으로는 대기업의 지분참여가 없이 일시적인 협조관계를 나타내는 기능별 제휴(36.3%)가 가장 많은 비중을 차지하였고, 다음으로 대기업으로부터 인력, 생산, 기술, 연구개발, 제품 등에 대한 협력을 지원받는 아웃소싱 형태가 많은 비중을 차지하였다. 다음으로 합작투자, 스핀아웃(spin out), 인수합병의 순으로 나타났다.

이러한 벤처기업 성장단계와 대기업 협력유형 간의 관계분석은 교차분석(cross tabulation analysis)을 사용하였다. 먼저 각 성장단계별 제휴유형 5가지를 통한 교차분석 결과 셀(cell) 결손치가 35%를 넘고 유의미한 차이를 보이지 않아서 가장 많은 비중을 차지하고 있는 기능별 제휴와 아웃소싱을 중심으로 유형을 재범주화하여 분석을 하였다. 즉 상대적으로 그 빈도가 낮은 합작투자, 스핀아웃, 인수합병 등을 기타 협력으로 묶어서 3가지 유형으로 분석을 시도하였다.

분석결과는 <표 10>에 나타난 바와 같이 벤처기업 성장단계와 대기업 협력유형 간에는 유의수준 .1에서 상호의존적인 관계가 있음을 보여주고 있다. 이러한 의존관계를 구체적으로 벤처기업 성장단계별로 분석하면 창업단계에는 아웃소싱형태(35.5%)의 협력유형이 가장 많은 비중을 차지하는 것으로 나타났다. 상업화단계에서는 아웃소싱과 합작투자 등의 기타유형을 묶은 협력형태가 많이 나타났다. 실제 5개의 협력유형의 분석에서는 아웃소싱, 기능별 제휴, 합작투자, 인수합병 등 순으로 나타났다. 성장 및 성숙단계에서는 기능별 제휴(51.2%)로 가장 많은 비중을 차지하였다.

〈표 9〉 벤처기업 성장단계 – 대기업 협력유형

구분	내용	세부내용	빈도	비율(%)
성장 단계	창업단계	존재단계	62	23.1
		생존단계	83	31.0
	상업화단계	위기단계	33	12.3
		성공단계	35	13.1
	성장단계	도약단계	42	15.7
	성숙단계	성숙단계	13	4.9
협력유형		기능별 제휴	97	36.3
		합작투자	33	12.4
		아웃소싱	91	34.1
		스핀아웃	24	9.0
		인수합병	22	8.2

〈표 10〉 벤처기업 성장단계 - 대기업 협력유형 간의 관계

성장단계	제휴유형	기능별 제휴	아웃소싱	합작투자, 인수합병, 스핀아웃	총계
창업 단계	빈도	46	50	45	141
	성장단계(%)	32.6	**35.5**	31.9	100.0
	제휴유형(%)	**48.4**	**55.6**	**57.7**	53.6
	소계(%)	17.5	19.0	17.1	53.6
상업화단계	빈도	20	24	24	68
	성장단계(%)	29.4	**35.3**	**35.3**	100.0
	제휴유형(%)	21.1	26.7	30.8	25.9
	소계(%)	7.6	9.1	9.1	25.9
성장 단계	빈도	21	13	7	41
	성장단계(%)	**51.2**	31.7	17.1	100.0
	제휴유형(%)	22.1	14.4	9.0	15.6
	소계(%)	8.0	4.9	2.7	15.6
성숙 단계	빈도	8	3	2	13
	성장단계(%)	61.5	23.1	15.4	100.0
	제휴유형(%)	8.4	3.3	2.6	4.9
	소계(%)	3.0	1.1	0.8	4.9
총계	빈도	95	90	78	263
	성장단계(%)	36.1	34.2	29.7	100.0
	제휴유형(%)	100.0	100.0	100.0	100.0
	소계(%)	36.1	34.2	29.7	100.0

* $x^2 = 10.924$ P = .091

한편 협력유형별로 살펴보면, 기능별 제휴 형태는 벤처기업이 성장단계가 높아질수록 많아지는 것을 보여주고 있다. 한편 아웃소싱은 벤처기업의 성장단계가 높아질수록 작아지는 현상을 보이고 있

다. 또한 합작투자, 인수합병, 스핀아웃 등 협력유형도 벤처기업의 성장단계가 높아질수록 작아지는 현상을 보이고 있다. 이를 종합할 때, 가설 4 '벤처기업의 성장단계에 따라서 대기업과의 협력유형의 차이가 있을 것'이라는 가설이 채택되었다. 즉 벤처기업이 성장할수록 기능별 제휴형태는 증가하고 아웃소싱, 합작투자, 스핀아웃, 인수합병 형태의 협력유형은 줄어든다.

2. 가설검정

1) 벤처기업의 대기업 협력추구동기에 대한 영향요인 분석

벤처기업의 대기업 협력추구동기에 대한 영향요인으로 벤처기업의 내·외부환경요인에 관하여 분석함으로써 가설 1과 가설 2를 검증할 수 있다. 이를 검정하기 위해서 외부환경요인과 내부환경요인 변수가 성과변수인 시장지향동기, 기술지향동기, 사회적 동기 등 대기업의 협력추구동기에 미치는 영향관계에 대해 회귀분석을 실시한 결과 <표 11>에 나타나 있다. 즉 시장지향동기, 기술지향동기, 사회적 동기 각각을 종속변수로 하고 외부환경요인과 내부환경요인을 독립변수로 하는 회귀분석을 실시하였다. 회귀분석 결과 시장지향동기의 경우 R^2 =.366(F =14.070), 기술지향동기 R^2 =.264(F = 8.752) 그리고 사회적 동기 R^2 =.278(F =9.408)로 각각 36.6%, 26.4%, 27.8%의 설명력을 보였으며, 모두 유의수준 .05 이내에서 유의미한 결과를 나타내었다.

분석결과를 살펴보면, 먼저 벤처기업의 외부환경요인과 내부환경요인이 대기업과의 시장지향동기에 영향을 미치며, 특히 소비자 동태성과 소비자 및 경쟁자 복잡성을 의미하는 전방환경복잡성이 유의적인 영향을 미치고 있음을 알 수 있다. 이는 오늘날 벤처기업이 접하고 있는 시장환경변화를 생각할 때 매우 의미 있는 결과라고 생각할 수 있다. 즉 소비자의 수요 및 기호변화에 대한 예측이 어렵고 경쟁자 및 소비자의 수와 다양성이 높을 때 벤처기업의 경우 자본력과 제품촉진 등 시장진입에 곤란을 겪을 수밖에 없다. 따라서 대기업과의 협력을 통해서 시장진입장애의 극복 및 확장을 극복하고자 한다.

다음으로 기술지향동기에 대하여서는 내부환경요인이 유의한 영향을 미치며, 특히 인적·물자자원의 동태성, 인적 풍요성 그리고 공정복잡성이 유의적인 영향을 미치는 것으로 나타났다. 즉 인적·물적 자원의 동태성이 높을수록, 기술인력이 부족할수록 그리고 제품공정이 복잡할수록 대기업과의 기술에 대한 협력추진동기가 높아진다고 하겠다. 여기에서 새로운 사실은 벤처기업의 경우 기술지향에 있어서 기능인력과 기술인력의 조달이 어려운 경우 대기업을 통해 이를 해결하지 않으려는 노력을 하고 있다는 것이다. 그러나 외부환경요인은 유의미한 영향을 미치지 못하는 것으로 나타났다.

마지막으로 사회적(문제해결) 동기의 경우 내부환경요인이 유의미한 영향을 미치며, 특히 인적·물적 자원의 동태성, 기술 풍요성, 공정복잡성 그리고 인적 풍요성이 유의적인 영향을 미치는 것으로 나타났다. 즉 인적·물적 자원의 동태성이 높을수록, 기술적인 능력이 부족할수록, 제품공정이 복잡할수록 그리고 기술인력이 부족할수록 대기업을 통해 기술인력부족, 작업환경 개선, 생산활동 낭비요소 제거 등 사회적 문제를 해결하고자 한다는 것이다. 여기에서 주목할 것은 기술상의 문제를 대기업과 협력추진에 있어서 기술지향동기보다는 사회적 동기를 통해서 달성하려고 한다는 것이다. 한편 사회적 동기의 경우 외부환경요인의 경우 기술지향동기와 마찬가지로 유의미한 영향을 미치지 못하는 것으로 나타났다.

분석결과를 종합하면, 벤처기업의 대기업 협력추진동기에 있어서 시장지향동기에 있어서는 벤처기업을 둘러싸고 있는 외부환경요인과 내부환경요인 모두가 유의미한 영향을 미치며, 기술지향동기와 사회적 동기에는 벤처기업의 내부생산환경만이 유의미한 영향을 미치는 것으로 나타났다. 이를 볼 때, 외부환경요인이 대기업 협력추구동기에 미치는 영향에 관한 가설 1은 부분적으로 채택되었으며, 내부환경요인이 대기업 협력추구동기에 미치는 영향에 관한 가설 2는 채택되었다.

〈표 11〉 내·외부적 환경요인과 대기업 협력추구동기에 관한 회귀분석

독립변수	종속변수	시장지향동기		기술지향동기		사회적 동기	
		β값	t값	β값	t값	β값	t값
외부환경요인 (가설 1)	제품기술 동태성	−0.048	−0.753	0.025	0.366	−0.047	−0.701
	집단 동태성	0.072	1.121	−0.017	−0.251	−0.023	−0.331
	소비자 동태성	0.184	3.161**	−0.042	−0.671	0.008	0.135
	전방환경복잡성	0.145	2.592**	0.063	1.042	0.009	0.153
	후방환경복잡성	−0.015	−0.274	−0.046	−0.755	0.072	1.197
내부환경요인 (가설 2)	제품복잡성	0.030	0.555	−0.027	−0.462	0.066	1.153
	공정복잡성	0.193	3.676**	0.098	1.725+	0.131	2.342*
	인적 풍요성	−0.044	−0.730	−0.152	−2.329*	−0.121	−1.878+
	기술 풍요성	−0.267	4.909**	−0.026	−0.439	−0.230	−3.956**
	인적물적 자원 동태성	0.274	4.444**	0.400	6.022**	0.364	5.536**
모형의 설명력		$R^2 =$ .366 F = 14.070**		$R^2 =$ .264 F = 8.752**		$R^2 =$ .278 F = 9.408**	

+ $p < .10$, * $p < .05$, ** $p < .01$

2) 대기업 협력추구동기와 벤처기업성장단계의 관계분석

벤처기업의 대기업 협력추구동기와 벤처기업성장단계의 관계분석을 위해서 먼저 협력추구동기 변수를 사용하여 추구동기가 높은 집단과 낮은 집단으로 군집분석(cluster analysis)을 실시하고, 추출된 동기집단에 따른 벤처기업 성장단계의 차이분석을 t-test를 통해 분석하였다.

군집분석은 K-means 방식을 통해 2개의 집단을 지정하여 분석을 실시하였다. 군집분석결과는 <표 12>와 같다. 동기요인에 의한 군집분석에는 총 275개 중 267개 자료가 추출되었다. 추출된 집단은 <표 12>에 나타나 바와 같이 협력추진동기가 높은 집단(고동기 집단)은 267개 중 148개(55%), 낮은 집단(저동기 집단)은 119개(45%)로 추출되었다. 그리고 이들 동기집단군별로 t-test를 통해 차이 여부를 검정한 결과 3가지 동기 모두에 있어서 유의수준 .01에서 유의미하게 나타났다.

이들 동기집단에 따라서 성장단계의 차이여부(가설 3)를 분석하기 위해서 t-검정을 수행한 결과는 <표 13>에 나타난 바와 같다. 분석결과를 살펴보면, 협력동기집단에 따라서 성장단계(창업단계가 1점, 성숙단계 4점)는 유의수준 .05에서 유의미한 차이를 있는 것으로 나타났다. 구체적으로 협력동기가 높은 집단의 경우 평균 2.41, 표준편차 1.15, 협력동기가 낮은 집단은 평균 2.73, 표준편차 1.19로 협력동기가 낮은 저동기 집단이 성장단계가 높은 것으로 나타났다. 즉 협력추진동기가 높은 집단은 창업단계 및 상업화단계에 있으며, 협력추진동기가 낮은 집단은 성장단계 및 성숙단계에 접어들고 있음을 알 수 있다. 따라서 이를 통해 가설 3 '협력추구동기에 따라서 벤처 성장단계의 차이가 있을 것'이라는 가설이 채택되었다.

〈표 12〉 대기업 협력추진동기요인에 의한 군집분석

	평 균		t값
	고동기 집단	저동기 집단	
시장지향동기	3.61	2.47	15.222**
기술지향동기	4.20	3.42	9.312**
사회적 지향 동기	3.52	2.31	13.818**
빈도	148	119	
비율(%)	0.55	0.45	

+ p<.10, * p<.05, ** p<.01

〈표 13〉 대기업 협력추진동기집단에 따른 성장단계 t-test 분석

동기집단	성장단계		t값
	평균	표준편차	
고동기 집단	2.41	1.15	-2.197*
저동기 집단	2.73	1.19	

+ p<.10, * p<.05, ** p<.01

3) 벤처기업 성장과 대기업 협력유형에 따른 협력성과 간의 관계분석

벤처기업 성장과 대기업 협력유형에 따른 협력성과의 관계분석은 2단계를 걸쳐 실시하였다. 먼저 벤처기업 성장과 앞서 분석한 벤처 기업 성장이 협력성과에 미치는 영향을 분석하기 위해서 회귀분석을

실시하였다. 다음으로 다변량분산분석(MANOVA)을 통하여 협력유형에 따라서 협력성과의 차이여부를 분석하였다. 먼저 계량적 성과, 유연성, 원가 그리고 품질 등 성과변수를 종속변수, 벤처기업 성장단계를 독립변수를 하여 회귀분석을 실시한 결과는 <표 14>에 나타난 바와 같다. 회귀분석 결과를 살펴보면, 각 협력 성과변수의 회귀모형에 대한 설명력은 R^2가 81.1%, 79.4%, 80.1% 그리고 79.4%로 상당히 높게 나타났으며, 유의수준 .01에서 모두 유의한 것으로 나타났다. 구체적으로, 벤처기업의 성장단계에 따라서 협력성과에 유의미한 영향을 미치는 것으로 나타났다. 즉 벤처기업이 성장함에 따라서 성장률, 수익률, 점유율 등과 같은 벤처기업 전반의 계량적 성과, 유연성, 원가, 품질 등 질적인 성과 모두가 높아지는 것으로 나타났다.

⟨표 14⟩ 벤처기업성장이 협력성과에 미치는 영향에 관한 회귀분석

종속변수 독립변수	계량적 성과		유연성		원가		품질	
	β값	t값	β값	t값	β값	t값	β값	t값
성장단계	0.901	33.898**	0.891	31.740**	0.895	32.373**	0.891	31.836**
모형의 설명력	R^2 = .811 F = 1149.090**		R^2 = .794 F = 1007.412**		R^2 = .801 F = 1048.023**		R^2 = .794 F = 1013.518**	

+ p < .10, * p < .05, ** p < .01

⟨표 15⟩ 벤처기업 성장단계 − 협력성과 간 협력유형의 상호작용 효과분석

협력유형 * 벤처성장 다변량 유의성	검정통계량	F값	자유도	오차자유도
Pillai's Trace	0.060	1.967*	8	506.000
Wilks' Lambda	0.941	1.961*	8	504.000
Hotelling's Trace	0.062	1.955*	8	502.000
Roy's Largest Root	0.038	2.415*	4	253.000

종속변수	협력유형	공변량 추정값		F값	R²
		평균	표준편차		
계량적 성과	기능별 제휴	2.79	0.16	281.006**	0.768
	아웃소싱	3.21	0.19		
	기타 유형	3.45	0.22		
유연성	기능별 제휴	2.59	0.15	268.304**	0.759
	아웃소싱	2.90	0.18		
	기타 유형	3.30	0.21		
원가	기능별 제휴	2.48	0.14	274.412**	0.764
	아웃소싱	2.84	0.17		
	기타 유형	3.04	0.19		
품질	기능별 제휴	2.63	0.16	268.511**	0.76
	아웃소싱	3.13	0.19		
	기타 유형	3.36	0.21		

사후검정 결과	(I) 협력유형	(J) 협력유형	평균차이 (I−J)
계량적 성과	기능별 제휴	기타 유형	−0.66*
유연성	기능별 제휴	기타 유형	−0.71**
원가	기능별 제휴	기타 유형	−0.56*
품질	기능별 제휴	아웃소싱	−0.50*
		기타 유형	−0.73**

+ $p < .10$, * $p < .05$, ** $p < .01$

다음으로 협력유형에 따라서 벤처성장과 협력성과의 관계를 분석하기 위해서 먼저 종속변수 간의 상관관계분석을 실시한 결과 유의한 상관관계를 보이고 있어 MANOVA 검정을 하였다(노형진, 2001). 다음으로 MANOVA 분석을 통해 각 벤처기업성장단계와 협력유형별 상호작용 효과를 검증하기 위해 다변량 유의성 검정을 수행한 결과 Pillai's, Wills, Roy's의 F 통계량은 모두 유의수준 .05에서 모두 유의한 것으로 나타났다. 따라서 각 벤처기업성장단계와 협력성과 간에 협력유형이 조절효과가 있다고 볼 수 있다(가설 5의 채택). 사후검정을 통해 협력유형의 상호작용 효과 차이를 구체적으로 분석한 결과 계량적 성과, 유연성, 원가 변수는 기능별 제휴와 합작투자, 스핀아웃, 인수합병과 같은 기타 협력유형 간의 유의미한 차이를 나타내고 있다. 품질변수는 기능별 제휴와 아웃소싱 간, 기능별 제휴와 기타 협력유형 간의 유의미한 차이를 나타내고 있다.

V. 결론 및 전략적 시사점

1. 연구요약 및 시사점

본 연구는 벤처기업에 대한 독자적인 성장연구에서 탈피하여 기업 간 파트너십(권기대, 1998a)을 통한 벤처기업관점에서 대기업과의 협력을 기반으로 한 실증적 연구이다. 본 연구의 자료분석에서 도출된 결과의 요약을 통한 시사점을 지적하면 다음과 같다.

먼저, 벤처기업의 대기업 협력추진동기는 특히 기업내부환경요인에 영향을 많이 받는다는 결과를 도출하였다. 이러한 결과는 생산공정과 기술혁신상에 내부환경요인이 영향을 미친다는 기존의 연구결과(Woodward, 1965)와 맥락을 같이하고 있다. 벤처기업의 속성상 기술개발 및 제품이 완료되어 안정화 단계인 성장·성숙단계에 이르기까지 기업 외적환경을 고려하기보다는 기업 내적 환경에 주력하는 것을 알 수 있었다. 즉 기술수준향상과 이를 생산하는 인력에 따라서 대기업과의 협력을 추진하는 동기가 강함을 보여주고 있다. 다만, 대기업과의 협력관계를 통한 시장진입과 확장을 위해서는 외부환경 요인에 영향을 받음을 알 수 있다. 특히 소비자 및 경쟁자 환경의 복잡성과 동태성이 대기업과의 협력추진동기에 매우 유의미한 영향을 미치고 있음을 알 수 있다.

둘째, 벤처기업의 대기업 협력추진동기에 따라서 벤처기업의 성장 단계가 다르다는 것을 발견하였다. 즉 대기업과의 협력동기가 낮은 저동기 벤처기업집단은 이미 성공 및 성장단계에 있으며, 높은 협력 동기를 추구하는 고동기 집단은 창업단계, 즉 존재단계 및 생존단계 또는 상업화단계에 있다는 것을 알 수 있었다. 이를 볼 때, 벤처기 업의 대기업 협력추진동기는 벤처기업의 성장단계를 예측하는 중요한 정보가 될 수 있다. 이러한 결과는 공급자계약기간과 생산자 자동화 도입단계에 관한 연구결과에서 공급자의 추진동기가 높을수록 생산자 자동화 단계가 높아진다는 결과(Susan, 1991)와 동일한 결과를 보이고 있다. 대기업관점에서 벤처기업과의 협력전략을 실행할 때, 해당 벤처기업이 현재 어느 정도의 성장단계에 있느냐를 파악하는 것이 매우 중요한 사항이 될 것이다. 이미 성숙단계의 자생력을 가진 벤처기업과의 협력추진은 현실적으로 협력을 이루어내기가 매우 곤란할 가능성이 있음을 시사하고 있다.

셋째, 벤처기업의 성장단계와 대기업과의 협력유형의 경우 많은 기업들이 대기업과의 기능별 제휴와 아웃소싱을 추진 또는 계획하는 것으로 나타났다. 또한, 벤처기업이 성장단계를 거치면서 이러한 기능별 제휴에 더욱 주력하는 것을 알 수 있었다. 반면, 아웃소싱과 합작투자, 스핀아웃, 인수합병 등 기타 협력유형 등은 단계적으로 줄어드는 현상을 보여주고 있다. 이는 구조결함이론에서 구조자율성의 관점(Burt, 1982, 1990)에서 제시된 바와 같이 기업조직의 성장과 함께 파트너 조직과의 동등한 위치 또는 지배구조의 자율성 확보 행동의 일환으로 해석할 수 있다. 즉 벤처기업이 성장 초기인 창업단계 및 상품화단계에는 대기업 의존관계 또는 지배관계 형태의 협력유형으로 성장기반을 확보하고 독자적인 기술개발 및 마케팅전략수립 및 실행(권기대·박재림, 1999) 그리고 자금력이 확보되고 난 후에는 독자적인 행동 또는 동동한 위치에서 대기업과의 파트너십 형성(권기대, 1998a, 1998b)에 주력하는 것으로 볼 수 있다.

넷째, 벤처기업이 성장을 거듭하면서 그 단계별로 성과를 창출하는 데 있어서 대기업과 어떠한 협력유형을 취하느냐에 따라서 그 성과는 상당히 달라질 수 있는 결과를 도출하였다. 특히 계량적 성과, 유연성, 원가, 품질 등 경우 대기업과 어느 정도의 기능별 제휴를 이루어내느냐가 성과에 상당한 영향을 미치고 있음을 알 수 있다. 이와 같은 결과는 생산자동화 단계와 생산성과에서 공급자와의 유형이 조절효과를 지닌다는 기존연구결과(Wheelwright, 1978)와 그 맥락을 같이한다.

다섯째, 본 연구결과는 대기업의 관점에서 요구되는 핵심기술이나 신규사업 진입 그리고 투자수익률 확대 차원에서 외부 벤처기업과 전략적 제휴 혹은 연계를 위해 효과적인 호선전략(cooptative strategy)을 추구하는 데 있어서 방향성을 제시해 주고 있다(Burt, 1982). 이미 기술개발과 시장이 안정된 벤처기업을 전략적 파트너로 선택하려는 최근의 많은 대기업의 노력은 이미 본 연구결과에서 제시하는 바와 같이 비효율성을 가져올 가능성이 많음을 보여주고 있다. 성장 및 성숙단계에 도달한 벤처기업은 이미 대기업과의 협력의사가 매우 낮다는 것을 보여주고 있으며, 이를 통한 협력체결은 높은 협력성과를 도달하기가 어렵다는 것을 보여준다. 즉 대기업의 입장에서 전략적 파트너로 벤처기업을 선택하려고 한다면, 협력추구동기와 협력의사가 강한 창업단계 혹은 상업화단계에 있는 벤처기업을 목표로 할 때 그 성과가 높아질 것이다.

마지막으로, 본 연구결과는 벤처성장단계에서 매우 유의미한 시사점을 주고 있다. 벤처기업의 지속적인 성장기반은 창업단계에서 창업자 또는 해당 벤처기업 관련 산업의 대기업과 낮은 단계의 파트너십을 취할 경우에 그 성장잠재력의 가능성이 높아진다는 것을 보여주고 있다. 오늘날 벤처창업인들은 단순히 기술이나 아이템으로 창업에서 성장단계에 이르기까지 적지 않은 장애요인들을 겪을 수 있다는 것이다. 그래서 창업 및 생존단계에 대기업과의 관계에서 아웃소싱이든 스핀아웃이든 어떠한 형태의 협력관계를 맺고 있을 경우 지속적인 성장을 위한 원천이 된다는 것이다. 요컨대 벤처기업들이 대기업과 낮은 단계의 협력관계를 맺고 있을지라도 벤처기업에게는 장기적인 사업비전을 가지고 계속기업(going concern)의 의지를 키울 수 있으며, 대기업의 경우는 동반자적인 파트너십을 통해 대기업의 재도약을 실현화할 수 있을 것이다(권기대, 1998a, 1998b). 반면에 단순히 기술과 아이템만으로 벤처창업을 하고 대기업과 협력을 추구하는 기업은 어느 정도의 수익을 얻게 되면, 인수합병과 같은 형태로 사업을 다른 기업조직으로 이양시킬 가능성이 높음을 보여주고 있다. 따라서 기업간의 신뢰에 기반을 둔 협력관계의 형성이 쉽지만은 않다는 것을 시사하는 것이다.

2. 연구의 한계점과 향후 연구방향

본 연구는 벤처기업의 성장유형과 대기업의 특징이 협력유형에 미치는 영향(권기대, 2002), 벤처기업의 환경요인과 성장단계에 따른 벤처기업－대기업의 협력유형에 관한 탐색적 연구(권기대, 2002b; 권기대·나중덕·김승호, 2002) 그리고 벤처기업－대기업 협력전략이 성과에 미치는 영향(권기대·김승호·구자열, 2003) 연구의 연장선상에서 선행연구의 독립적 부문을 보완하고 또한 통합적 관점에서 벤처기업－대기업의 협력유형 연구를 진행하면서, 다음과 같은 몇 가지 연구의 한계점과 향후 연구방향성을 제시하고자 한다.

첫째, 벤처기업의 자생력을 통한 독자적 시장진입 및 성공관점의 연구는 많이 진행되어 왔던 반면에 벤처기업－대기업 협력유형에 관한 선행연구가 전무함에 따라 실험적이고 탐색적인 연구의 성격을 띠고 있다. 따라서 벤처기업－대기업 협력 형성에 관한 충분한 이론적 토대가 미흡하다. 또한 이러한 협력을 통해 도출되는 협력성과가 어떻게 변화하는가에 대한 논의가 상대적으로 많이 부족하였다. 그러나 본 연구를 계기로 벤처기업의 성장 및 성공요인이 대기업과의 협력이라는 새로운 시각을 실증적으로 제시함으로써 향후 벤처기업 연구에 새로운 지평선을 개척하였다는 점에서 의의가 있다.

둘째, 벤처기업-대기업의 산업적 특성을 고려하지 못하였으므로 산업환경에 따라서 본 연구의 결과가 상이하게 나타날 수도 있음을 유념해야 한다. 향후 벤처기업-대기업 협력에 관한 연구에서 제조 및 비제조 또는 정보통신 및 비정보통신, 닷컴(.com) 및 비닷컴(Non-.com) 산업으로 구분하여 연구방향을 접근할 필요성이 있다.

셋째, 벤처기업-대기업 협력관계에는 벤처기업 창업자의 가치관 및 행동, 벤처기업의 핵심역량, 대기업에 대한 신뢰, 의존, 기존의 거래관계 등 변수들이 중요한 영향을 미칠 수 있다. 따라서 향후의 연구에는 이들 변수에 대한 고려가 필요하다. 이를 위한 연구를 위해서는 벤처기업 특성, 대기업 특성 그리고 산업특성 등 종합적인 영향변수를 고려하여 이들의 협력관계를 분석해 볼 필요가 있다.

넷째, 본 연구는 쌍방연구(dyad study) 및 횡단면적 설계(cross sectional design)에서 한쪽 측에 대한 단일 정보제공자인 벤처기업 관점에서 대기업의 협력유형에 접근하였다. 향후의 연구에는 대기업의 관점에서 벤처기업에 대한 시각, 협력추진동기 및 협력유형을 분석함으로써 본 연구 결과와 비교연구를 시도해야 할 것이다.

다섯째, 조직간의 협력에서 전략적 행동은 협력조직들이 지니고 있는 양자 간의 분석이 요구된다. 본 연구는 벤처기업을 대상으로 연구를 수행하였다. 벤처기업-대기업의 협력에 관한 앞으로의 연구방향에서는 조직행위론에서 다루고 있는 집단수준의 LMX(Leader-Member Exchange) 연구를 확장하여 협력관계를 맺고 있는 벤처기업-대기업 간의 쌍방(dyad 또는 two organization) 연구를 통해 벤처기업과 대기업의 상생(win-win)을 향한 협력유형과 협력관계 결속방안에 대한 연구가 요청하다.

여섯째, 특정지역을 대상으로 한 벤처기업－대기업 협력연구도 실행돼야 한다. 즉 특정 산업을 중심으로 한 클러스터(cluster)에서의 쌍방 협력연구는 벤처기업들에게 특정 클러스터의 환경이 곧 성공요인으로 직결될 수 있다. 따라서 벤처기업을 구상하는 예비창업자들에게 특정 틀러스터로의 진입은 곧 사업의 반은 성공할 수 있을 것이란 인식을 제공할 수 있기 때문이다.

일곱째, 벤처기업－대기업 협력연구에 대해 국가 간 비교연구도 이루어져서 우리나라 벤처기업들의 해외진출전략에 능동적으로 반영·응용될 수 있도록 공헌해야 할 것이다(권기대, 2002a).

□ 참고문헌

권기대, 1998a, "유통경로상에서 구매자－판매자의 관계적 특징이 파트너십에 미치는 영향", 연세대학교 경영학 박사학위논문.

_____ 1998b, "벤처기업의 신제품구매요인과 그 전략방안", 『연세경영연구』, 제35권 제1호, 157－178.

_____, 2002a, "韓國－中國經濟合作的成功模式", 中國社會科學院, 『東北亞Forum』, 1－18.

_____, 2002b, "벤처기업성장유형과 대기업의 특징이 협력유형에 미치는 영향", 『대한경영학회지』, 제33호, 91－118.

_____·김승호·구자열, 2003, "벤처기업－대기업의 협력전략이 성과에 미치는 영향", 『대한경영학회지』, 제35호, 23－21.

_____·나중덕·김승호, 2002, "벤처기업의 환경요인과 성장단계에 따

른 벤처기업-대기업의 협력유형에 관한 연구", 『중소기업연구』, 제24권 4호, 131-154.

_____·박재림, 1999, "마케팅전략과 기업의 핵심역량이 마케팅전략실행에 있어서의 분권화에 미치는 영향", 『한국경상논총』, 제17권 제1호, 180-201.

김영배·하성욱, 2000, "우리나라 벤처기업의 성장단계에 대한 실증조사: 핵심성공요인, 환경특성, 최고경영자 역할과 외부자원활용", 『기술혁신연구』, 제8권 제1호, 125-154.

김종규, 1999, "인터넷 벤처기업의 아웃소싱전략", 연세대학교 경영학 석사학위논문.

남영호·김완민, 1998, "벤처기업의 성장단계별 성공가능성 분석", 『벤처경영연구』, 제1권 제1호, 36-56.

노형진, 2001, 『한글 SPSS10.0에 의한 조사방법 및 통계분석』, 형설출판사.

박준병, 1992, "공장자동화기술도입의 영향요인에 관한 연구: 기술혁신도입이론을 중심으로", 연세대학교 경영학 박사학위논문.

이광형·이민화, 2000, 『21세기 벤처대국을 향하여』, 김영사.

이인찬·이광훈·박성진·김운호, 1998, 『벤처기업의 성장단계별 성공요인분석과 정책과제』, 정보통신정책연구원.

이장우, 1997, 『벤처경영』, 매일경제신문사.

이진주, 1986, "신기술개발과 모험자본의 역할", 『기술관리』, 제32호, 40-50.

정승화·안준모, 1998, "벤처기업 성장과 핵심경영과제 변화에 대한 탐색적 연구", 『벤처경영연구』, 제1권 제1호, 5-34.

한국벤처연구소 (2000), 벤처기업 정밀실태조사.

Anderson, C. R. and Paine, F. T., 1975, "Managerial Perceptions and Strategic Behavior", *Academy of Management Journal*, Vol.1, No.4, 257-279.

Bagozzi, R. P., 1979, "Toward a Formal Theory of Marketing Exchange", in Conceptual and Theoretical Developments in Marketing, O. C. Ferrell, Stephen W. Brown, and Charles W. Lamb, Jr.,(eds.), Chicago: *American Marketing Association*, 431−447.

Burt, R., 1982, *Toward a Structural Theory of Action: Network Models of Social Structure, Perception, and Action*, NY: Academic Press.

_____, 1987, "Social Contagion and Innovation: Cohesion versus Structure Equivalence", *American Journal of Sociology*, Vol.92, 1287−1335.

_____, 1992, *Structural Holes: The Social Structure of Competition*, Cambridge, MA: Harvard Press.

_____, 1997, "The Contingent Value of Social Capital", *Administrative Science Quarterly*, Vol.42, 339−365.

_____, Christman, and H. Kilburn, Jr., 1980, "Testing a Structural Theory of Corporate Cooptation: Interorganizational Directorate Ties as a Strategy for Avoiding Market Constraints on Profit", *American Sociological Review*, Vol.45, 821−841.

Chandler, Jr. A. D., 1962, *Strategy and Structure*, Cambridge, Massachusetts: The MIT Press.

Churchill, N. C. and Lewis, V. L., 1983, "The Five Stages of Small Business Growth", *Harvard Business Review*, Vol.61, No.3, 30−50.

Coase, R. H., 1937, "The Nature of the Firm", *Economia*, Vol.4, 386−405.

Dant, R. P. and P. L. Schul, 1992, "Conflict Resolution Processes in Contractual Channels of Distribution", *Journal of Marketing*, Vol.56, 38−54.

DiMaggio, P., and W. Powell, 1983, "Iron Cage Revisited: Institutional

Isomorphism and collective Rationality in Organizational Field", *American Sociological Review*, Vol.48, 147 – 160.

Duncan, R. B., 1972, "Characteristics of Organizational Environments and Perceived Environmental Uncertainty", *Administrative Science Quarterly*, Vol.20, 313 – 327.

Dwyer, F. R., P. H. Schurr, and Sejo Oh, 1987, "Developing Buyer – Seller Relationships", *Journal of Marketing*, Vol.51, 11 – 27.

Ettlie, J. E., 1983, "Organizational Policy and Innovation Among Suppliers to the Food Processing Sector", *Academy of Management*, Vol.26, No.1, 27 – 44.

Granovetter, M., 1985, "Economic Action and Social Structure: The Problem of Embeddedness", *American Journal of Sociology*, Vol.91, No.3, 481 – 510.

Grenier, L. E., 1972, "Evolution and Revolution as Organizations Growth", *Harvard Business Review*, Vol.50, No.4, 37 – 49.

Gulati, R. and H. Singh, 1998, "The Architecture of Cooperation: Managing Coordination Costs and Appropriation Concerns in Strategic Alliances", *Administrative Science Quarterly*, Vol.43, 781 – 814.

Gundlach, G. T., and P. E. Murphy, 1993, "Ethical and Legal Foundations of Relational Marketing Exchange", *Journal of Marketing*, Vol.57, 35 – 46.

Hayes, R. H. and S. C. Wheelwright, 1979, "The Dynamics of Process – Product Life Cycles", *Harvard Business Review*, Vol.57, No.2, 127 – 136.

Heide, J. B., and G. John, 1988, "The Role of Dependence Balancing in Safe Guarding Transaction Specific Assets in Conventional Channels",

Journal of Marketing, Vol.52, 20－35.

Hennart, J. F. and E. Anderson, 1993, "Countertrade and the Minimization of Transaction Costs: An Empirical Examination", *Journal of Law, Economics, and Organization*, Vol.9, 290－313.

Katz, D. and R. L. Kahn, 1978, *The Social Psychology of Organizations*, 2eds., NY: John Wiley and Sons.

Kazanjian, R. K., 1988, "Relation of Dominant Problems to Stage of Growth in Technology－based New Ventures", *Academy of Management Journal*, Vol.31, No.2, 257－279.

_____Drazin, R., 1989, "An Empirical Test of a Growth Progression Model", *Management Science*, Vol.35, No.12, 1489－1503.

_____, 1990, "A Stage－Contingent Model of Design and Growth for Technology based New Venture", *Journal of Business Venturing*, Vol.5, 137－150.

Lippitt, G. and Schmidt, W., 1967, "Crisis in Developing Organization", *Harvard Business Review*, Vol.45 No.6, 102－112.

Lawrence, P. N. and Lorsch, J. W., 1967, *Organization and Environment*, Division of Research, Harvard University Press, Boston. Mass..

Macneil, I. R., 1980, *The New Social Contract, An Inquiry into Modern Contractual Relations*, CT: Yale University Press.

Meyer, M. and L. Zucker, 1989, *Permanently Failing Organization*, CA: Sage.

Miller, D. and Friesen, P. H., 1984, "A Longitudinal Study of the Corporate Life Cycle", *Management Science*, Vol.30, No.10, 1161－1183.

Munro, H. and Noori, H., 1988, "Measuring Commitment to New

Manufacturing Technology: Integrating Technological Push and Market Pull Concepts", *IEEE Transaction on E Management*, Vol.35, No.2, 63 – 70.

Nunnally, J. C., 1978, *Psychometric Theory*, Second Edition, McGraw – Hill, 225 – 255.

Pfeffer, J., 1987, "A Resource Dependence Perspective on Intercorporate Relation", in M. Mizruchi, and M. Schwartz (eds.), *Intercorporate Relations: The Structural Analysis of Business*, Cambridge University Press, 25 – 55.

_____, and G. Salancik, 1978, *The External Control of Organization: A Resource Dependence Perspective*, NY: Harper and Row Inc.

Powell, W., 1990, "Neither Market nor Hierarchy: Network Forms of Organization", in L. Cummings, and B. Staw (eds.), *Research in Organizational Behavior*, Vol.12, Greenwich, CT: JAI Press,295 – 336.

Porter, M. E., 1985, *Competitive Advantage: Techniques for Analyzing Industries and Competitors*, NY: The Free Press.

Quinn, R. E. and Cameron, K., 1983, "Organizational Life Cycles and Shifting Criteria of Effectiveness: Some Preliminary Evidence", *Management Science*, Vol. 29, No.1, 33 – 51.

Rindfleisch, A. and J. B. Heide, 1997, "Transaction Cost Analysis: Past, Present and Future Application", *Journal of Marketing*, Vol.1, 30 – 54.

Scott, M. and Bruce, R., 1987, "Five Stages of Growth in Small Businesses", *Long Range Planning*, Vol. 20, No.3, 45 – 52.

Susan, H., 1991, "How much has Really Changes between U.S. Automakers and Their Suppliers", *Sloan Management Review*, Vol.32(summer),

15－28.

Van de Ven, A. H., Hudson, R. and Schroeder, D. M., 1984, "Designing New Business Start－Ups: Entrepreneurial, Organizational, and Ecological Consideration", *Journal of Management*, Vol.10, 87－97.

Wheelen, T. L. and Hunger, J. D., 1986, *Strategic Management and Business Policy*, Addison Wesley, 78－79.

Wheelwright, S. C., 1978, "Reflecting Corporate Strategy in Manufacturing Decisions", *Business Horizons*, Vol.21, No.1, 57－66.

Williamson, O. E., 1975, *Markets and Hierarchies: Analysis and Antitrust Implication*, The Free Press.

_____, 1985, *The Economic Institutions of Capitalism*, NY: The Free Press.

_____, 1986, *Economic Organization: Firms, Markets, and Policy Control*, Sussex: Wheat sheaf books.

Woodward, J., 1965, *Industrial Organization: Theory and Practice*, London Oxford University Press, 35－49.

기업간 관계학습촉진을 통한 관계성과전략:
벤처기업과 대기업을 중심으로*

* 본 원고는 한국경제통상학회 「경제연구」 제24권 제3호(2006. 09)에
게재된 논문입니다.

Ⅰ. 서 론

벤처기업은 "1인 또는 소수의 핵심적 기술 창업인이 기술혁신의 개발아이디어를 상업화하기 위해 설립하는 신생기업"으로서 독창적인 기술개발과 동태적인 시장환경에서의 유연한 조직, 실패에 대한 관대함, 민첩함과 창의적인 도전정신 등이 핵심적인 경쟁무기이다(권기대, 2002; 권기대·이상환, 2003; 권기대·김종웅, 2003).

우리나라 경제가 IMF에 직면했을 당시 1998년에, 벤처기업은 2,042개로 출발하여 1999년 3,934(전년대비 131.6%), 2000년 8,798개, 2001년 11,392개 업체로 그 정점을 이루었으나 2002년 9,106개(-20.1%), 2003년 7,702개(-15.4%), 2004년에는 7,433개로 하강국면을 보였다(http:// www.smba.go.kr). 이러한 요인은 장기간 벤처경기침체의 지속화와 정부의 벤처건전화방안에 따른 벤처확인기준의 강화도 있었겠지만 달리 '벤처기업의 대기업에 대한 관계학습의 과정' 또는 '시장 적응기간'을 제대로 활용하지 못한 요인도 있을 것으로 평가된다. 즉 벤처기업은 불확실성이 존재하는 동태적인 시장환경에서의 연착륙을 위해 대기업의 기업문화와 속성들을 학습하는 일종의 인턴십(internship)과정을 지나치게 소홀한 결과로 볼 수 있을 것이다. 이에 기업들은 급변하는 시장환경에 각각 유연성 발휘와 위기를 극복하는 맥락에서 기업간 관계학습을 통한 생산적 관계성과를 도출하기 위해 적극적 노력이 요구되는 시점이지만 국내학계에서는 아직까지 관계학습 연구가 미흡한 미개척 연구에 해당된다. 관계학습이란 거래하는 쌍방이 개별적 혹은 타 파트너와 이익을 창출하는 것보다 함께 더 많은 가치를 창출하려고 노력하는 공동의 협력활동을 의미한다 (Selnes and Sallis, 2003)고 볼 때, 그 기대효과는 정보기술발달에 유연한 역할분담 및 시장대응력 제고, 신기술 확산 및 기술변화속도에 대한 공동마케팅, 짧아지는 제품수명주기에 대한 기업간 관계학습을 통한 R&D투자 등을 촉진하는 계기로 작용할 것이다.

본 연구의 유용성과 차별성은 첫째, Selnes and Sallis(2003)의 논문을 우리나라 벤처기업에 탐색적으로 적용하는 데 있으며, 둘째, 관계학습의 개념을 우리산업에 확산하여 건설적 관계성과를 획득하는 도전적이고 선도적 역할을 담당하는 데 있다. 더욱이 본 연구과제를 통해 기업간 관계학습에 대해 세 가지 의문이 해소될 것이다. 그 하나로 기업간 관계학습이 관계성과에 정(+)의 영향관계로 도출될 것인지에 관한 문제이며, 다음으로, 본 연구에서 다루는 많은 변수들―관계신뢰, 협력적 결속, 내부복잡성, 환경 불확실성, 거래특유투자, 명성, 의사교환 그리고 공유가치―이 관계학습과 관계성과 간에 어떠한 영향관계에 있을 것이며, 마지막으로, 우리나라 산업현장에 본 연구 결과의 전략적 시사점 적용은 제품수명주기상 성숙기시장으로 성장한계를 보이고 있는 기업들에게 성장 엔진의 활력소로 작용할 것이다.

Ⅱ. 관계학습 및 연구가설

1. 관계학습의 개념

관계학습(relationship learning)이란 쌍방 파트너가 개별적으로 혹은 단속적으로 다른 파트너와 이익을 창출하는 것 이상으로 함께 더 많은 가치를 창출하려고 노력하는 공동의 협력활동(joint activity)을 말한다(Selnes and Sallis, 2003). 이러한 맥락에서 학습이론은 경쟁우위에 관한 새로운 이론으로 결정적인 역할을 하고 있다(Baker and Sinkula, 1999; Day, 1994a b; Dickson 1992; Hurley and Hult 1998; Sinkula, 1994). 조직의 학습지향은 문화적 차원에 따라 개념화되었으며, 학습의 공유비전, 학습에 대한 몰입 그리고 유연한 사고를 포함한다(Baker and Sinkula, 1999). 학습은 조직의 현상뿐만 아니라 상호조직 간 현상 차원에서 접근된다. 경쟁우위를 개발하는 관계적 관점(relational view)은 기업간 지식공유의 관계학습을 관계에서 차별적 우위와 초월적 이익(supernormal profit)을 창출하기 위한 중요한 방법으로 간주하였다(Dyer and Singh, 1998; Pine, Peppers, and Rogers, 1995).

관계학습을 통한 고객과 공급자 관계에서의 쌍방은 잉여비용(redundant costs)을 절감하거나 제거하고 품질이나 신뢰성을 개선시켜 주며 그리고 스피드와 유연성을 증가시켜 주는 방법을 제공해 준다. 공급자관점에서 자신들의 고객에 대한 더 나은 지식이 자신들로 하여금 더욱 가치 있는 제품을 공급하고 개발할 수 있도록 해 준다.

동일한 맥락에서 공급자가 더 나은 지식을 가짐으로써 고객은 고객 자신들의 욕구와 구체적 욕구를 만족시켜 주는 제품을 선택할 수 있게 되며, 해결책을 개발할 수 있도록 자극을 준다. 즉 관계학습의 능력은 가치 있는 제품을 촉진하게 하는 것으로(Von Hippel, 1994, 1998) 시장지향적 마인드로 볼 수 있다.

2. 연구가설의 설정

1) 관계신뢰, 관계학습 및 관계성과에 대한 가설

신뢰의 개념은 마케팅문헌에서 다양한 각도로 해석 및 정의하고 있다. 인지적 차원에서 신뢰는 "상대방의 구두나 약속에 대해서 믿을 수 있는 확신"(Schurr and Ozanne, 1985)이라고 정의하였고, "거래상대방이 쌍방관계에서 협력을 원하고 의무를 다할 것이라는 기대"(Dwyer, Schurr, and Oh, 1987)의 의미로 구매자-판매자 간의 관계적 교환개념을 도입한 관계마케팅에서 교환당사자 간에 형성되는 신뢰로 보았다.

신뢰는 협력과 효과적인 관계를 개발하는 데 있어서 가장 강력한 지배구조 메커니즘(governance mechanism)이다(Dodgson 1993; Doz, 1996; Dyer and Singh, 1998). Dodgson(1992, p.78)는 파트너들 간에 효과적인 학습은 조직적 행동 방식(mode)에서 뿌리 깊은 신뢰의 구축에 달려 있다고 한다. 신뢰가 잠재적인 위험이 동반된다는 것을 인식할지라도 일반적으로 협력적인 조직간 관계에서 촉진적 역할을 위해 인정되고 있으나(Ring and Van de Ven, 1994) 그것의 잠재적 음지(dark side)로 덜 관심을 갖게 된다(Grayson and Ambler, 1999).

관계신뢰(relational trust)는 "관계에서 두 당사자의 관심을 고려하는 것처럼 반응하는 다른 당사자의 지각된 능력 및 의지"(Selnes and Sallis, 2003)를 뜻한다. 이것은 관계에서 양 당사자의 관심을 고려하는 방법으로 행동하는 다른 당사자의 지각된 능력과 의지이며, 주사고(mainstream thinking)는 신뢰가 고객－공급자관계에서 효과적인 협력행동의 촉매제라는 점이다(Dwyer, Schurr, and Oh, 1987). 다시 말해서 관계신뢰가 관계학습을 촉진한다고 기대한다. 왜냐하면 정보의 공유와 감각능력이 당사자들의 파이(pie)를 증가시키는 데 협력할 뿐만 아니라 파이의 공유(share of the pie)를 극대화하려는 데 있어서 고객과 공급자 간의 관계가 매우 민감한 사안이기 때문이다(Jap, 1999, 2001). 관계신뢰는 정보공유가 파이의 크기를 증가시키고 파이의 크기를 증가시키는 이상으로 더 많은 정보의 유지는 쌍방 간의 믿음을 낳게 한다. 협력과 적응을 통해서 쌍방은 점증적으로 신뢰와 의존이 개발되며, 다시 협력을 위한 결속과 공유정보를 촉진시킨다(Dwyer, Schurr, and Oh, 1987; Morgan and Hunt, 1994). 협력의 희망사항은 관계학습활동에 필요한 환경을 조성하는 것이다.

당사자들은 교환에서 다른 당사자의 행동으로 손해를 보지 않고, 부당하게 이용당하지 않으며 그리고 위험에 직면하지 않는다고 믿을 때, 당사자들은 더욱더 정보를 공유하며(Jap, 1999, 2001; Morgan and Hunt, 1994) 그리고 다른 당사자를 희생시키는 단기간의 이익을 포기한다(Axelrod, 1984). 이러한 것은 관계신뢰가 공동학습의 활동을 촉진시킨다는 것을 암시한다. 관계적 신뢰와 더불어 당사자들이 정보를 공유하지 못한다면 더 민감하게 고려하고 당사자들은 양측의 이익을 위해 공유된 정보를 이해하려고 건설적이고 창의적인 대화를 가질 것이다. 당사자들이 상호신뢰를 구축함에 따라 당사자들은 공유된 기억을 기업의 경계를 초월하여 접근하도록 더욱더 개발할 것이다.

한편, 관계신뢰에 있어서 성과를 제고시키기 위한 근본적인 이론적 해석은 높은 신뢰수준이 공식적인 통제 메커니즘에 대한 의존을 감소시킨다는 것이다. 즉 거기에는 거래비용이 절감된다(Macneil, 1980; Nooteboom, Berger, and Noorderhaven, 1997). 특히 Dwyer, Schurr, and Oh(1987)는 조직간 관계가 어떻게 시작되고, 진화되며 그리고 해지(dissolve)될 것인가에 대한 틀을 개발하였다. 관계의 개발 및 유지에 대한 핵심은 관계에서 미래의 교환과 증가된 위험을 고려한 행동규범의 제정에 있다. 가장 기본적인 규범은 신뢰이며, 이것은 포괄적인 기대와 관계에서 협력을 위한 토대를 제공하는 것으로 보아 다음과 같이 가설을 설정할 수 있을 것이다.

가설 1: 기업간 관계신뢰는 관계학습에 정(+)의 영향을 촉진시킬 것이다.
가설 2: 기업간 관계신뢰는 관계성과에 정(+)의 영향을 미칠 것이다.

2) 협력적 결속, 관계학습 및 관계성과에 대한 가설

조직학습이론의 핵심은 학습능력의 의지이며 이러한 능력은 학습하고자 하는 결속(Day, 1994a)과 학습편익의 비전을 공유하는 것과 관계한다(Baker and Sinkula, 1999). Morgan and Hunt(1994, p.23)는 결속을 상호 간의 지속적인 관계가 너무 중요하기 때문에 그것을 유지하는 데 최대의 노력을 단언할 만큼 믿음이 있는 교환파트너로 보았다. 이러한 주목에 일관되게 파트너들은 협력적인 학습활동과 관계되는 결속과 공유비전을 개발한 것이다(Dyer and Singh, 1998).

협력적인 결속(collaborative commitment)은 관계목적의 범위와 관계할 수 있다(Borys and Jemison, 1989). 협의의 목적범위가 단순히 신뢰할 만한 납기를 제공하는 것과 같은 일을 포함하는 반면에 광의의 범위는 핵심 프로세스의 개선, 신제품의 개발, 신시장의 개척과 같은 더 복잡한 목적일 것이다. 몇몇 관계가 협력으로부터 잠재적인 이익을 분석하고 그리고 협력이 얼마나 좋은 결과를 낳을 것인지 모니터하는 공동시스템을 개발하는 것들은 매우 성공적 성과에 해당된다. 만약 관계에서 협력적 결속이 의욕적이라면 정보를 교환하고 관계성과가 얼마나 개선할 수 있을 것인가를 학습하는 데 더 합리적일 것이다. 이러한 맥락에서 볼 때 광의의 목적범위는 협력에 필요한 몇몇 기회를 낳을 것임에 따라 약간의 기회는 관계학습을 추구토록 하는데 다음과 같은 가설을 도출할 수 있을 것이다.

가설 3: 기업간 협력적 결속은 관계학습에 정(+)의 영향을 미칠
　　　　것이다.
가설 4: 기업간 협력적 결속은 관계성과에 정(+)의 영향을 미칠
　　　　것이다.

3) 내부복잡성 및 관계학습에 대한 가설

내적 복잡성(internal complexity)은 조직의 경계를 초월하여 조화로운 두 가지 운영의 어려움이 나타남에 따라 학습할 욕구와 동기를 증대시켜야 한다. 이러한 어려움은 관계가 어떻게 조직화되는지의 구조적 복잡성뿐만 아니라 관계에서 포함되는 고유의 제품 복잡성과 관련되어 있다고 생각하는 것이 합리적이다.

내적 복잡성이 크면 클수록 가능한 한 복잡한 정보는 또한 공유돼야 할 것이다(Metcalf, Frear, and Krishnan, 1990). 산업필드의 정보 제공자는 M&A가 기업으로 하여금 고객과 공급자 관계를 강제적으로 재조직화한다고 논평하였다(Selnes and Sallis, 2003). 만약 두 개의 공급자가 상호 흡수·통합한다면 간혹 그들 쌍방이 관계를 가진 공동의 고객들을 보유할 것이고, 그러한 고객들은 새로운 조직에서 재구성돼야 한다. 유사한 상황이 이전에 두 고객과의 관계를 가졌던 한 공급자가 다른 고객과의 관계를 개발하려고 할 때 그 고객 측에서 유발할 수 있다. 따라서 정보공유와 학습을 통한 밀접한 협력은 내적 불확실성에서 발생한 평가문제를 해결하는 데 매우 용이하므로 다음과 같은 가설을 설정할 수 있다.

가설 5: 기업간 내부복잡성은 관계학습에 정(+)의 영향을 미칠 것이다.

4) 환경의 불확실성 및 관계학습에 대한 가설

환경의 불확실성(external uncertainty)이란 조직의 의사결정에 변덕성(volatility)을 낳고 방해한다(Pfeffer and Salancik, 1978). 또한 불확실성은 어떤 한쪽이 변화하고 있는 상황을 이용할 수 있기 때문에 기회주의를 낳을 수 있다(Heide and John, 1990). 관계에 대한 환경의 불확실성은 관계하는 당사자가 거의 혹은 어떤 통제도 가질 수 없는 환경에서의 힘과 관련되는 동시에 관계의 성과에 대해 큰 영향력을 미치는 힘이다. 최종고객의 구매행동, 경쟁 그리고 기술에서의 변화 모두는 관계를 낳는 잠재적 가치에 큰 영향을 미친다. 신속하게 적응하는 유연성과 능력은 불확실한 환경에서 중요하다. 가령, 최종사용자가 어떤 제품에 대한 자신의 선호도가 바뀌고 효과적인 협력의 기회가 감소된다면 당사자들이 공동으로 일하는 방법을 변경하는 방식으로 품질을 개선하거나 새로운 선호도를 반영한 새로운 혹은 개선된 제품을 개발한다(McKee, 1992). 그러므로 기업들은 외부적 성질(externality)에 대해 몇몇 통제를 획득하든지 혹은 중요한 결과에 대해 완충시키든지 관계학습에 열중하도록 학습의욕을 유발시킬 것이다(Selnes and Sallis, 2003).

한편, 관계가 진전될 때, 조직의 경계와 운영적 단위에 대한 활동이 상호 연결됨에 따라 더 복잡해지는 경향이 있다. 이러한 복잡성(complexity)은 공동학습활동을 이끌어 낸다. 관계학습의 또 다른 중요한 동기는 환경의 불확실성이다. 즉 관계당사자들이 최종사용자의 구매행동, 경쟁 그리고 기술에 있어서의 변화와 같이 거의 통제하지 못하거나 통제되지 않은 환경하에서 영향요인과 관계될 때이다. 자원의존이론에 따르면(Pfeffer and Salancik, 1978), 협력적 관계(Van de Ven, 1976)뿐만 아니라 조직도 환경의 불확실성에 따라서 관계를 구축하며, 거기에 알맞게 그것의 자원을 조직화한다. 그러므로 기업이 몇 가지 통제를 할 수 있거나 불확실성의 결과를 완충시키기 위해 공동학습활동에 열중하도록 동기부여한다. 실제적으로, 혁신의 중심은 개별기업보다 생명공학 네트워크에서 오히려 더 강하다(Powell, Koput, and Smith-Doerr, 1996). 그러므로 관계는 수동적으로 변화하는 환경에 적응할 뿐만 아니라 더욱더 전략적으로 상호작용하고 협력과 공동학습을 통해 경쟁우위를 개발하는 것이므로(Dyer and Singh, 1998) 다음과 같은 가설을 도출할 수 있을 것이다.

가설 6: 기업간 환경의 불확실성은 관계학습에 정(+)의 영향을 미칠 것이다.

5) 거래특유자산 및 관계학습에 대한 가설

거래특유자산(transaction specific assets)은 "파트너가 다른 관계로 쉽게 이동할 수 없는 관계를 만들고자 고객화한 투자자산(customized investments assets)으로서, 인적자원의 교육, 거래상의 내부설비, 광고·촉진비 그리고 기업거래절차상의 투자 등"을 말한다. 즉 특정 파트너와의 교환관계에만 적합하도록 투자되었기 때문에 다른 파트너와의 교환관계로는 쉽게 재배치될 수 없으며, 재배치 시에는 자산의 가치가 거의 없는 내구성 자산(durable assets)에 대한 투자자산을 의미한다(Williamson, 1985). 거래특유투자는 기회주의에 대해 보호할 안전한 장치가 요구되기 때문에(Williamson, 1985), 장기적이고 지속적인 관계를 개발하도록 제안한 것이다(Heide and John, 1990). 따라서 공동학습활동의 형식에 의한 협력은 기회주의에 대한 안전장치로서 역할을 하며, 다른 당사자의 직접적 확인을 제공한다(Noordewier, John, and Nevin, 1990). 거래특유투자는 관계학습을 더욱 동기부여시킨다. 왜냐하면 이것은 투자에 대한 초기 동기부여를 넘어 투자수익(return on investment)을 제고시키는 방법이기 때문이다.

관계학습은 관계 당사자가 특정한 목적을 위한 자원의 투자를 통해 얼마나 적응했느냐와 관계된다. 몇몇 당사자의 투자는 관계 이상으로(outside) 오로지 제한적 가치만을 가짐으로써 상호의존이 증가된다. Rousseau and Colleagues(1998)에 따르면, 상호의존의 증가는 당사자들에게 관계적 지배구조(relational governance) 메커니즘으로 이동하는 데 동기부여를 제공하며, 공동학습을 촉진시킨다. 결과적으로 가장 높은 수준의 거래특유투자가 관계성과에 대한 긍정적 효과를 동반하는 이유를 설명하게 해주는 데 도움이 된다. 따라서 다음과 같이 가설을 설정할 수 있다.

가설 7: 기업간 거래특유투자는 관계학습에 정(+)의 영향을 미칠 것이다.

6) 명성 및 관계학습에 대한 가설

기업의 명성(reputation)은 기업이 자산 중 다른 무형자산과는 달리 축적, 모방, 이전이 용이하지 않고 매매가 불가능한 자산, 쉽게 손상을 입고 손상을 입었을 때 대응할 수 있는 법적 효력이 약한 자산 또는 미래의 임차(rents)를 발생시킬 수 있는 자산이다. 명성을 구축하는 행동은 불완전한 정보환경에서 전략적으로 매우 중요하다. 긍정적인 명성이란 어떤 조직이 높이 평가받으며, 가치가 있거나 우수함이 있는 것을 뜻하는 것으로서, 평균 이상의 이익을 획득하는 데 이용될 수 있다. 또한 명성은 파트너들의 기술적 또는 전문적 행위(professional conduct), 윤리 그리고 표준에 대한 좋은 명성 혹은 나쁜 명성을 가지는 정도의 인식을 말하며, 특히 서비스 시장에서는 서비스 질의 사전 구매평가가 모호하고 부분적이기 때문에 더 중요한 역할을 수행한다. 명성은 사업전략의 무형적 요소로서 협력관계에 있는 파트너들이 다른 경로관계에서 그들의 행동을 통해 미래 활동의 신호(signals)를 제공한다. 가령, 보복에 대한 명성은 경쟁을 억제시키는 한편, 희생을 하고 기타 경로 구성원들에게 관심을 보이는 개별적 파트너들은 산업 내에서 공정성에 대한 명성을 개발할 수 있다(Anderson and Weitz, 1992). 공정성에 대한 명성을 얻게 된 파트너를 인식한 상대 파트너는 파트너에 대한 신뢰가 돈독해질 것이며, 제휴나 또 다른 조직간 관계를 생성시키는 데 영향을 준다. 호의적인 믿음, 신뢰 그리고 심리적 결속을 수반한 명성은 기업가적인 단기간의 협조적 관계(honeymoon)의 토대로서 사용할 수 있는 자산이다. 반면, 관계를 종결하고 그리고 높은 이익을 추구하는 데 대한 부정적 명성을 얻게 된 파트너는 그 파트너 자신이 파트너 쌍방 간의 상호 복지에 대한 관심보다는 오히려 자신의 이해관계에만 몰두하는 파트너에게 신호를 보낼 것이다. 그러한 부정적인 명성은 경로 구성원들 간에 신뢰를 저하시키고 관계학습에 부정적일 것이다.

공정성에 대한 명성(reputation for fairness)은 호의에 기반을 구축하지 않는 파트너를 제외하고 파트너의 신뢰에 대한 긍정적인 효과를 획득하게 하고 관계학습에 긍정적인 동시에 지속적으로 신뢰할 만하고 일관성 있는 행동의 체계(edifice)를 구축하게 한다. 요컨대, 긍정적인 명성은 거래비용을 감소시킬 수 있다. 강력한 긍정적 명성을 가지거나 부정적 명성을 가진 기업은 어떤 명성도 가지고 있지 않는 기업들보다 더 많은 매체의 보도를 받을 것이다. 그러므로 수용할 수 있는 파트너 기업에 대한 탐색비용이 현저히 낮아진다. 또한 긍정적 명성의 시사점은 표적기업의 활동이 현저하고 그것의 성과가 더 투명하기 때문에 감독과 평가가 용이할 수 있다. 설사 기회주의적 행동이 협력의 관계 동안 발생할지라도 관계자는 다소 부정적 영향으로부터 보호되는 것으로 보아 다음과 같이 연구가설을 설정할 수 있다.

가설 8: 기업간 명성은 관계학습에 정(+)의 영향을 미칠 것이다.

7) 의사교환, 관계학습 및 관계성과에 대한 가설

의사교환(communication)은 파트너 간에 의미 있는 비공식적 공유 및 시의 적절한 정보뿐만 아니라, 공식적 정보의 공유를 뜻하며 (Anderson and Narus, 1990, p.44), 계획, 프로그램, 기대 목표 그리고 평가기준의 상호개방과도 관련되는 등 광범위하게 정의를 내리고 있다(Anderson and Narus, 1990). 의사교환 특히, 시의 적절한 의사교환(Moorman, Zaltman, and Deshpandé, 1992)은 논쟁과 갈등을 해결하고, 지각과 기대를 결합함으로써 신뢰를 잉태할 뿐만 아니라 조직적 기능의 중요한 기반이기 때문에, 의사교환 행동은 조직의 성공에 결정적이다. Anderson and Narus(1990, p.45)에 의하면 과거의 의사교환은 신뢰의 전제조건이지만, 일련의 기간에 있어서 이러한 신뢰의 누적은 더 좋은 의사교환을 낳을 수 있다고 했다. Anderson and Narus(1990)와 같이 본 연구는 의사교환이 서로 다른 관계자로부터 과거의 의사교환이 빈번하고 매우 높은 질, 즉 적합하고, 시의 적절하며 그리고 신뢰할 수 있다는 것에 대한 파트너의 인식은 곧 더 큰 관계학습과 관계성과를 가져올 것이다. Anderson and Weitz (1992)도 의사교환은 긍정적으로 경로상에서 파트너 간에 상호 이해를 제고시킴으로써 관계학습 강화와 관계성과 촉진에 긍정적인 역할을 한다고 검정하였다.

따라서 파트너 간의 효과적인 의사교환은 협력의 편익을 달성하기 위해 매우 중요하며, 의사교환은 곧 파트너 간의 가치 있는 관계학습의 정보공유, 목표의 수립 및 설정에 지대한 영향을 미칠 것이므로 다음과 같은 가설을 설정할 수 있다.

가설 9: 기업간 의사교환은 관계학습에 정(+)의 영향을 미칠 것이다.
가설 10: 기업간 의사교환은 관계성과에 정(+)의 영향을 미칠 것이다.

8) 공유가치, 관계학습 및 관계성과에 대한 가설

공유가치(shared value)란 파트너가 행동, 목표 그리고 정책의 중요 여부, 적합성 여부 그리고 옳고 그름에 대한 일반적으로 믿음(beliefs)을 가지는 정도(Morgan and Hunt, 1994, p.25)를 말한다. Heide and John(1992)은 적절한 행동(appropriate actions)과 관련되기 때문에 규범(norms)을 공유가치라고 하였다. 규범은 가치가 조작화된 규칙으로 집합적 대 개별적 목표에 대해 금지된 행동과는 차이가 있다. 개별 목표는 경쟁적인 행동의 규범을 낳는 반면, 관계적 교환의 규범은 이익의 상호성의 기대에 기반을 두며, 필수적으로 경영행동(stewardship behavior)을 설명한다. 그리고 전반적으로 관계의 존재가 잘 제고될 수 있도록 설계한다(Heide and John, 1992, p.34). 마찬가지로 Dwyer, Schurr, and Oh(1987, p.21)는 공유가치를 신뢰의 발전에 기인한다고 주장한다. 가치는 조직문화의 정의에 중요한 것으로 ① 관찰할 수 있는 문화유물(artifacts), ② 가치(values), ③ 기본적인 중요한 가정(assumptions)들을 문화의 세 가지 기본적 수준으로 본다. 더욱이 가치는 광범위하고 강력하게 유지될 때, 문화를 반영한다는 것이다. 그러므로 공유가치는 고용환경에서 적합한 인적자원 조직의 가장 좋은 측정이라고 믿는 것을 제공해 주기 때문에, 특히 조직의 결속 분야에서 조직 연구자들에게 매우 관심 있는 변수가 된다.

본 연구는 조직행동 연구와 일관성 있게 교환관계에 있는 파트너가 가치를 공유할 때, 파트너들은 사실상 그들의 관계를 더욱 학습할 것이고 그 성과는 제고될 것이므로 다음과 가설을 설정할 수 있다.

가설 11: 기업간 공유가치는 관계학습에 정(+)의 영향을 미칠 것이다.

가설 12: 기업간 공유가치는 관계성과에 정(+)의 영향을 미칠 것이다.

9) 관계학습 및 관계성과에 대한 가설

관계성과(relationship performance)는 "파트너들이 자신들의 관계정도가 가치 있고, 정당하며, 생산적이고 그리고 만족하는 것을 고려하는 정도"로 정의한다(Ruekert and Walker, 1987; Van de Ven, 1976). 관계의 기본적 목적은 고객의 구매활동이 공급자의 판매활동 및 서비스와 관계되는 것이다. 관계는 역시 공동 R&D, 공동마케팅, 공동품질관리 등과 같은 다른 활동을 포함하여 그 범위를 확장할 수 있다. 좋은 성과의 관계는 고객과 공급자 양측이 관계의 효과성(올바른 일을 하는 것)과 효율성(바른 방법으로 일을 하는 것)을 만족할 때 존재한다. 관계의 효과성은 상호작용하는 인적자원들이 관계가 가치 있고, 공평하며, 생산적이며, 만족할 만가를 인식하는 여부로 결정되는 것이다(Ruekert and Walker, 1987; Van de Ven 1976). 그러므로 관계학습의 목적은 관계의 효과성과 효율성을 제고하는 것이다. 당사자들은 관계를 평가하고 이러한 정보를 대화의 과정으로 선택하였으며, 공동의 기억으로 갱신하고 그리고 거기에 따라 자신들의 행동을 바꾸는 방식에 따라 정보를 공유하기 시작할 때 관계학습은 관계의 모든 성과를 개선하게 되는 것이다. 관계학습은 효율성과

효과성 두 측면을 개선할 수 있다.

협력적인 관계의 효율성과 관계되는 성과는 선행문헌에서 자세히 기록하고 있다(Heide and Stump, 1995; Mudambi and Mudambi, 1995; Noordewier, John, and Nevin, 1990). 장기적인 제조업자-공급자 관계의 연구에서 Kalwani and Narayandas(1995)는 공급자가 재고수준과 비용관리에서 보다 효율적이면, 그것은 보다 낮은 제 비용을 낳으며, 공급자들 중에서 부분적으로 저렴한 가격으로 고객들에게 매각할 수 있다는 것을 발견하였다.

조직학습과 시장지향과 관계되는 연구는 경쟁우위와 비즈니스성과와 강력하게 연결되어 있었으며(Hurley and Hult, 1998; Jaworski and Kohli, 1993; Matsuno and Mentzer, 2000; Narver and Slater, 1990) 관계학습과 효과성의 연계 역시 입증되었다(Dyer and Singh, 1998). 결국 고관여 학습관계(high learning relationship)는 더 나은 가치를 제공하는 제품과 서비스를 촉진시킬 것 같으며, 사용자들을 위해 문제를 해결하는 데 우선순위가 된다(Von Hippel, 1994, 1998). 두 조직이 상호학습에 열중할 때 서로의 욕구를 더 잘 이해할 것 같으며, 거기에 따라 반응할 것이다(Kalwani and Narayandas, 1995). 잠재적인 문제는 관계학습이 잘못된 식견을 낳을 수 있음에 따라 실제적으로 성과를 줄어들지 모른다. 관계파트너는 잘못된 것을 바르게 배우거나 옳은 것을 잘못되게 학습한다. 그런 상황하에서 무학습은 성과를 점증시킬 수 있는 유일한 방안일 것이다(Hedberg, 1981). 그러므로 선행연구의 검토결과 다음과 같은 가설을 설정하였다.

가설 13: 기업간 관계학습은 관계성과에 정(+)의 영향을 미칠 것이다.

<그림 1>에서처럼 앞에서 언급한 '기업간 관계학습을 통한 관계성과전략'이라는 연구테마에서의 13개 연구가설은 Selnes and Sallis (2003)의 연구과제와 권기대(2002), 권기대·김종웅(2003) 그리고 권기대·이상환(2003) 연구에서 사용한 변수들을 활용하였으며, 이러한 개별적 연구를 종합화한 것이 특징이다.

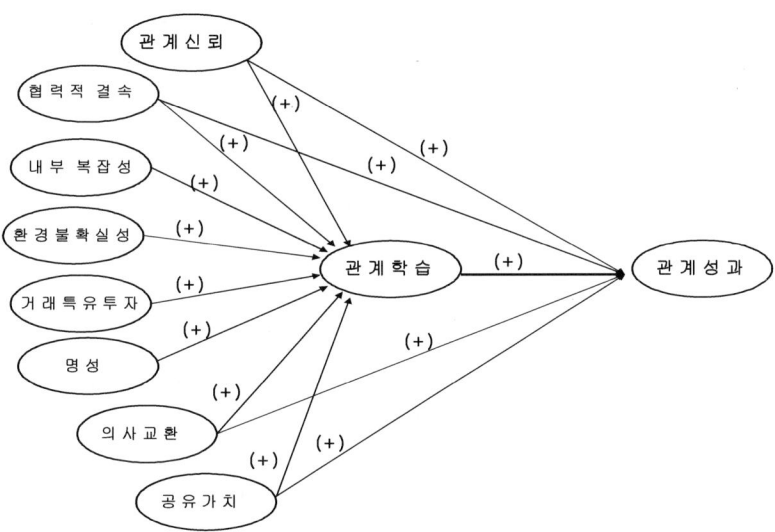

〈그림 1〉 연구의 모델

Ⅲ. 연구조사방법

1. 표본의 일반적 특성

　본 연구에서는 벤처기업들을 분석대상으로 삼고 있으며, 필요한 자료는 전국에 분포하고 있는 벤처기업이 입주해 있는 테크노파크, 벤처인큐베이터 기관에 입주해 있는 개별업체를 직접 방문하여 의뢰 및 회수하였다. 총 200부의 설문지를 배포하였고 그중 100부가 회수되었으며, 불성실한 응답을 제외한 88부를 최종분석에 사용하였다.

　응답기업들의 기업연수는 최저 1년에서 최고 40년 사이에 분포하고 있으며 평균 5년, 표준편차 4년 6개월로 나타났고, 3~4년 된 기업이 33개(37.50%), 5~6년 된 기업이 23개(26.14%), 1~2년 된 기업이 16개(18.18%), 7~8년 된 기업이 6개(6.82%), 9~10년 된 기업이 4개(4.55%), 11년 이상 된 기업과 무응답이 각각 3개(3.41%)인 것으로 확인되었다. 규모(종업원 수)별로는 5명 이하로 구성된 기업이 32개(36.36%), 6~10명으로 구성된 기업이 23개(26.14%), 21명 이상으로 구성된 기업이 15개(17.05%), 11~20명으로 구성된 기업이 14개(15.91%), 무응답 4개(4.55%)이며 최저 2명에서 최고 290명으로 평균 18.58명, 표준편차 38.2인 것으로 나타났다. 기업들의 입주형태를 살펴보면 창업보육센터가 56개(63.64%)로 가장 많았으며, 테크노파크 14개(15.91%), 공단단지 6개(6.82%), 일반지역 8개(9.09%), 무응답 4개(4.55%)로 확인되었다.

경영자들의 인구통계학적 특성을 살펴보면, 경영자의 92.05%(81명)가 남성이었고 여성은 7명(7.95%)이었으며, 연령은 30~75세 사이에 분포하고 있고 평균 44.51세, 표준편차 8.29로 나타났고, 40~49세 47명(53.41%), 30−39세 19명(21.59%), 50세 이상 17명(19.32%), 무응답 5명(5.68%)인 것으로 확인되었다. 학력별로는 대학원졸 47명(53.41%), 대졸 31명(35.23%), 전문대졸 및 해외MBA 각각 4명(4.55%), 고졸 2명(2.27%) 등 분포였다. 지난 5년간 경영자들이 경험한 주된 관리기능을 살펴보면, 기술적 경력이 주된 경영자가 36명(40.91%), 전반적 경영관리경력을 갖고 있는 경영자가 32명(36.36%), 마케팅경험을 주된 경력으로 갖고 있는 경영자가 12명(13.64%), 사무 및 재무경력을 갖고 있는 경영자가 각각 2명(2.27%), 무응답이 4명(4.55%)인 것으로 나타났다.

2. 변수의 조작적 정의 및 측정

본 연구 분석에 사용된 모든 변수들은 모두 '전혀 그렇지 않다(1점)'에서 '매우 그렇다(5점)'까지의 Likert 5점 척도를 이용하여 다항목으로 측정하였으며, 요인분석 후 이들 각 변수들의 측정문항은 <표 1>에 제시하였다. 다음에 언급하는 각 변수의 조작적 정의 및 측정항목들은 선행연구에서 신뢰성과 타당성이 입증된 항목을 본 연구의 상황에 적절하게 재구성하였다.

첫째, 관계신뢰는 '관계에서 두 당사자의 관심을 고려하는 것처럼 반응하는 다른 당사자의 지각된 능력 및 의지'를 뜻한다. 본 연구에서는 5개 항목으로 다른 당사자에 대한 신뢰를 측정하였다(Kumar, Scheer, and Steenkamp, 1995; Doney and Cannon, 1997; Morgan and Hunt, 1994; Zaheer, McEvily, and Perrone, 1998). 둘째, 협력적 결속은 '관계를 유지하고 강화하기 위해 공동노력을 보장할 만큼 충분히 중요하다고 간주하는 공동의 믿음'을 말한다. 협력적 결속은 쌍방에게 이익을 낳고 관계가치를 제고시키는 활동을 촉진하는 맥락에서 당사자들이 공동의 목표를 개발하고 공동의 평가를 실행하려는 것을 뜻한다. 본 연구는 Hamel(1991) 과 Håkansson and Johanson(1988) Heide and John(1992)의 선행연구를 토대로 5문항을 개발하였다. 셋째, 내부복잡성은 '관계 자체에 대한 지각된 복잡성 그리고 제품계열 및 복잡성 그리고 관계 속에서 포함된 운영단위 등을 반영한 것'을 말한다. 본 연구에서는 내부복잡성을 Selnes and Sallis(2003)의 선행연구를 토대로 3개 항목을 측정하였다. 넷째, 환경의 불확실성은 '시장행동의 요인들 중에 지각된 변화의 속도'를 말한다. 본 연구에서는 5개 항목으로 측정하였다(Jaworski and Kohli, 1993; Noordewier, John and Nevin, 1990).

다섯째, 거래특유자산은 '핵심관계에 기여하는 투자 및 적응'으로 정의한다. 거래특유투자의 3항목은 Heide and Stump(1995), Heide(1994)의 선행연구를 인용하였다. 여섯째, 명성이란 "어떤 조직이 높이 평가받으며, 가치가 있거나 우수함이 있는 것을 뜻하는 것(권기대, 2002)"으로, 평균 이상의 이익을 획득하는 데 이용될 수 있다. 이의 측정을 위해 Anderson and Weitz(1992)의 선행연구에서 중복된 것을 제외한 4개 항목을 사용하였다. 일곱째, 의사교환은 "파트너 간에 의미 있는 비공식적 공유 및 시의 적절한 정보뿐만이 아니라, 공식적 정보의 공유"를 뜻하며(Anderson and Narus, 1990, p.44), "계획, 프로그램, 기대 목표 그리고 평가기준의 상호개방과도 관련되는 등 광범위하게 정의"를 내리고 있다(Anderson and Narus, 1990; Anderson and Weitz, 1992). 본 연구의 의사교환 개념은 양식, 방향, 빈도, 내용의 차원들을 측정할 수 있는 5개 항목들로 구성되었다. 여덟째, 공유가치는 파트너 간의 행동, 목표 그리고 정책의 중요 여부, 적합성 여부 그리고 옳고 그름에 대한 일반적으로 믿음(beliefs)을 가지는 정도(Morgan and Hunt, 1994, p.25)라고 말할 수 있다. 공유가치는 2개 항목으로 구성되었다(권기대, 2002). 아홉째, 관계학습이란 고객과 공급자 조직이 잠재적인 관계(potential relationship) - 영역(domain) - 특유의 행동(specific behavior)의 범위 또는 가능성을 개선하기 위해서 공유된 정보를 지도하고 정보를 이해하며, 얻어진 정보를 공유된 관계 - 영역 - 구체적 기억으로 통합화하는 일련의 지속적인 공동활동으로 정의한다. 관계학습의 항목개발은 Anderson and Narus(1990), Heide and John(1992), Moorman and Miner(1997), Noordewier, John, and Nevin(1990) and Slater and Narver(1996)에 의한 선행연구를 지침서로 활용하였다. 본 연구에서는 정보공유와 관련된 7개의 항목만을 사용하여 관계학습을 측정한 이유는 기업간의 관계성과를 촉진에 정보공유와 근간을 이루기 때문에 채택하였다.

열 번째, 관계성과는 "파트너들이 자신들의 관계정도가 가치 있고, 정당하며, 생산적이고 그리고 만족하는 것을 고려하는 정도"로 정의한다(Ruekert and Walker, 1987; Van de Ven, 1976). 선행연구를 토대로(Kalwani and Narayandas, 1995), Kumar, Stern, and Achrol, 1992; Noordewier, John and Nevin(1990) 7문항으로 된 척도를 개발하였다.

〈표 1〉 탐색적 요인분석 및 신뢰도 검정

변수	문항내용	요인1	요인2	요인3	요인4	요인5	요인6	요인7	요인8	요인9	요인10
관계신뢰	1. 나는 다른 조직이 문제가 발생했을 때 이해력을 가진 반응을 나타낼 것이라고 믿는다.	0.40	0.31	0.06	0.28	-0.04	0.26	0.12	**0.47**	-0.09	0.09
	2. 나는 다른 조직이 계약사항을 충분히 실행할 것이라고 믿는다.	0.17	0.25	0.12	0.02	0.13	0.30	-0.10	**0.71**	0.09	0.20
	3. 우리는 다른 조직이 그들이 하고 있는 일에 대해 충분히 자격이 있다고 믿는다.	0.12	0.32	0.17	0.29	0.25	0.29	0.07	**0.62**	-0.09	0.00
협력적 결속	1. 우리는 어느 정도 관계에서의 다른 파트너와 기업의 목표에 대해 상호 토론한다.	0.30	0.51	0.17	**0.50**	0.08	0.23	0.04	0.06	-0.03	0.23
	2. 우리는 어느 정도 잠재요인에게 대해 공동분석을 통해 특정한 목표를 서로 개발한다.	0.30	0.43	0.18	**0.51**	0.34	0.21	-0.01	-0.05	0.08	0.21
	3. 우리는 어느 정도 공동협약 모든 계약하에서 특정한 목표를 수립한다.	0.27	0.37	0.09	**0.69**	0.22	0.12	0.12	0.10	0.16	-0.03
	4. 우리는 어느 정도 매일 작업을 통해서 특정한 목표를 실행한다.	0.32	0.31	0.21	**0.68**	0.23	0.06	0.09	0.06	0.09	0.08
	5. 우리는 어느 정도 특정한 목표와 관련 되는 성과를 달성하고자 성과측정을 개발한다.	0.35	0.13	0.09	**0.75**	0.10	0.01	0.15	0.16	0.27	0.08

변수	문항내용	요인1	요인2	요인3	요인4	요인5	요인6	요인7	요인8	요인9	요인10
내부 복잡성	1. 우리가 교환한 제품은 매우 복잡한 완성품이다.	0.04	0.11	0.14	0.08	0.21	-0.02	0.06	0.29	**0.79**	-0.10
	2. 쌍방조직으로부터 참여한 많은 운영 조직이 있다.	0.10	0.23	0.07	0.20	0.16	-0.06	0.35	-0.20	**0.67**	0.18
	3. 쌍방조직 간에 상이한 부서나 동업자들 간의 유력한 연줄이 있다.	0.08	0.25	-0.03	0.25	0.26	0.02	0.29	-0.33	**0.61**	0.04
환경의 불확실성	1. 우리 산업에서는 최종사용자의 욕구와 선호도가 급격하게 변한다.	0.06	-0.01	0.03	0.19	0.20	-0.01	**0.79**	-0.17	0.07	0.02
	2. 우리 산업에서 경쟁자는 빈번히 시장점유율을 높이기 위해 공격적인 활동을 한다.	-0.06	0.08	-0.22	0.30	0.11	0.14	**0.66**	0.29	0.22	-0.14
	3. 우리는 조업정지에 대한 우리의 경쟁자들이 야기하거나 급히 그들이 운영하는 방식을 바꾼다.	0.00	0.15	-0.03	-0.11	0.00	-0.14	**0.85**	0.05	0.12	-0.09
거래 특유자산	1. 우리는 이러한 관계를 위해 중요한 투자를 했다.	0.26	0.01	-0.07	0.22	**0.71**	-0.13	0.14	-0.06	0.22	0.12
	2. 우리는 다른 당사자의 기술적 규범과 표준에 순응하기 위해 몇 가지 조정하였다.	0.09	0.09	0.06	0.03	**0.80**	-0.07	0.13	0.23	0.24	-0.01
	3. 우리 시스템과 프로세스는 새로운 관계에 쉽게 조정될 수 있다.	0.12	0.41	0.12	0.20	**0.75**	0.11	0.06	0.03	0.02	-0.11

변수	문항내용	요인1	요인2	요인3	요인4	요인5	요인6	요인7	요인8	요인9	요인10
명성	1. 거래업체들에게 믿음직한 명성을 가지고 있을 것이다.	-0.06	0.24	0.54	0.17	0.11	0.14	-0.14	0.12	-0.14	0.60
	2. 거래업체들에 대해 이해심이 많다는 평판을 지니고 있을 것이다.	0.07	0.14	0.43	0.23	0.06	0.04	-0.03	0.09	-0.10	0.73
	3. 시장에서 별로 평판이 좋지 않을 것이다(R).	0.14	0.06	-0.14	-0.06	-0.07	0.02	-0.05	0.05	0.13	0.81
의사교환	1. 우리와 의사소통이 매우 효율적으로 이루어질 것이다.	0.24	0.05	0.68	-0.05	0.04	0.14	-0.09	0.26	0.05	0.09
	2. 우리가 대기업에게 주문을 하거나 대기업이 주요 의사결정자와 접촉하는 것이 쉬울 것이다.	0.20	0.35	0.74	-0.11	-0.09	0.14	0.03	-0.08	0.01	0.07
	3. 보다 효율적 의사소통을 위해 우리가 팩스로 질문하고 구매정보를 얻는 것을 정려할 것이다.	0.13	0.16	0.73	0.11	-0.02	0.04	0.09	-0.07	-0.02	-0.08
	4. 우리가 전화를 통한 의사소통으로 일이 순조롭게 이루어질 만큼 충분할 것이다.	0.08	-0.04	0.77	0.13	0.03	0.02	-0.10	0.01	0.19	-0.04
	5. 우리가 새로운 방향으로 사업을 진행시키거나 조정하기 위해 또는 서로의 차이점을 해결하기 위해 대기업이 의사결정자들과 대면하면 토론에 가능할 것이다.	0.10	0.03	0.73	0.14	0.12	0.03	-0.02	0.16	-0.01	0.19

변수	문항내용	요인1	요인2	요인3	요인4	요인5	요인6	요인7	요인8	요인9	요인10
공유가치	3. 부정적으로 회사원들 자신의 이익을 챙기려고 한다면 발견 즉시 제재를 가할 것이다.	0.12	0.03	0.10	0.04	-0.04	0.90	-0.04	0.20	-0.03	0.08
	4. 근무하는 회사원 가운데 부정적으로 회사의 목표를 달성하려고 한다면 발견 즉시 제재를 가할 것이다.	0.14	0.02	0.15	0.09	-0.05	0.92	-0.04	0.11	-0.01	0.01
관계학습	1. 우리 회사는 관계에서 교환된 제품과 성공적 그리고 비성공적인 경험들을 상호 교환한다.	0.78	0.02	0.01	0.26	-0.02	0.06	0.04	0.10	0.04	0.09
	2. 우리 회사는 최종사용자의 욕구, 선호도 그리고 행동의 변화와 관계되는 상호 정보를 교환한다.	0.67	0.19	0.10	0.22	0.20	0.22	-0.05	0.08	0.03	0.16
	3. 우리 회사는 기업인수 및 합병, 협력과 같은 시장구조에서의 변화와 관계되는 정보를 상호 교환한다.	0.71	0.24	0.28	0.09	0.11	-0.15	0.10	0.16	0.00	0.06
	4. 우리 회사는 핵심제품의 기술 변화와 관련되는 정보를 서로 교환한다.	0.64	0.38	0.15	0.07	0.14	0.20	0.03	0.09	-0.02	0.08
	5. 우리 회사는 대기업과 가능한 한 예상치 못한 문제의 정보와도 서로 교환한다.	0.62	0.30	0.29	0.08	0.19	0.18	-0.06	0.01	0.24	-0.10
	6. 우리 회사는 쌍방조직의 전략에 관련되는 변화에 대한 정보를 서로 교환한다.	0.62	0.29	0.38	0.24	0.18	0.06	-0.05	-0.10	0.07	-0.10

변수	문항내용	요인1	요인2	요인3	요인4	요인5	요인6	요인7	요인8	요인9	요인10
관계성과	2. 예측지 못한 수요파동에 대한 유연한 조치는 관계 때문에 가능하였었다	0.36	**0.65**	0.33	0.07	0.03	-0.03	-0.01	0.19	0.16	0.07
	4. 공동판매의 시너지와 마케팅노력은 관계 때문에 달성되었다.	0.35	**0.66**	0.10	0.09	0.03	0.09	0.13	0.21	0.12	0.14
	5. 관계는 성공적인 신제품 개발을 위해 우리 능력에 대한 긍정적인 효과를 가져왔다.	0.10	**0.68**	0.06	0.33	0.34	0.02	0.04	0.16	0.08	-0.05
	6. 시간과 자금 같은 관계에서 자원의 투자는 매우 결정적인 이익의 결과를 낳았었다.	0.26	**0.46**	0.09	0.33	-0.06	-0.09	0.27	0.38	0.16	0.18
	7. 관계는 우리의 경쟁자가 하기 전에 최종 사용자의 욕구와 선호도의 변화를 알아내는 데 도움이 된다.	0.23	**0.69**	0.10	0.21	0.16	-0.07	0.13	0.08	0.20	0.11
	고유값	4.10	4.01	3.95	3.07	2.55	2.33	2.29	2.06	2.02	2.01
	분산설명비율(%)(누적분산설명: 74.73%)	10.79	10.56	10.40	8.09	6.72	6.13	6.03	5.41	5.32	5.29
	신뢰도	0.88	0.86	0.83	0.91	0.79	0.94	0.75	0.82	0.78	0.73

3. 측정도구의 신뢰도와 타당도

본 연구에서는 탐색적 요인분석 후, 각 해당 요인에 적재된 모든 항목들을 대상으로 Cronbach α값을 살펴봄으로써 측정의 신뢰도를 검정하였다. 그 결과 Cronbach α값이 <표 1>에 제시된 바와 같이 관계신뢰는 0.816, 협력적 결속은 0.911, 내부복잡성은 0.778, 환경의 불확실성은 0.753, 거래특유자산은 0.794, 명성은 0.734, 의사교환은 0.832, 공유가치는 0.941, 관계학습은 0.876, 관계성과는 0.864로 측정의 신뢰도가 확보된 것으로 판단된다.

본 연구에서 고려하고 있는 10개 변수들을 측정하기 위해 사용된 총 48문항을 직각회전(varimax rotation)하여 탐색적 요인분석을 실시하였는데 1 이상의 고유치를 갖는 요인이 11개로 나타났다. 관계신뢰를 측정하기 위한 5개 문항 가운데 2개 문항, 환경 불확실성을 측정하기 위한 5개 문항 가운데 2개 문항, 명성을 측정하기 위해 사용된 4개 문항 중 1개 문항, 공유가치를 측정하기 위해 사용된 4개 문항 중 2개 문항, 관계학습을 측정하기 위한 7개 문항 가운데 1개 문항 그리고 관계성과를 측정하기 위한 7개 문항 중 2개 문항이 각각 다른 요인에 적재되었다. 이들 10문항을 제거한 후 38개 문항을 대상으로 행해진 탐색적 요인분석 결과가 <표 1>에 제시되었다. 총 10개 요인이 추출되었고 10개 요인의 고유치는 각각 4.10, 4.01, 3.95, 3.07, 2.55, 2.33, 2.29, 2.06, 2.02, 2.01이며, 총 분산의 74.73%를 설명하는 것으로 밝혀졌다. 이를 통해 연구에 사용된 측정도구의 타당도를 확인할 수 있었다.

Ⅳ. 자료분석 및 가설검정

1. 변수들의 기술적 통계값

각 변수들 간의 방향과 관계가 어느 정도인가를 살펴보기 위해 상관관계분석을 실시한 결과는 <표 2>와 같다. 평균값은 내부복잡성이 2.85로 가장 낮고 공유가치가 3.79로 가장 높다. 관계학습은 환경의 불확실성을 제외한 다른 모든 변수들, 관계성과는 공유가치를 제외한 다른 모든 변수과 각각 정(+)의 상관관계를 갖고 있는 것으로 나타났다.

〈표 2〉 변수의 평균, 표준편차 및 상관관계

	평균	표준편차	관계신뢰	협력적결속	내부복잡성	환경불확실성	거래특유자산	명성	의사교환	공유가치	관계학습	관계성과
관계신뢰	3.51	0.71	1									
협력적 결속	3.25	0.85	0.56**	1								
내부복잡성	2.85	0.81	0.15	0.47**	1							
환경 불확실성	3.35	0.80	0.13	0.27*	0.44**	1						
거래특유자산	3.07	0.86	0.30**	0.52**	0.51**	0.29**	1					
명성	3.47	0.71	0.36**	0.37**	0.07	-0.13	0.09	1				
의사교환	3.15	0.68	0.32**	0.37**	0.16	-0.07	0.14	0.40**	1			
공유가치	3.79	1.00	0.45**	0.26*	-0.05	-0.05	-0.01	0.19	0.26*	1		
관계학습	3.04	0.85	0.53**	0.69**	0.31**	0.08	0.42**	0.28**	0.48**	0.28**	1	
관계성과	3.34	0.82	0.59**	0.73**	0.45**	0.28**	0.46**	0.34**	0.39**	0.15	0.65**	1

* $p < 0.05$, ** $p < 0.01$

2. 가설검정

본 연구에서는 관계신뢰, 협력적 결속, 내부복잡성, 환경의 불확실성, 거래특유자산, 명성, 의사교환 및 공유가치가 관계학습에 영향을 주고, 관계신뢰, 협력적 결속, 의사교환, 공유가치 및 관계학습이 관계성과에 영향을 준다는 연구모델을 설계하고 변수들 간의 관계를 나타내는 연구가설을 설정하였다.

AMOS를 사용한 경로분석결과에 근거하여 본 연구모델의 적합도 지수(χ^2=5.333, df=4, p=0.255, RMR=0.013, GFI=0.988, NFI=0.985, IFI=0.996, CFI=0.996)들을 살펴보면 연구모델의 적합도가 높으며, 변수들 간의 관계를 추정하는 데 무리가 없는 것으로 판단된다. 본 연구모델의 예측력을 살펴보면 관계학습은 전체 분산의 57.5%가 관계신뢰, 협력적 결속, 내부복잡성, 환경의 불확실성, 거래특유자산, 명성, 의사교환 및 공유가치에 의해 설명되었고, 관계성과는 관계신뢰, 협력적 결속, 의사교환, 공유가치 및 관계학습에 의해서 전체 분산의 63.4%가 설명되는 것으로 확인되었다.

경로분석을 통한 본 연구의 가설검정결과를 요약하면 <표 3>과 같다. 가설 1은 관계신뢰가 관계학습과 정(+)적 영향관계를 갖는다는 것이었는데, 분석결과 경로계수=0.172(t=1.813, p=0.07)로 나타나 기각되었으나 p<0.1수준에서는 유의하였다. 가설 2는 관계신뢰와 관계성과의 관계에 관한 것으로, 분석결과 경로계수=0.281 (t=3.236, p=0.001)로 나타나 관계신뢰와 관계성과 간의 관계에 관한 가설은 채택되었다. 가설 3에서는 협력적 결속이 관계학습을 촉진시

킬 것이라고 예측하였고, 분석결과 경로계수=0.504(t=4.742, p=0.000)로 나타나 협력적 결속이 강할수록 관계학습이 증진될 것이라는 가설 3은 지지되었고, 가설 4에서는 협력적 결속이 관계성과와 정(+)적 관계를 갖는다고 예측하였으며, 분석결과 경로계수=0.451 (t=4.735, p=0.000)로 나타나 두 변수가 유의한 관계를 갖는다는 주장이 지지되었다.

가설 5는 내부복잡성과 관계학습과의 관계에 관한 것으로, 분석결과 경로계수=0.011(t=0.125, p=0.901)로 나타나 내부복잡성과 관계학습 간의 관계에 관한 가설은 기각되었고, 가설 6은 환경 불확실성이 관계학습과 정(+)적 관계를 갖는다는 것이었는데, 분석결과 경로계수=-0.104(t=-1.279, p=0.201)로 나타나 기각되었다. 가설 7에서는 거래특유자산이 관계학습을 촉진시킬 것이라고 예측하였는데, 분석결과 경로계수=0.104(t=1.169, p=0.242)로 나타나 기각되었으며, 가설 8은 명성과 관계학습과의 관계에 관한 것인데, 분석결과 경로계수=-0.095(t=-1.149, p=0.250)로 나타나 명성과 관계학습 간의 관계에 관한 가설 역시 기각되었다.

가설 9는 의사교환이 관계학습과 정(+)적 관계를 갖는다는 것이었는데, 분석결과 경로계수=0.247(t=3.052, p=0.002)로 나타나 해당 가설은 채택되었으며, 가설 10에서는 의사교환이 관계성과를 향상시킬 것이라고 예측하였는데, 분석결과 경로계수=0.085(t=1.138, p=0.255)로 나타나 기각되었다. 가설 11에서는 공유가치가 관계학습을 증가시킬 것이라고 예측하였지만, 분석결과 경로계수=0.015(t=0.180, p=0.857)로 나타나 기각되었고, 가설 12는 공유가치와 관계성과의 관계에 관한 것으로, 분석결과 경로계수=-0.172(t=-2.341, p=0.019)

로 나타나 공유가치와 관계성과 간의 관계에 관한 가설 12는 채택되었다. 마지막으로 가설 13은 관계협력이 관계성과에 정(+)적 영향을 준다는 것이었는데, 분석결과 경로계수=0.200(t=2.060, p=0.039)으로 나타나 해당 가설은 지지되었다.

〈표 3〉 가설검정결과 요약

	연구가설	추정치	표준오차	t값	p	표준화된 추정치	채택여부
H1	관계신뢰 → 관계학습	0.207	0.114	1.813	0.070	0.172	채택
H2	관계신뢰 → 관계성과	0.324	0.100	3.236	0.001	0.281	채택
H3	협력적 결속 → 관계학습	0.508	0.107	4.742	0.000	0.504	채택
H4	협력적 결속 → 관계성과	0.436	0.092	4.735	0.000	0.451	채택
H5	내부복잡성 → 관계학습	0.012	0.097	0.125	0.901	0.011	기각
H6	외적불확실성 → 관계학습	−0.112	0.087	−1.279	0.201	−0.104	기각
H7	거래특유자산 → 관계학습	0.103	0.088	1.169	0.242	0.104	기각
H8	명성 → 관계학습	−0.113	0.099	−1.149	0.250	−0.095	기각
H9	의사교환 → 관계학습	0.311	0.102	3.052	0.002	0.247	채택
H10	의사교환 → 관계성과	0.103	0.090	1.138	0.255	0.085	기각
H11	공유가치 → 관계학습	0.012	0.069	0.180	0.857	0.015	기각
H12	공유가치 → 관계성과	−0.141	0.060	−2.341	0.019	−0.172	채택
H13	관계학습 → 관계성과	0.192	0.093	2.060	0.039	0.200	채택

적합도 지수($x^2=5.333$, df=4, p=0.255, RMR=0.013, GFI=0.988, NFI=0.985, IFI=0.996, CFI=0.996)

Ⅳ. 토론

1. 전략적 함의

본 연구의 실증적 탐색연구를 통해 다음과 같이 산업현장에 환류 (feedback)시킬 수 있는 전략적 시사점을 얻을 수 있었다. 첫째, 기업간 관계신뢰의 형성은 관계학습에 긍정적 작용을 하며, 결과적으로 관계 신뢰가 높게 신뢰될수록 관계성과를 제고시킬 수 있음을 알 수 있다. 둘째, 기업간 협력적 결속 또한 기업간 학습과정을 통해 생산적이고 관계가 공고화된 관계성과로 이어짐을 알 수 있다. 셋째, 기업간 의사교환은 관계학습의 긍정적인 영향을 미치고 있으나 관계성과는 영향관계가 나타나지 않았다. 즉 벤처기업 생태계에서 대기업에 대한 쌍방 간의 관계학습을 진작시키는 데 윤활유 역할은 하나 직접적 성과로 평가하지 않는 것 같았다. 넷째, 기업간 공유가치는 관계학습에 정(+)의 영향관계가 아니나 관계성과에는 정(+)의 관계를 보였다. 그 의미를 살펴보면 공유가치는 파트너 간의 행동, 목표 그리고 정책의 중요 여부, 적합성 여부 그리고 옳고 그름에 대한 일반적으로 믿음(beliefs)을 가지는 정도(Morgan and Hunt, 1994, p.25)로 보아 목적 달성의 의미로 받아들이고 있는 것으로 분석된다. 관계학습이 관계성과에 정(+)의 관계를 보이고 있는 것으로 보아 기업간 관계의 단절이 아닌 협력적 의미-고객과 공급자 조직이 잠재적인 관계(potential relationship)-영역(domain) -특유의 행동(specific behavior)의 범위 또는 가능성을 개선하기 위해서 공유된 정보를 지도하고 정보를 이해하며, 얻어진 정보를 공유된 관계 ― 영역 ― 구체적 기억으로 통합화하는 일련의 지속적인 공동활동 ― 를 통해 성과에 도달할 수 있음으로 해석해 볼 수 있다.

나머지 연구 가설들인 내부복잡성, 환경의 불확실성, 거래특유자산, 명성, 공유가치와 관계학습 간의 정(+)의 영향관계가 아닌 것으로 나타난 것은 첫째, 벤처기업의 대기업에 대한 내부복잡성과 관계학습 간에 가설이 기각된 배경은 벤처기업 조직 내부의 특정제품개발의 참여인원이 내·외부 인적자원으로 구성되어 있음에 따라 의견의 통합이 용이하지 않고 결재라인의 상이, 구성원들 간의 지각능력 차이 등 관계학습방법의 상이로 인하여 가설이 기각된 것으로 분석된다. 둘째, 벤처기업의 대기업에 대한 환경 불확실성은 시장환경의 불확실성에 따른 유연한 능력은 탁월하나 관계학습에 필요한 시간적 소요가 뒤따름에 따라 오히려 시장대응력이 떨어질 수 있음에 기인한다고 본다. 셋째, 거래특유자산은 조직의 구성원들이 전사적으로 학습하는 것이 아니라 CEO들이 전략적으로 의사결정하는 것임에 따라 기각된 것으로 해석된다. 넷째, 명성과 관계학습 간의 기각배경은 역시 특정한 기업과의 지속적 관계기업이므로 굳이 별도로 학습의 과정이 필요하지 않기 때문인 것으로 파악되고 있으며, 공유가치는 관계하는 특정기업과의 관계성과의 중요성이 관계학습보다 높게 간주한 것으로 진단된다. 그 밖에 설문용어에 대해 응답자들이 전문용어의 이해 숙지가 낮다는 점과 의사교환과 관계성과 역시 대화의 단절을 극복한 원활한 의사소통으로만 이해하고 있지 그것이 관계성과로 연결되는 것으로는 이해하고 있지 못한 것으로 보아 실질적인 성과를 두고 설문응답에 고민했을 것으로 유추해 볼 수 있다.

2. 연구한계 및 향후연구제안

본 연구를 분석 실행하면서 다음의 한계점을 발견하고 향후 연구의 풍요성을 위해 발전적으로 제안된 아이디어가 반영돼야 할 것이다. 첫째, 관계학습 및 관계성과, 관계신뢰, 협력적 결속 등 개념에 대한 국내의 선행연구가 없어서 연구방법을 다양하게 접근하는 데 한계에 직면하였다. 따라서 보다 더 발전적인 후속연구를 위해서는 설문 피응답자로 하여금 개념이해의 수월성을 위해 직면인터뷰, 실험법, 사례연구 등 다양한 연구방법을 활용해야 할 것이다. 둘째, 본 연구에서 벤처기업의 대기업에 대해 응답한 전국 대상 88개의 설문지로 관계학습 개념의 다차원적인 면을 해석해 낸다는 것은 무리일 수 있으므로 일반화에 신중할 필요성이 제기된다. 셋째, 본 연구는 벤처기업의 대기업에 대한 관계촉진에 있어서 지속적으로 동일한 과정을 측정한 것이 아닌 지속적 과정 속에서 스냅(snapshot)사진에 불과하므로 전략적 시사점의 취사선택도 역시 신중해야 할 것이다. 따라서 지속적으로 2년 간격을 두고 동일한 설문지로 반복적 연구를 통한 관계성과를 측정하여 기업간 관계학습의 연속성을 확인할 필요가 있겠다. 넷째, 연구모델에서 제안된 관계학습의 선행변수들 이외에 또 다른 요인들이 벤처기업-대기업 관계학습 능력제고에 영향을 미칠 수 있다는 점이다. 이러한 요인의 하나는 쌍방조직 간의 전략적 적합성(strategic fit)이다. 즉 협력의 의도, 기업간 경계를 초월한 인간 간 관계(interpersonal relations) 또는 사회적 네트워크 그리고 조직의 격차일 것이다. 또한 쌍방조직의 개별적 학습능력은 관계학습발전에 서로 어떻게 성공적 영향을 미치는가에 있다. Siguaw, Simpson, and Baker (1998)는 공급자의 시장지향성이 유통업자의 신뢰, 관계협력규범 그리고 유통업자의 결속에 밀접하게 관계하고 있다는 것을 검정한 바 있다. 따라서 협력적 관계는 쌍방이 시장지향적(market oriented)일 때 가장 성공적일 수 있다는 점이다. 이에 향후 연구는 전략적 적합성과 조직학습능력이 관계학습의 중요한 선행요인을 감안할 필요성이 제기된다. 다섯째, 연구예산의 제한으로 인해 쌍방설문을 시도해야 함에도 불구하고 벤처기업을 대상으로 한 단일 정보제공자에 의해 수집 및 분석하고 해석한 점이다. 따라서 단면적인 연구보다는 종적인 연구(longitudinal study)가 보다 적합하며 이 경우 연구방법도 기존의 모델에 시간변수가 포함된 다중관계의 연차적 상호관계(multi relational and sequential)를 위한 모델로 보완돼야 할 것이다. 여섯째, 본 연구에서 사용한 설문지는 주로 Selnes and Sallis(2003)가 개발한 척도를 이용하였으므로 앞으로는 우리나라 산업계의 실정에 적합하도록 산업계에 다년간 근무한 경력을 가진 인적자원의 자문을 통한 척도의 개발이 뒤따라야 보다 더 산업계에 연구결과에 대한 적용과 합리적인 대안을 제시할 수 있을 것으로 본다.

☐ 참고문헌

권기대(2002), "벤처기업 성장유형과 대기업의 특징이 협력유형에 미치는 영향", 대한경영학회지, 33, 91－118.

권기대·김종웅(2003), "벤처기업－대기업 협력유형연구", 경제연구, 21(4),

221 − 252.

권기대 · 이상환(2003), "벤처기업 − 대기업 협력에 관한 실증적 연구: 의
존성, 권력, 신뢰를 중심으로", 벤처경영연구, 6(2), 53 − 75.

Anderson, Erin M. and Barton A. Weitz(1992), "The Use of Pledges to
Build and Sustain Commitment in Distribution Channels", *Journal
of marketing Research*, 29(Feb.), 18 − 34.

Anderson, James C. and James A. Narus(1990), "A Model of Distributor
Firm and Manufacturer Firm working Partnerships", *Journal of
Marketing*, 54(Jan.), 42 − 58.

Axelrod, Robert(1984), *The Evolution of Cooperation*, New York: Basic Books.

Baker, William E. and james M. Sinkula(1999), "The Synergistic Effect
of market Orientation on Organizational Performance", *Academy
of Marketing Science*, 4(Fall), 411 − 427.

Borys, Bryan and David B. Jemison(1989), "Hybrid Arrangements As
Strategic Alliances: Theoretical Issues in Organizational Combinations",
Academy of Management Review, 14(April), 234 − 249.

Day, Georges S.(1994a), "The Capabilities of Market Driven Organizations",
Journal of Marketing, 58(Oct.), 37 − 52.

Day, Georges S.(1994b), "Continuous Learning About Markets", *California
Management Review*, 36(Summer), 9 − 31.

Dickson, Peter R.(1992), "Toward a General Theory of Competition
Rationality", *Journal of Marketing*, 56(January), 69 − 83.

Dodgson, Mark(1993), "Learning, Trust, and Technological Collaboration",
Human Relations, 46(January), 77 − 95.

Doney, Patricia M. and Joseph P. Cannon(1997), "An Examination of
the Nature of Trust in Customer − Supplier Relationships", *Journal*

of Marketing, 61(April), 35−51.

Doz, Yves L.(1996), "The Evolution of Cooperation in Strategic Alliances: Initial Conditions or Learning Processes?" *Strategic Management Journal*, 17(Summer), 55−83.

Dwyer, F. Robert, Paul H. Schurr, and Sejo Oh(1987), "Developing Buyer− Seller Relationships", *Journal of Marketing*, 51(April), 11−27.

Dyer, Jeffrey H. and Harbir Singh(1998), "The Relational View: Cooperative Strategy and Sources of Interorganizational Competitive Advantage", *Academy of Management Review*, 23(Oct.), 660−679.

Grayson, Kent and Tim Ambler(1999), "The Dark Side of Longterm Relationships in Marketing Services", *Journal of Marketing Research*, 36(Feb.), 132−141.

Håkansson, Håkan and Jan Johanson(1988), "Formal and Informal Cooperation Strategies in International Industrial Networks", in *Cooperative Strategies in International Business*, F.J. Contractor and Peter Lorange, eds. Lexington, MA: Lexington Books, 369−379.

Hamel, Gary(1991), "Competition for Competence and Interpartner Learning within International Strategic Alliances", *Strategic Management Journal*, 12(Summer), 83−103.

Hedberg, Bo(1981), "How Organizations Learn and Unleran", in *Handbook of Organizational Design*, P.C. Nystrom and W.H. Starbuck, eds. Oxford: Oxford University Press, 3−27.

Heide, Jan B.(1994), "Interorganizational Governance in Marketing Channels", *Journal of Marketing*, 58(January), 71−85.

Heide, Jan B. and George John(1990), "Alliances in Industrial Purchasing: The Determinants of Joint Action in Buyer−Supplier Relationships",

Journal of Marketing Research, 27(Feb.), 32－44.

Heide, Jan B. and George John(1992), "Do Norms Matter in Marketing Relationships?" *Journal of Marketing*, 56(April), 32－44.

Heide, Jan B. and Rodney L. Stump(1995), "Performance Implications of Buyer－Supplier Relationships in Industrial Market: A Transaction Cost Explanation", *Journal of Business Research*, 32(Jan.), 57－66.

Hurley, Robert F. and G. Tomas M. Hult(1998), "Innovation, Market Orientation, and Organizational Learning: An Integration and Empirical Examination", *Journal of Marketing*, 62(July), 42－54.

Jap, Sandy D.(1999), "Pie Expansion Efforts: Collaboration Processes in Buyer－Supplier Relationships", *Journal of Marketing Research*, 36(Nov.), 461－475.

Jap, Sandy D.(2001), "Pie Sharing in Complex Collaborative Contexts", *Journal of Marketing Research*, 38(Feb.), 86－99.

Jaworski, Bernard J. and Ajay K. Kohli(1993), "Market Orientation: Antecedents and Consequences", *Journal of Marketing*, 57(July), 50－70.

Kalwani, U. Manohar and Narakesari Narayandas(1995), "Longterm Manu-facturer－Supplier Relationships: Do They Pay Off for Supplier Firms?" *Journal of Marketing*, 59(January), 1－16.

Kumar, Nirmalya, Lisa K. Scheer, and Jan－Benedict E. M. Steenkamp (1995), "The Effects of Supplier Fairness on Vulnerable Resellers", *Journal of Marketing Research*, 32(Feb.), 54－65.

Kumar, Nirmalya, Louis W. Stern, and Ravi S. Achrol(1992), "Assessing Reseller Performance from the Perspective of the Supplier", *Journal of Marketing Research*, 29(May), 238－253.

MacNeil, Ian(1980), "*The Law Social Contract*, New Haven, CT: Yale

University Press.

Matsuno, Ken and John T. Mentzer(2000), "the Effects of Strategy Type on the Market Orientation-Performance Relationship", *Journal of Marketing Research*, 64(Oct.), 1-16.

McKee, Daryl(1992), "An Organizational Learning Approach to Product Innovation", *Journal of Product Innovation Management*, 9(Sept.), 232-245.

Metcalf, Lynn E., Carl R. Frear, and R. Krishnan(1990), "Customer-Supplier Relationships: An Application of the IMP Interaction Model", *European Journal of Marketing*, 26(2), 27-46.

Moorman, Christine and Anne S. Miner(1997), "The Impact of Organizational Memory on New Product Performance and Creativity", *Journal of Marketing Research*, 34(Feb.), 91-106.

Moorman, Christine, Gerald Zaltman, and Rohit Deshpandé(1992), "Relationships Between Providers and Users of Market Research: The Dynamics of the Trust Within and Between Organizations", *Journal of Marketing Research*, 29(Aug.), 314-328.

Morgan, Robert M. and Shelby D. Hunt(1994), "The Commitment-Trust Theory of Relationship Marketing", *Journal of Marketing*, 58(July), 20-38.

Mudambi, Ram and Susan McDowell Mudambi(1995), "From Transaction Cost Economics to Relationship Marketing: A Model of Buyer-Supplier Relations", *International Business Review*, 4(4), 419-433.

Narver, John C. and Stanley F. Slater(1990), "The Effect of Market Orientation on Business Profitability", *Journal of Marketing*, 54 (Oct.), 20-35.

Noordewier, Thomas G., George John, and John R. Nevin(1990), "Performance Outcomes of Purchasing Arrangements in Industrial

Buyer－Vendor Relationships", *Journal of Marketing*, 54(Oct.), 80－93.

Nooteboom, Bart, Hans Berger, and G. Niels Noorderhaven(1997), "Effects of Trust and Governance on Relational Risk", *The Academy of Management Journal*, 40(April), 308－338.

Pfeffer, Jeffrey and Gerald R. Salancik(1978), *The External Control of Organizations: A Resource Dependence Approach*, New York: Harper and Row.

Pine, B. Joseph, II, Don Peppers, and Martha Rogers(1995), "Do You Want to Keep Your Customers Forever?" *Harvard Business Review*, 73(March－April), 103－114.

Powell, Walter W., Kenneth W. Koput, and Laurel Smith－Doerr(1996), "Interorganizational Collaboration and the Locus of Innovation: Networks of Learning in Biotechnology", *Administrative Science Quarterly*, 41(March), 116－145.

Ring, Peter Smith and Andrew H. Van de Van(1994), "Developmental Processes of Cooperative Interorganizational Relationships", *Academy of Management Review*, 19(January), 90－118.

Rousseau, Denise M., Sim B. Sitkin, Ronald S. Burt, and Colin Camerer (1998), "Not So Different After All: A Cross－Discipline View of Trust", *Academy of Management Review*, 23(July), 393－404.

Ruekert, Robert W. and Orville C. Walker Jr.(1987), "Marketing's Interaction with Other Functional Units: A Conceptional Framework and Empirical Evidence", *Journal of Marketing*, 51(January), 1－19.

Schurr, Paul. H. and J.L., Ozanne(1985), "Influence on Exchange Process: Buyers Preconceptions of a Sellers Trustworthiness and Bargaining Toughness", *Journal of Consumer Research*, 11, 939－957.

Selnes, Fred and James Sallis(2003), "Promoting Relationship Learning", *Journal of Marketing*, 67(July), 80−95.

Siguaw, Judy A., Penny M. Simpson, and Thomas L. Baker(1998), "Effects of Supplier Market Orientation on Distributor Market Orientation and the Channel Relationship: The Distributor Perspective", *Journal of Marketing*, 62(July), 99−111.

Sinkula, James M.(1994), "Market Information Processing and Organizational Learning", *Journal of Marketing*, 58(January), 35−45.

Slater, Stanley F. and John C. Narver(1996), "Competitive Strategy in the Market−Focused Business", *Journal of Market Focused Management*, 1, 159−174.

Van de Ven, Andrew H.(1976), "On the nature, Formation, and Maintenance of Relations Among Organizations", *Academy of Management Review*, 1(October), 24−36.

Von Hippel, Eric(1994), "'Sticky Information' and the Locus of Problem Solving: Implications for Innovation", *Management Science*, 40(April), 429−439.

Von Hippel, Eric(1998), "Economies of Product Development by Users: The Impact of 'Sticky' Local Information", *Management Science*, 44(May), 629−644.

Williamson, Oliver E.(1985), *The Economic Institutions of Capitalism: Firms, Markets, and Relational Contracting*, New York: The Free Press.

Zaheers, Akbar, Bill McEvily, and Vincenzo Perrone(1998), "Does Trust Matter? Exploring the Effects of Interorganizational and Interpersonal Trust on Performance", *Organizational Science*, 9(March−April), 141−159.

http: // www.smba.go.kr

경쟁전략과 전략적 자산이 분권화에 미치는 영향: 자원기반관점을 중심으로*

* 본 원고는 한국상품학회 「상품학연구」 제19호(1998. 12)에 게재된 논문입니다.

I. 서 론

전략은 일반적으로 기업의 내부적 자원과 기술 그리고 외부환경의 기회 및 위협요인과의 적합성(match, fit)이라고 정의되고 있다(Andrews, 1971; Hofer and Schendel, 1978; Thompson and Strickland, 1993). 그러나 이러한 전략의 고전적 및 보편적인 정의와는 달리 1970년대 이후의 전략에 대한 이론으로서는 포터(Porter, 1980, 1985)를 중심으로 한 산업분석으로 기업의 성과를 결정하는 시장요소에 대한 실증분석 등 전략과 외부상황과의 관계에 대한 연구와 민쯔버그 등(Mintzberg, 1985; Pettigrew, 1977; Quinn, 1980) 조직론적 관점의 시각을 가진 학자들을 중심으로 한 과정 중심의 연구로서 전략적 의사결정과정과 조직의 내부구조에 관심의 초점이 맞추어지고 있다.

이러한 문제의식에 출발하여 최근 전략연구에서 새롭게 제시되고 있는 것이 바로 자원기반관점이다.11) 독점적 지대(Peteraf, 1993)의 원천을 규명하려고 하는 새로운 전략이론의 움직임은 워너펠트(Wernerfelt, 1984)에 의해서 자원기반관점(resource-based view of the firm)으로 전략 분야에 본격적으로 소개되기 시작하였다.

기업의 외부환경과 내부자원의 적합성 추구를 기본 명제로 하는 자원기반관점은 지속적인 경쟁우위를 가져다주는 원천으로서의 자원에 그 초점을 맞추어 자원축적과정(Dierickx and Cool, 1989)과 같은

---

11) 자원기반관점이 대두되게 된 이면에는 두 가지의 연구전통 중 특히 산업분석 중심의 연구의 문제점에 대한 인식이 전제되고 있다(Collis and Montgomery, 1995).

기업의 동태적인 모습을 그려냄으로써 기존의 연구들에서 발견되었던 정태적이고 균형이론 중심적인 한계와 성과에 대한 함의를 제공하지 못하였던 문제점들을 극복해 나가고 있다.

그러나 이론적인 발전에도 불구하고 전략이론으로서의 자원기반관점은 다음과 같은 한계점을 지니고 있다.

첫째, 기존의 많은 연구들이 지속적으로 경쟁우위의 원천으로서 전략적 자산(Amit and Schoemaker, 1993; Dierickx and Cool, 1989)을 조명하고 있으나 상대적으로 실증연구가 활발히 이루어지지 않고 있으며, 그 결과 자원에 대한 현실적인 설명력이 결여되어 실천적인 함의를 제공하지 못하고 있다.

둘째, 자원기반관점에 입각한 대부분의 연구들은 자원에 대한 분석을 기업의 성장과 관련한 성과의 측면에 치중함으로써 실제로 기업이 전략을 수립하고 실행해 나가는 과정에서 나타나는 여러 가지 측면들을 간과하고 있다. 즉 전략적 자산이나 이들 자산의 축적과정에 있어서 기업이 수립한 경쟁전략이나 조직구조와의 연계성에 대한 검토가 미흡하여 그들 간의 상호 관계를 분석하는 과정에 대하여 자원기반관점은 이론적 확장을 위한 우호적인 토대를 마련해 주지 못하고 있다. 특히 경영혁신과 맞물려 그 중요성이 증가되고 있는 분권화와 관련한 최근의 경영현실은 이와 같은 한계점이 충분히 검토되어야 한다는 점을 시사하고 있다. 본 연구는 이러한 문제점을 인식하여 경쟁전략과 기업본부와 계열사 간 분권화(Govindarajan, 1986a, 1988), 전략적 자산과 기업본부와 계열사 간 분권화 그리고 경쟁전략과 전략적 자산의 상호작용이 기업본부와 계열사 간 분권화에 영향을 주는 요인들에 대해 한국 대기업집단에 속한 계열사들을 대상으로 정량적인 실증분석을 통하여 살펴보고자 한다. 구체적인 연구목적은 첫째, 전략의 실행과정상에서 나타나는 환경 불확실성으로 인한 정보처리와 자원공유로 인한 조정의 필요성을 중심으로 계열사의 경쟁전략과 분권화의 관계를 분석함으로써 기존 연구의 범위를 확장시키며, 둘째, 자원의존이론에서 말하는 자원의 상호의존성에 영향을 주는 요소에 더하여 자원기반관점에서의 전략적 자산을 분석의 중심으로 유도함으로써 분권화의 결정요인으로서의 자원에 대하여 설득력을 증가시키며 나아가 자원기반관점의 기본명제가 되는 지속적 경쟁우위의 원천으로서의 자원의 속성과 그 전개과정에 대하여 실증분석을 검증한다. 셋째, 경쟁전략과 자원을 동시에 고려하여 이들 간의 상호작용이 분권화에 미치는 영향을 분석함으로써 이를 기초로 전략과 조직 구조와의 관계 속에서의 자원의 역할을 살펴보고 더불어 자원기반관점에서 경쟁전략과 조직구조를 설명할 수 있는 실증적인 근거를 제시하고자 한다. 나아가 최근 경영혁신과의 동일선상에서 분권적 조직을 경험하고 있는 우리나라 기업들에게 경쟁전략과 자원 및 그들의 상호작용에 따른 기업본부와 계열사 간 분권화 결정과정을 제시함으로써 구체적인 의사결정기준을 마련해 주며 아울러 경영자들에게 실천적인 함의를 제공하고자 한다.

Ⅱ. 이론적 배경과 가설도출

1. 자원공유의 필요성에 따른 경쟁전략과 분권화

굽타와 고빈다라잔(Gupta and Govindarajan, 1986)은 사업부 간 경쟁전략이 무엇인가에 따라 사업부 간 자원공유의 이점이 다르며 저원가 전략인 경우 자원공유의 이점이 크다고 주장하고 있다.

저원가 전략을 취하는 사업부는 원가절감을 위해 생산시설의 효율성 추구는 물론, 간접비를 통제하고 연구개발에 대한 투자나 서비스, 광고 등을 최소화하려고 하기 때문에 이러한 전략을 취하는 사업부들은 규모의 경제를 추구하는 경향이 강하고 이를 실현시키기 위해 자원공유의 수준을 높이는 것이 바람직하다는 것이다.

원활한 자원공유를 위해 사업부 간 업무협조 과정에서 의사결정이 지연될 수 있으며, 이에 따라 환경에 대한 적응력이 감소될 수 있다(Gupta and Govindarajan, 1986; McCann and Galbraith, 1981; Pondy, 1970; Porter, 1980; Rumelt, 1982). 그러나 저원가 전략을 추구하는 사업부는 상대적으로 안정적인 환경에 처하기 때문에(Miller, 1988) 환경적응의 필요성도 차별화 전략의 경우보다 적고 자원공유로 인한 환경적응력 감소가 커다란 문제가 되지 않는다. 따라서 저원가 전략을 추구하는 경우는 차별화 전략보다 자원공유를 통해서 얻을 수 있는 효익은 큰 반면 이로 인해 발생되는 비용은 상대적으로 적기 때문에 자원공유의 이점은 주로 저원가 전략에서 실현될 수 있다(권구혁,

1997b; Hamermesh and White, 1984).

한편 자원공유가 높을수록 사업부 간 상호의존성은 증가하게 된다. 상호의존성이 높은 경우에는 조정(coordination)이나 사업부 간에 연결된 문제(joint problem)를 해결하기 위하여 기업본부의 권한이 강화되어야 한다. 즉 중앙집권적 의사결정과정을 통해 계열사의 의사결정 사항을 조정하고 발생 가능한 의견불일치를 해결할 수 있기 때문이다. 따라서 상호의존성의 수준이 높을수록 집권화의 경향이 높다 (Ackerman, 1970; Berg, 1973; Govindarajan, 1986a; Lorsch and Allen, 1973; Mintzberg, 1983; Pitts, 1977; Vancil, 1980). 그러므로 계열사가 차별화 전략을 취하는 경우 저원가 전략에 비하여 상대적으로 계열사 간 자원공유의 수준이 낮고 이로 인하여 계열사 간 상호의존성으로 인한 조정의 필요성이 낮으므로 분권화된 조직구조를 지니게 된다.

요컨대 자원공유의 측면에서 살펴본 바와 같이 차별화 전략의 경우 기업본부와 계열사 간 분권화의 정도가 크며 저원가 전략의 경우 기업본부와 계열사 간 분권화의 정도가 적을 것이다. 그러므로 다음과 같은 가설이 설정될 수 있다.

가설 1: 차별화 전략을 추구하는 계열사의 경우 저원가 전략을 추구하는 계열사에 비하여 기업본부와 계열사 간에 분권화의 정도가 높을 것이다.

2. 전략적 자산과 분권화

페퍼와 살란식(Pfeffer and Salancik, 1978) 및 페퍼(Pfeffer, 1981)는 조직이 보유하고 있는 자원에 대한 통제 정도에 따라 상이하게 나타나는 조직적 권력(power)에서 자원과 조직구조의 연계성을 찾고 있다. 이러한 자원의존이론(resource-dependence theory)에 따르면 자원에 대한 상호의존의 정도가 복잡한 조직 내에서의 내부적 상호교환 관계(Emerson, 1962; Levine and White, 1961)의 구조를 결정짓는 가장 중요한 요소이다.

고샬과 노리아(Ghoshal and Nohria, 1989)는 다국적 기업에 있어서의 기업본부와 해외지사의 분권화 문제를 자원의존관점에 기초하여 상호의존성(interdependence)과 독립성이라는 혼합된 동기상황(mixed-motive situation)(Schmidt and Kochan, 1977)을 통해서 설명하고 있다. 이들은 해외지사의 자원이 풍부할수록 기업본부와 해외지사의 분권화 여건이 조성되고 있다고 주장하고 있다. 다시 말해서 해외지사의 자원보유 수준이 높은 경우 기업본부는 해외지사에 대한 의존성이 증가하는 반면 해외지사는 기업본부에 대하여 각종 요구의 수준이 높아질 수 있는 상황, 즉 상충적 의존성(불균형적인 관계)이 존재하게 되며, 이 경우 자원에 대한 반대급부로써 분권화가 증가한다는 것이다.

그러나 의존성은 일방적으로 형성되는 것이 아니라 당사자들 모두가 어떠한 사안을 중심으로 교환관계를 형성할 때 의미를 갖는다. 기업본부와 해외지사의 상호의존성과 분권화의 관계도 기업본부는 해외지사로부터 자원획득을 중요시하는 한편, 해외지사는 자원을 기업본부에 제공함으로써 분권화를 얻으려는 용의가 있는 경우에 형성될 수 있는 것이다.

따라서 기업본부가 해외지사의 자원을 중요하다고 인식하는 조건으로써 해외지사의 자원보유 수준만으로는 부족하다. 해당 자원을 기업본부가 얼마만큼 보유하고 있는가의 문제와 아울러 해외지사가 보유한 자원이 기업본부가 필요로 하는 자원 유형인가에 대한 분석이 이루어져야 한다(권구혁, 1997a).

한편 자원기반관점(resource-based view)에서는 기업에게 지속적인 경쟁우위를 가져다주는 원천은 바로 기업이 보유하고 있는 자원이라고 주장하고 있다(Barney, 1986, 1991a; Dierickx and Cool, 1989; Grant, 1991; Wernerfelt, 1984). 그리고 이러한 자원을 단순히 그들이 보유하고 있는 자원이 아니라 기업이 가진 자원이나 능력의 특이성으로부터 창출되는 전략적 자산(strategic asset)(Amit and Schoemaker, 1993; Bogaert, Martens and Van Cauwenbergh, 1994; Dierickx and Cool, 1989)으로 파악하고 있다. 즉 기업이 보유하고 있는 자원의 완전한 모방이 어렵고 자원에 대한 대체가능성이 적으며 자원에 대한 시장으로부터의 획득가능성이 낮을 경우(Barney, 1991a; Collis and Montgomery, 1995; Dierickx and Cool, 1989; Grant, 1991; Lado and Wilson, 1994; Lippman and Rumelt, 1982; Rumelt, 1987) 전략적 자산으로 기여할 수 있으며 결코 보유하고 있는 자원의 절대량이 전략적 자산을 의미하진 않는다.

결국 기업의 의사결정자들은 기업 전체의 지속적인 성장을 위하여 자원을 여러 형태로 재결합하려고 하며 그 과정 속에서 자원과 기술의 관리는 전략적 자산의 축적과 발굴에 초점을 맞추어야 한다(Aaker, 1989; Bogner and Thomas, 1994). 나아가 이러한 자산과 기술을 활용할 수 있는 전략적 경쟁의 장을 선택하고 경쟁자들의 자산과 기술을 중립화(neutralizing)시켜야 한다(Aaker, 1989). 즉 전략적 자산은 그 자체로서 수익의 잠재력을 가지고 있으나 이것을 실현하고 극대화하기 위해서 전략적 자산을 활용하는 단계에서는 종종 전략적 자산이나 운영변수(operating variables)의 존재유무와 이들 변수 간의 상호조정이 중요성을 띠게 된다(Bogaert, et al., 1994). 또한 이러한 기업 내부 변수와의 내부적 적합성과 아울러 전략적 자산이 실제로 사용되는 전략적 장(strategic field: 제품 및 서비스 시장)과 시간적인 요소(time factor) 등 외부적 요소와도 적합성이 이루어져야 한다. 이러한 전략적 자산의 전개(deployment)에 있어서의 적합성을 달성하기 위해서는 정보수집뿐만 아니라 이들 자원이 어떠한 수익을 가져다줄 것인가에 대한 정확한 분석을 필요로 하며(Barney, 1986), 제품이나 서비스로 변환하고 조직의 이해관계자에게 가치를 제공하는 등의 관리적 역량을 필요로 하게 된다(Lado and Wilson, 1994).

다시 말하면 기업의 의사결정자들은 전략적 자산을 찾아내고 축적하며 축적된 자원을 또다시 파급시킴으로써 기업 전반에 걸친 시너지 효과가 있으며 또한 새로운 자원의 탐색기회를 모색할 수 있는 계기를 마련하게 되고 이를 통하여 지속적 경쟁우위를 달성할 수 있는 것이다. 라도 등(Lado, Boyd and Wright, 1992; Lado and Wilson, 1994)은 자원기반관점의 시스템적인 통합모형을 제시하면서 조직의 역량을 관리적 역량과 전략적 초점(managerial competence), 투입 및 자원기반 역량(input-based competence), 변환기반 역량(transformational competence) 그리고 산출기반 역량(output-based competence)으로 나누고[12] 그중 관리적 역량과 전략적 초점을 중심으로 기타의 역량들이 상승효과를 내도록 조합하고 변환시킴으로써 지속적 경쟁우위를 창출할 수 있다고 함으로써 자원의 개발과 축적 그리고 활용의 과정에 대한 중요성을 밝히고 있다.

기업의 지속적 경쟁우위를 위한 이러한 일련의 과정을 토대로 계열사가 보유하고 있는 전략적 자산은 분권화에 영향을 미치는 결정요인으로 작용할 수 있다. 환언하면 계열사가 보유하고 있는 전략적 자산의 탐색과 축적의 과정은 기업본부와 계열사 간의 상호의존성에 영향을 주어 그들 간의 분권화의 결정요인으로 작용할 수 있다. 계열사가 보유하고 있는 자원이 전략적 자산인 경우 기업본부는 계열사의 전략적 자산을 기업 전체의 전략적 자산으로 전환시키고 기존의 자원과 재결합하려고 하며 이러한 일련의 과정에서 계열사의 전략적 자산에 대한 필요성은 증가하게 된다. 그리고 이로 인하여 기

---

12) 관리적 역량이란 자원의 획득, 개발 및 전개와 이들 자원을 제품이나 서비스로 전환하고 조직의 이해관계자에게 가치를 제공하는 등의 활동을 결정하는 역량을 의미한다. 투입기반 역량은 기업으로 하여금 변환 과정을 통해 소비자들에게 가치 있는 제품이나 용역을 창출하고 제공할 수 있도록 하는 물리적 자원, 재무적 자원, 인적자원, 지식, 기술, 능력 등을 포함하는 개념으로서 상당한 기간 동안 기업으로 하여금 경쟁자보다 우수한 성과를 달성할 수 있게 하는 한편, 경영상의 비전에 영향을 주고 또한 받는 상호 수혜적인 관계를 갖고 있다(Prahalad and Bettis, 1986; Prahalad and Hamel, 1990). 또한 변환역량이란 투입된 자원을 산출하는 데 필요한 조직의 능력을 말하며(Day and Wensley, 1988), 가치사슬(Porter, 1985)개념과 밀접한 관계를 가진다. 마지막으로 산출기반 역량은 기업의 물리적인 산출품뿐만 아니라 지식에 기초한 무형의 전략적 자산 모두를 포함한 개념으로 이해될 수 있다.

업본부의 계열사에 대한 의존성은 증가하게 되어 기업본부와 계열사 간 분권화의 경향은 높아지게 된다. 그러므로 기업본부와 계열사 간 자원으로 인한 상호의존성을 단순히 계열사가 보유한 자원의 절대적인 보유수준으로 파악한 기존의 연구(Ghoshal and Nohria, 1989; Lawlence and Dyer, 1983)들에 더하여 계열사 간의 전략적 자산의 수준과 분권화의 관계를 상호의존성을 중심으로 분석할 수 있다. 결국 계열사의 전략적 자산의 수준이 높을수록 기업본부에 대한 계열사의 의존성이 감소하게 되어 계열사의 자율성이 증가될 가능성이 높다. 요컨대 계열사가 보유하고 있는 전략적 자산은 그것을 찾아내고 축적하는 과정에서 기업본부와의 상호의존성에 영향을 미치게 되므로 기업본부와의 분권화의 결정요인으로 작용하게 된다. 그러므로 다음과 같은 가설이 설정될 수 있다.

가설 2: 계열사가 보유하고 있는 자원이 전략적 자산일 경우 기업본부와 계열사 간에 분권화의 정도가 높을 것이다.

3. 경쟁전략과 전략적 자산의 상호작용과 분권화

경쟁전략과 전략적 자산이 기업본부와 계열사 간 분권화의 결정요인으로 작용한다는 사실은 이미 주지한 바와 같다. 이에 더하여 이들 간의 상호작용도 분권화에 영향을 미칠 수 있다. 로렌스와 다이어(Lawrence and Dyer, 1983)는 환경 불확실성과 자원의 상호의존성 그리고 이들 간의 상호작용이 조직구조에 영향을 미칠 수 있음을 연구하였으며, 고샬과 노리아(Ghoshal and Nohria, 1989)는 해외지사를 분석 단위로 설정하여 해외지사의 영업환경의 불확실성과 해외지사의 자원보유 수준 및 그들 간의 상호작용이 분권화에 영향을 미친다는 사실을 발견하여 두 변수 간의 상호작용의 영향력에 대하여 분석하고 있다. 그러나 그들의 연구는 자원에 대한 보유수준과 환경 불확실성으로 국한되어 있으며 경쟁전략과 자산의 상호영향력에 대한 기존의 연구들은 매우 미흡한 실정이다.

〈표 2-1〉 상호작용으로 인한 기업본부와 계열사 간 분권화

	차별화 전략	저원가 전략
높은 수준의 전략적 자산	높음	중간
낮은 수준의 전략적 자산	중간	낮음

경쟁전략과 전략적 자원의 경우 각각 분권화와 집권화를 결정하는 방향이 일치하거나 때로는 반대가 되어 이들 상호작용에 따른 분권화의 영향은 다르게 나타날 수 있다. <표 2-1>에서는 경쟁전략과 전략적 자원의 상호관계가 기업본부와 계열사의 분권화에 미치는 영향을 보여주고 있다.

첫째, 계열사가 차별화 전략을 추구하는 경우 전략 실행 과정상의 여러 가지 요인들로 인하여 분권화된 조직구조를 지니게 될 것이다. 여기서 계열사가 전략적 자산을 보유하고 있지 않은 경우에는 자원의존성이 증가함에 따른 집권화의 요구와 차별화 전략에 따른 분권화에 대한 요구가 서로 대립되는 상황에 처하게 되어 분권화의 정도는

전략적 자산을 보유하고 있는 경우에 비하여 낮아지며, 분권화의 정도는 계열사의 경쟁전략과 자원의존성의 강도에 따라 상이할 것이다.

둘째, 계열사가 저원가 전략을 추구하는 경우에는 전략 실행상의 요인으로 인하여 집권화된 조직구조를 지니게 된다. 여기서 기업본부가 전략적 자산을 보유하고 있는 경우 기업본부와 계열사 간의 의존성이 증가하게 되므로 이러한 집권화의 경향은 가속화될 것이다. 한편 계열사가 전략적 자산을 보유하고 있는 경우에 의존성의 증가로 인한 분권화의 정도는 계열사가 차별화 전략을 추구하면서 상대적으로 전략적 자산을 보유한 경우와 동일하게 결정될 것이다. 요컨대, 경쟁전략의 실행과정상에서 나타나는 불확실성으로 인한 정보처리의 필요성과 자원 공유로 인한 조정의 필요성은 전략적 자산의 탐색과 축적과정에서 발생하는 상호의존성과 상호작용을 통하여 기업본부와 계열사 간의 분권화를 결정하는 요인으로 작용한다. 그러므로 다음과 같은 가설이 설정될 수 있다.

가설 3: 계열사가 추구하는 경쟁전략과 보유하고 있는 전략적 자산의 상호작용은 기업본부와 계열사 간의 분권화에 영향을 미칠 것이다.

Ⅲ. 연구방법론

1. 자료수집 및 분석방법

우리나라의 다각화된 기업을 연구하는 데 있어서 중요한 결정 사항의 하나는 다각화된 기업의 분석수준을 결정하는 것이다. 우리나라의 대기업에 대한 연구는 연구자에 따라 대기업집단 전체를 다각화된 기업으로 보는 경우도 있고(김영욱, 1993; 정구현, 1987) 계열기업 혹은 독립기업의 다각화된 정도를 다각화로 파악하는 경우도 있다(이학종, 1986; 조동성, 1986). 그러나 우리나라의 다각화된 기업의 구조적 특성을 반영하고 대표성 있는 표본을 획득하기 위해서는 독립기업이거나 대기업 집단의 계열사를 분석단위로 하기보다는 대기업집단 전체를 다각화된 기업으로 보고 이에 속한 계열사를 사업부의 의미로 파악하는 것이 바람직하다(권구혁, 1997b).

본 연구에서 검증하고자 하는 가설과 관련된 변수들은 다음의 두 가지 방법을 통하여 수집되었다. 첫째, 기업의 규모 및 산업분류 그리고 다각화 유형 등 객관성을 지닌 통제변수들에 대하여는 한국신용평가에서 관리하는 데이터베이스인 KIS-DIAL 그리고 한국경제연구원에서 출판된 30대 기업집단에 대한 자료를 이용함으로써 2차 자료(secondary data)를 토대로 수집하였다. 둘째, 독립변수에 대해서 2차 자료로서 구하기 어려운 기업 내부적인 조직관리에 관련된 내용들이 대부분이기 때문에 설문서를 활용하였다. 설문서는 1996년 5월 10일부터 6월 26일까지 20시간 이상 교육을 받은 설문보조요원들이 해당기업을 직접 방문하여 인터뷰를 겸하는 방식을 취하여 회수되었다. 설문서 작성에 있어 인터뷰를 병용함으로써 애매한 설문 항목에 대한 설명을 구체적으로 할 수 있었을 뿐만 아니라 설문항목에 대한 무응답을 최소화시킬 수 있었다(Miller & Friesen, 1982). 응답자들의 사정에 의해 즉각적인 답변이 힘든 경우에는 설문에 대한 내용 설명 후 추가적인 방문을 통해 설문서를 회수하거나 우편이나 팩스를 이용하여 회신을 받았다. 또한 방문 전 전화통화를 통해 설문서에 대한 협조요청을 함으로써 최초에 선정된 그룹계열사들이 대부분 포함될 수 있도록 하였다.

한편 1994년 12월 31일 현재 매출액 기준으로 선정된 우리나라 30대 그룹 계열사를 표본으로 선정하였다. 그리고 표본의 대상으로는 매출액이나 그룹 및 해당 산업 내에서의 위상에 있어 비중이 큰 대그룹의 계열사를 선정의 기준으로 삼았다. 설문서를 배포한 초기에는 연구에서 실제로 사용한 계열사의 숫자보다 더 많은 수의 계열사를 선정하였으나 노조파업 등 기업 내 주위사정 혹은 회사합병 등의 이유로 인하여 실제로 설문서에 응답한 계열사는 30대 그룹 소속 계열사 200개이다.

설문 응답자 중 최고 경영자나 최고 경영진을 대상으로 하는 것이 가장 이상적이나 이에 대한 대안으로 각 회사의 기획조정실이나 경영기획실 등 회사 전체의 운영에 대하여 실무를 담당하고 있는 부서의 간부 중 해당부서 3년 이상 근무한 직원을 응답대상으로 정하였다.

본 연구에서는 가설의 검증을 위해 공분산분석(ANCOVA)을 사용하였으며, 특히 전략적 자산에 대해서는 각 자원에 대하여 군집분석(cluster analysis)을 실시하였다.

2. 변수의 정의 및 측정

1) 경쟁전략

경쟁전략에 대한 변수는 포터(Porter, 1980)의 본원적 전략을 사용하였다. 포터의 본원적 전략이 실제로 존재하며(Hambrick, 1983) 구성타당도가 있음은 이미 입증된 바가 있다(Dess and Davis, 1984).

포터의 경쟁전략 측정치로는 저원가 전략(7)과 차별화 전략(1)을 양극단으로 하고 중간점(4)에 저원가 전략과 차별화 전략이 공존하는 7점 척도를 활용하였으며(Govindarajan and Fisher, 1990) 이들 각각의 전략이 의미하는 바를 설문 아래쪽에 기술하여 각 전략유형을 명확히 하였다.

전략변수의 구성타당도를 측정하기 위해서 신제품과 서비스의 개발, 광고, 시장세분화, 프리미엄 가격설정 그리고 원가통제를 위한 표준원가의 관리의 항목에 대해서 전략적으로 활용되는 정도(Miller, 1987)에 대한 7점 척도의 항목과 경쟁자에 대한 태도, 혁신적 경향 및 경쟁상의 공격성(Miller and Friesen, 1982)에 대한 7점 척도의 항목을 중심으로 일원분산분석(one-way ANOVA)을 실시하였다.

2) 전략적 자산

기존의 연구자들은 계열사 간 혹은 계열사 내에서도 기능의 중요성이 다르다는 전제하에(Hitt, Ireland and Palia, 1982) 자원을 6개의 기능13)으로 구분하여 이들 각각의 전략실행에 있어서의 기여도를 측정하여 가중치를 부여하고 있다.

그러나 본 연구에서는 다음과 같은 두 가지 이유에서 기능별 자원 구분 대신에 속성별 자원구분을 사용하였다. 첫째, 기능별 자원을 분류하는 경우 생산이나 구매 등의 설문 항목은 서비스나 금융부분에 관련된 기업이 응답을 하기 어려운 항목이다. 따라서 이러한 제조업 중심의 자원을 분류하여 이를 항목에 포함시켰다. 둘째, 자원의 속성을 기준으로 자원을 분류함으로써 특정자원이 가지고 있는 속성과 기업의 다각화 및 경쟁전략과의 관계를 보다 논리적으로 연결시킬 수 있다. 예를 들어 재무자원은 활용의 다양성(flexibility)이 높기 때문에 다각화 유형에 활용범위가 높은 반면 물적 자원은 특정 산업 내의 활용이 제한될 가능성이 높기 때문에 주로 관련형 다각화와 관련을 갖게 된다(Chatterjee and Wernerfelt, 1991). 본 연구에서 사용한 설문에서는 자원의 유형을 물적 자원, 재무적 자원, 인적자원, 기술관련 자원, 무형 자원, 자원을 통합/조정하는 능력(Grant, 1991; Hofer and Schendel, 1978; Mahoney, 1995)으로 구분하였다.

전략적 자산을 측정하기 위해서는 각 자원에 대하여 기업의 보유수준과 중요성, 시장기능을 통한 획득 가능성, 다른 기업에서 대체재를 개발할 가능성, 다른 기업에서 자체 개발을 통해 모방할 수 있는 가능성에 대하여 7점 척도로 측정하였다.

---

13) 구체적으로 이들은 생산, 마케팅 및 판매, 연구개발, 구매, 정부관계, 기타 관리행동을 기능적 자원유형으로 구분하고 있다.

3) 분권화

굽타(Gupta, 1987)는 기업의 분권화 정도를 사업부의 장기전략 계획과 연간예산 수립에 있어서 기업본부의 상사와 임원의 영향력 정도로 측정하고 있으나, 본 연구에서는 보다 전형적인 분권화 측정치를 사용함으로써 기존의 분권화 관련 연구와 상호비교에 초점을 맞추었다. 기업본부와 계열사 간의 분권화는 의사결정에 관련된 14개 항목14)에 대하여 그룹의 임원과 계열사의 최고 경영자가 영향력을 행사하는 정도를 7점 척도로 측정하였으며(Govindarajan, 1988; Miller and Friesen, 1982; Vancil, 1980) 이들 변수 간의 신뢰성을 측정하였다.

4) 통제변수

(1) 조직규모

조직의 규모가 분권화에 영향을 미친다(Hall, 1977)는 기존 연구에 따라 이러한 영향력을 통제하기 위하여 본 연구에서는 조직규모를 통제변수로 설정하였다.

---

14) 사업 영역의 변경 및 다각화, 인수합병, 조인트 벤처(joint venture) 등 계열사의 예산수립, 장기 자본조달, 임원에 대한 인사, 조직구조의 개편, 사업 영역 내 전략의 수정, R&D 투자순위 및 액수, 종업원 채용 및 해고, 신제품 개발 및 신기술의 도입, 제품가격 및 판매방법의 결정, 생산계획의 결정, 업무 수행방법의 결정, 예산 이상의 지출 등이다.

<표 3-1> 계열사의 규모에 대한 통계

계열사의 조직규모 (계열사의 종업원 수)	대상 계열사 수	표본 내에서의 비율
1~300	35	17.5
300~1000	43	21.5
1000~2000	36	18.0
2000~5000	38	19.0
5000~이상	36	18.0

조직의 규모를 구분하는 기준으로는 종업원 수, 매출액, 총자본금 그리고 총자산 등 여러 가지가 있으나 대부분의 연구에서 종업원 수를 조직규모로 정의하고 있다.

또한 종업원의 수를 조직규모의 지표로 사용하는 경우 포함되는 종업원은 상근 근로자(full-time employee)들로만 구성되어야 적절한 척도가 발생되며 비상근 근무자, 즉 시간제 종업원이나 계절적 종업원을 포함시킬 경우 문제가 발생한다.

이러한 사실에 기초하여 <표 3-1>과 같이 우리나라 30대 대기업 집단에 속하는 200개의 계열사에 대해서 종업원 수를 중심으로 5개의 집단으로 구분하여 조직규모가 분권화에 미치는 영향에 대하여 통제하였다.

(2) 다각화 전략

본 연구에서 분석의 중심이 되는 계열사는 단독으로 존재하는 독립기업과는 달리 기업본부의 통제를 받고 있기 때문에 기업본부에 관련한 변수에 영향을 받는다. 그러므로 기업본부와 계열사 간의 분권화에 대한 정확한 분석을 위하여 기업집단의 다각화 유형을 통제할 필요가 있다(Gupta and Govindarajan, 1986). 이에 따라 한국 대기업 집단의 다각화 유형을 관련형과 비관련형으로 구분하고 있다.

다각화 유형을 분류하기 위하여 우선 각 기업집단에 포함되는 계열사들을 대상으로 관련계열사들의 매출액의 합을 산정하였다. 그리고 이들 매출액 중 가장 큰 것을 중심으로 대기업 집단 전체의 매출액에서 차지하는 비율을 계산하고 50%가 넘는 경우에는 관련형으로, 그 미만일 경우는 비관련형으로 분류하였다. 이러한 분류는 특화비율(specialization ratio)과 수직화 비율(vertical ratio)까지 고려한 루멜트(Rumelt, 1974)의 다각화 유형 분류와는 다소 차이가 있으나 한국기업의 다각화 유형을 분류한 이전의 연구결과(정구현, 1991)와 높은 상관관계(0.486, $p < 0.01$)를 보이고 있다(권구혁, 1997b). 따라서 과거 수년간 다각화의 유형이 바뀔 정도로 계열사를 매수 또는 매각하거나 신규 진출한 기업집단이 거의 없었다는 사실에 비추어 볼 때 본 연구의 다각화 분류는 타당도가 높다고 할 수 있다.

(3) 산업

계열사가 속한 산업에 따라 분권화의 정도가 달라질 수 있으므로 본 연구에서는 <표 3-2>와 같이 산업을 기업본부와 계열사 간의 분권화에 미치는 영향을 줄 수 있는 통제변수로 설정하였다. 로렌스와 로쉬(Lawrence and Lorsh, 1967)는 서로 다른 산업에 속한 기업에 대하여 환경의 차이와 효과적인 조직구조 간의 관계를 조사하였으며, 이들의 연구를 발전시켜 각각의 산업에 따른 환경을 복잡성과

동태성의 두 차원으로 구분하여 조직구조화의 관련성을 찾고 있다
(Duncan, 1979). 산업에 따른 이러한 환경의 차이는 전략의 실행과정
에서 기업이 능동적(enactment)(Weick, 1979)으로 맞이하게 되는 자의
적(voluntary) 환경과는 달리 이미 다각화된 계열사에 있어서는 회피
불가능한 결정론적인 환경으로서 분권화에 영향을 미칠 수 있다.

〈표 3-2〉 통제변수로서의 산업

산업 유형	한국 표준 산업 분류	대상 계열사 수	비율
1	D. 제조업	95	51.1
2	F. 건설업	21	11.3
3	G. 도소매 및 소비자용품 수리업	23	12.4
4	H. 숙박 및 음식점업	3	1.6
5	I. 운수, 창고 및 통신업	13	7.0
6	J. 금융 및 보험업	19	10.2
7	K. 부동산, 임대 및 사업 서비스업	12	6.5

Ⅳ. 자료의 분석과 가설검증

1. 변수에 대한 기본적인 통계분석

가설을 검증하기에 앞서 본 연구의 주요변수들에 대한 기본적인
통계분석을 위하여 피어슨 상관관계분석(peason correlation analysis)
을 수행하였다.

<표 4-1> 결과에 의하면 기업본부와 계열사 간의 분권화는 인적
자원, 무형자원, 기술과 관련된 자원 그리고 기능적 역량/자원을 통
합, 조정하는 능력과 높은 상관관계를 지니고 있으며 통계적으로 유
의한 것으로 나타났다. 또한 기업이 보유하고 있는 자원 간에는 높
은 상관관계를 보이고 있으며 결과는 통계적으로 매우 유의한 것으
로 나타나고 있다($p < 0.001$). 한편 경쟁 전략과 인적자원($p < 0.1$) 및
경쟁전략과 무형자원($p < 0.05$)은 각각 통계적으로 유의한 수준에서
부의 상관관계를 보이고 있다. 그러므로 인적자원과 무형자원은 차
별화 전략과 서로 정의 상관관계에 있는 것으로 분석된다. 본 연구
에서 독립변수로 다루어지고 있는 경쟁전략과 전략적 자산이 이러한
유의적인 상관관계를 지닌다는 사실은 다중회귀 분석상에서 다중공
선성으로 인한 문제를 야기할 수 있으며, 나아가 본 연구에서 실시
하고 있는 공분산분석의 타당성을 간접적으로 시사하고 있다.

〈표 4-1〉 주요 변수들에 대한 기술 통계량

	평균	표준편차	a	b	c	d	e	f	g
a	3.78	1.38							
b	4.03	0.93	−.02						
c	4.44	0.85	−.12+	.43***					
d	4.49	0.94	−.15*	.35***	.63***				
e	4.09	0.88	.03	.41***	.40***	.23***			
f	4.41	0.93	.00	.43***	.52***	.71***	.36***		
g	4.23	0.84	.10	.32***	.50***	.53***	.45***	.61***	
h	5.07	1.03	−.12	.07	.12+	.18**	.09	.19**	.17*

1. a~h는 각각 경쟁전략, 물적 자원, 인적자원, 무형자원, 재무자원, 기술자원, 조직자원, 기업본부와 계열사 간의 분권화를 의미함.
2. + $P < 0.1$, * $p < 0.05$, ** $P < 0.01$, *** $P < 0.0001$

또한 본 연구에서 기업본부와 계열사 간의 분권화에 대한 개별 측정항목이 얼마나 일관성 있게 변수를 측정하였는가를 파악하기 위하여 크론바하 알파계수(cronbach's alpha)를 이용하였으며 전체가 14개 항목에 대하여 0.92의 높은 신뢰성을 보이고 있다.

본 연구에서 가설검증의 통계기법인 공분산분석(ANCOVA)을 위해서 우선 경쟁전략을 차별화 전략과 저원가 전략으로 구분하고 이들 두 집단을 던칸(Duncan)의 다중범위 검정(multiple-range test)을 중심으로 한 일원분산분석(one-way ANOVA)의 결과를 기초로 집단분류에 따른 타당성을 조사하였다.

<표 4-2>에 의하면 차별화 전략의 경우 저원가 전략에 비하여 신제품 / 서비스의 개발, 광고, 시장세분화에 대하여 99%의 신뢰구간에서 평균값이 높은 수준을 보이고 있으며, 경쟁전략에 대한 태도에 있어서는 95% 그리고 시장세분화, 프리미엄 가격설정 그리고 혁신적인 성향에 대하여는 90%의 신뢰구간에서 각각 높은 수준을 보이고 있다. 또한 원가통제를 위한 표준원가의 관리측면에서는 95%의 신뢰구간에서 저원가 전략이 차별화 전략에 비하여 유의적인 수준을 보이고 있다.

〈표 4-2〉 경쟁전략에 대한 일원분산분석의 결과

	차별화 전략 (N = 124)	저원가 전략 (N = 73)	F값	유의수준
신제품 / 서비스의 개발	5.0161	4.1644	16.1701	0.0001***
광고	3.8387	3.1944	7.9471	0.0053**
시장 세분화	4.2702	3.9236	3.2012	0.0751+

	차별화 전략 (N = 124)	저원가 전략 (N = 73)	F값	유의수준
프리미엄 가격설정	3.9549	3.5764	3.2453	0.0732+
원가통제를 위한 표준원가의 관리	4.2295	4.7606	5.8820	0.0162*
가격인하	4.0407	4.1667	0.3115	0.5774
광고비용의 최소화	3.1992	3.4014	0.9012	0.3436
경쟁자에 대한 태도	4.7339	4.3288	4.9289	0.0276*
혁신적 경향	4.2339	3.8767	2.7701	0.0976+
경쟁상의 공격성	4.2419	3.9932	1.9597	0.1631

+ $P<0.1$, * $P<0.05$, ** $P<0.01$, *** $P<0.001$

이러한 결과에 비추어 볼 때 경쟁전략을 차별화 전략과 저원가 전략의 두 집단으로 구분한 본 연구는 타당하다고 할 수 있다.

한편 전략적 자산을 두 집단으로 구분하기 위하여 6가지로 분류된 자원을 독립변수로 하여 워드방법(Ward method)으로 군집분석(cluster analysis)을 실시하였다. 그리고 이들 집단을 덴드로그램, 분산분석(one - way ANOVA), 던칸(Duncan)의 다중범위 검정의 결과를 기초로 집단분류에 따른 유의성을 검증하였다.

<표 4 - 3>에 따르면 전략적 자산의 수준에 따라 두 집단으로 구분하는 것은 매우 유의적인 것으로 나타났다($p<0.001$). 또한 전략적 자산의 수준이 높은 집단은 기업이 보유하고 있는 모든 자산들에 대하여 그 수준이 낮은 집단에 비하여 높은 평균값을 보이고 있다.

〈표 4-3〉 전략적 자산에 대한 일원분산분석의 결과

	높은 수준의 전략적 자산(N = 92)	낮은 수준의 전략적 자산(N = 107)	F값	유의수준
물적 자원	4.4578	3.8739	22.4304	0.0000***
인적자원	4.9985	4.1631	72.3669	0.0000***
무형 자원	5.0178	4.1029	65.1627	0.0000***
재무 자원	4.6862	3.7602	86.6901	0.0000***
기술에 관련된 자원	4.9809	3.9938	80.7504	0.0000***
기능적 역량 / 자원을 통합, 조정하는 능력	4.8908	3.8099	153.1705	0.0000***

*** $P < 0.001$

더불어 위의 분석은 전략적 자산에 따른 집단 간 유의성을 파악하는 데에 그치지 않고 지속적 경쟁우위를 위한 전략적 자산의 탐구와 관련한 실천적인 함의를 제공해 주고 있다. 즉 전략적 자산의 수준에 따른 두 집단 간에는 모든 자산들에 대하여 동일하게 평균값의 차이가 나타나고 있으며 이러한 기업이 보유하고 있는 자원을 전략적 가치를 지니도록 하는 과정에 있어서 특정자원에 대한 집중적인 투자나 가치증대를 위한 노력의 필요성을 의미하는 것이다. 이러한 사실은 기업이 기술에 관련된 자원 또는 인적자원에 있어서 경쟁자들보다 우수함에도 불구하고 재무자원에 대한 경쟁력을 확보하지 못함으로써 종종 비자발적 청산에 당면하게 되는 경영현실은 분석하는데 있어서 설득력 있는 근거로서 제시될 수 있다.

2. 가설검증과 결과분석

본 연구에서는 계열사의 경쟁전략과 전략적 자산 그리고 그들의 상호작용이 기업본부와 계열사 간의 분권화에 미치는 영향을 분석하기 위하여 대기업 집단의 다각화 유형과 계열사의 규모 그리고 계열사가 속한 산업에 대하여 통제한 가운데 공분산분석을 실시하였으며 그에 따른 결과는 <표 4-4>와 <표 4-5>와 같다.

<표 4-4>와 <표 4-5>에서 보듯이 계열사의 경쟁전략에 따른 기업본부와 계열사 간 분권화의 정도는 차별화 전략이 저원가 전략에 비하여 높은 수준을 보이고 있으나 그 효과는 유의적이지 못한 것으로 나타나고 있다(P>0.05). 한편 전략적 자산의 측면에 있어서는 계열사가 상대적으로 높은 수준의 분권화 현상을 보이고 있으며, 이러한 결과가 통계적으로 유의하게 나타나고 있다(P<0.05). 그러므로 본 연구에 있어서 경쟁전략과 관련된 가설 1은 부분적으로 지지되는데 반하여 가설 2는 유의미한 가설로서 지지되고 있다.

한편 <표 4-4>와 <표 4-5>에서는 계열사의 경쟁전략과 전략적 자산의 상호작용이 기업본부와 계열사 간의 분권화의 결정요인이 되고 있음을 보여주고 있다. 즉 계열사가 차별화 전략을 추구하며 전략적 자산의 보유수준이 높은 경우(A), 저원가 전략을 추구하면서 전략적 자산의 보유수준이 높은 경우(B)와 차별화 전략을 추구하면서 전략적 자산의 보유수준이 낮은 경우(C) 그리고 저원가 전략을 추구하면서 전략적 자산의 보유수준이 낮은 경우(D)에 비하여 분권화의 정도가 높게 나타나고 있으며 이들 경쟁전략과 전략적 자산의

상호작용으로 인한 분권화의 효과는 통계적으로 유의하게 나타나고 있다(P<0.05). 또한 B와 C 간에는 분권화의 정도에 있어서 주목할 만한 차이를 보이고 있지 않으며 D는 A에 비해서 분권화의 정도가 현저하게 낮으나 B와 C에 대해서는 차이를 거의 보이지 않고 있음을 알 수 있다. 그리고 이러한 통계결과는 가설 3이 부분적으로 지지되고 있음을 나타낸다.

〈표 4-4〉 기업본부와 계열사의 분권화에 대한 ANCOVA 결과(1)

	변수의 정의	자승합	F값	유의수준
독립변수	경쟁전략	2.221	2.651	0.105
	전략적 자산	4.611	5.504	0.020*
통제변수	다각화 유형	0.024	0.029	0.865
	대기업집단의 규모	0.018	0.022	0.883
	계열사의 규모	9.821	11.723	0.001***
상호작용	경쟁전략과 전략적 자산	5.230	6.243	0.013*

* $P<0.05$, *** $P<0.001$

〈표 4-5〉 기업본부와 계열사의 분권화에 대한 ANCOVA 결과(2)

기업본부와 계열사 간 분권화(N)			상호작용	차별화 전략(N)	저원가 전략(N)
경쟁 전략	차별화 전략	5.21(117)	전략적 자산 높음	A 5.54* (53)	B 4.93* (34)
	저원가 전략	5.00(66)			
전략적 자산	높음	5.30(87)*	전략적 자산 낮음	C 4.94* (64)	D 5.07* (32)
	낮음	4.98(96)*			

+ $P<0.1$, * $P<0.05$, ** $P<0.01$, *** $P<0.001$

요컨대 본 연구의 결과에 의하면 우리나라 대기업 집단에 포함되는 계열사에 준하여 기업본부와 계열사 간의 분권화에 대해서는 계열사가 보유하고 있는 전략적 자산이 가장 뚜렷하게 영향을 미치는 것으로 나타났다(가설 2). 또한 계열사의 경쟁전략과 전략적 자산의 상호작용 역시 기업본부와 계열사 간 분권화에 부분적으로 영향을 미치는 것으로 나타났으며(가설 3), 계열사가 경쟁전략을 실행해 나가는 과정에서 직면하게 되는 효율적 정보처리와 자원공유로 인한 효과는 기업본부와 계열사 간 분권화에 영향을 미치나 그 효과는 상대적으로 미약한 것으로 나타났다(가설 1).

이러한 결과에 비추어 볼 때 계열사가 보유하고 있는 전략적 자산의 수준은 우리나라 대기업 집단의 분권화를 결정짓는 요인으로 작용하고 있음을 알 수 있다. 즉 계열사가 보유하고 있는 자원이 전략적 자산인 경우 기업본부는 계열사의 전략적 자산을 기업 전체의 그것으로 전환시키고 기존의 자원과 재결합하려고 한다. 그리고 이러한 일련의 과정에서 계열사의 전략적 자산에 대한 필요성은 증가하게 되며 이것은 기업본부와 계열사 간의 분권화에 영향을 미치게 된다. 다시 말하면 기업이 지속적인 성장을 위하여 전략적 자산을 찾아내고 축적하며 또한 이들을 전개시키는 과정(Aaker, 1989; Bogner and Thomas, 1994) 속에서 분권화에 대한 필요성이 노출되는 것이다.

이러한 사실은 분권화에 대하여 기존의 상황이론에서 불확실한 환경으로 인한 결정론적 현상으로 인식하고 있는 데 반하여(Child, 1972), 전략적 자산을 탐색하고 활용하는 과정에서 나타나게 되는 능동적이고 자의적(voluntary)인 현상으로 파악하는 자원기반관점의 이론적 설득력이 유의하다는 사실을 보여주고 있다. 아울러 산업조직론을 중심으로 한 기존의 연구에서 기업의 내부자원을 외부환경에 합목적적으로 적용하도록 통제하는 과정을 파악한 한계점을 극복하여 기업의 내부 역량과 자원 그 자체가 경쟁의 원동력이 될 수 있으며 환경에 단순히 적용하는 차원을 넘어서 내부자원이 환경을 주도한다는 자원의 경쟁성이나 역동성(Cappelli and Singh, 1992)을 간접적으로 시사하고 있다. 나아가 이러한 사실은 자원기반관점의 이론적 타당성과 함께 전략적 자산과 조직구조와의 연계성을 밝힘으로써 확장을 가능하도록 한다.

V. 토론

1. 연구의 요약

본 연구의 목적은 전략을 실행하는 과정에 있어서 계열사의 경쟁전략과 전략적 자원 그리고 그들의 상호작용이 기업본부와 계열사의 분권화에 미치는 영향에 대하여 자원기반관점을 중심으로 정량적인 실증분석을 통해 살펴보는 데 있으며, 검증 결과는 다음과 같다.

첫째, 계열사가 추구하는 경쟁전략에 따라 환경 불확실성의 수준은 달라질 수 있으며 이로 인하여 기업본부와 계열사 간 분권화의 정도는 다르게 나타난다. 둘째, 계열사의 전략적 자산은 지속적 경쟁우위를 달성하기 위해 그것을 찾아내고 축적하는 과정을 통하여 기업본부와 계열사 간 분권화에 영향을 미친다. 셋째, 계열사의 전략적 자산과 경쟁전략의 상호작용은 기업본부와 계열사 간의 분권화에 영향을 미친다. 넷째 전략적 자산은 그 유형에 따라 기업본부와 계열사 간 분권화에 미치는 영향은 다르다. 끝으로 이러한 전략적 자산과 기업본부와 계열사 간의 분권화가 적합성을 이루는 경우 성과가 높다.

2. 연구의 의미, 한계 그리고 미래의 연구방향

이러한 결과에 비추어 볼 때 본 연구는 다음과 같은 두 가지 측면에서 특징을 찾을 수가 있다. 첫째, 이론적 측면에서 본 연구는 의미를 지닌다. 기존의 많은 연구들이 지속적 경쟁우위의 원천을 기업이 보유하고 있는 자원으로 파악하고 그러한 자원이 지니는 속성에 대하여 분석하고 있다. 그럼에도 불구하고 자원기반관점에 입각한 대부분의 연구들은 자원에 대한 분석을 경쟁우위의 확보라는 성과의 측면에만 국한시킴으로써 실제로 기업이 전략을 실행하는 과정에서 나타나는 여러 측면들을 간과하였던 것이 사실이다. 본 연구는 이러한 기존 연구의 한계점을 주시하여 전략적 자산과 경쟁전략 및 조직구조와의 관련성에 대하여 그 이론적 토대를 마련하는 데 주력하였으며, 나아가 자원기반관점의 이론적인 확장을 모색하고 있다.

둘째, 실증적 측면에서 본 연구는 또 다른 의미를 지닌다. 자원기반관점은 그들의 많은 이론적인 공헌에도 불구하고 실제로 기업의 전략적 자산에 대한 실증연구가 거의 이루어지지 않았으며 일부의 실증연구들은 대부분 기업의 재무자료를 중심으로 한 2차 자료를 분석의 대상으로 설정하였으며 그 결과 인적자원이나 조직자원 등 주관적인 변수들을 구체적으로 파악할 수 없었다. 이에 대하여 본 연구는 기업의 재무제표 등 각종 객관적인 자료뿐만 아니라 설문지를 통한 주관적인 지각자료(perceptual data)에도 의존함으로써 기업의 전략적 자산 등 조직 내적 변수들에 대하여 보다 구체적인 접근이 가능하였으며 이에 따라 자원기반관점에 대하여 실증연구의 새로운 장을 마련하였다.

셋째, 본 연구는 전략적 자산이 기업본부와 계열사 간의 분권화에 미치는 영향에 더불어 전략적 자산을 구성하고 있는 자원의 유형별로 분권화에 대한 영향력을 분석함으로써 다각화된 기업에 있어서 다각화 전략의 실행과정 속에서 전략적 자원의 의미를 파악하고 이와 동일선상에서 다각화 전략의 수립과의 연결점을 모색하였으며, 이러한 일련의 과정을 통하여 계열사의 경쟁전략에 더하여 다각화 전략의 수립과 실행과정을 자원기반관점을 중심으로 통합하기 위한 이론적 토대를 마련하였다.

이상과 같은 의의에도 불구하고 본 연구는 다음과 같은 몇 가지 한계점을 지니고 있다. 미래의 연구는 이들 한계점을 고려한 보다 정교한 연구로서 이루어져야 할 것이다.

첫째, 본 연구에서는 기업본부와 계열사 간 분권화를 분석함에 있어서 계열사의 전략적 자산과 경쟁전략을 중심으로 이루어졌으며 이에 따라 기업본부의 전략적 자산의 수준에 대한 고려가 이루어지지 않았다. 그러나 실제로 기업본부와 계열사가 각각에 대하여 전략적 자산의 수준이 충분히 고려될 경우 그들 간의 상호작용에 의한 분권화의 분석은 보다 설명력을 지닐 수 있을 것으로 본다.

둘째, 자원기반관점에서 지속적 경쟁우위를 위한 자원으로 제시하고 있는 여러 가지 특성들에 대하여 기존의 연구들이 그들의 선후관계나 대표성을 명확히 반영하지 못하고 있는 이론적인 한계로 인하여 본 연구에서는 기존의 연구에서 나타나는 공통분모로서의 특성을 중심으로 전략적 자산을 평가하고 있다. 이는 자원기반관점에 입각한 이론과 실증연구가 아직 그 정체성을 확보하지 못하는 데서 오는 한계점으로 판단될 수 있으며 이러한 사실은 자원기반관점을 중심으로 하는 향후의 연구들에 대한 방향성을 제시할 수 있을 것으로 본다.

❏ 참고문헌

권구혁(1997a), "다각화전략의 실행에 관한 연구의 문제점 및 개선방향: 자원 개념을 중심으로 한 통합모형", **경영학연구**, 26(3), 531 - 566.

권구혁(1997b), "경쟁전략, 통제시스템 및 자원공유가 성과에 미치는 영향: 우리나라와 미국 다각화 기업의 비교연구", **경영학연구**, 26(4), 753 - 786.

김영욱(1993), "삼성의 다각화과정과 지배구조에 관한 연구", 서울대학교 대학원 경제학과 박사논문.

이학종 외(1986), **한국기업의 구조와 전략**, 법문사, 1986.

정구현(1991), **한국기업의 다각화전략과 국제경쟁력**, 한국경제연구원, 연구총서 80 - 91 - 03.

정구현(1987), **한국기업의 성장전략과 기업구조**, 대한상공회의소.

조동성(1986), 한국기업의 다각화전략, 이학종 외(편저), **한국기업의 구조와 전략**, 법문사.

Aaker, D. A.(1989), "Managing Assets and Skills: The Key to a Sustainable Competitive Advantage", *California Management Review*, 31(2), 91 – 106.

Ackerman, R. W.(1970), "Influence of Integration and Diversity on the Investment Process", *Administrative Science Quarterly*, 15, 341 – 351.

Amit, R. & Schoemaker, P. J. H.(1993), "Strategic Assets and Organizational Rent", *Strategic Management Journal*, 14(1), 33 – 46.

Andrews, K. R.(1971), *The Concept of Corporate Strategy*, Homewood, IL: Irwin.

Barney J. B.(1991a), "Firm Resource and Sustained Competitive Advantage", *Journal of Management*, 17(1), 99 – 120.

Barney J. B.(1986), "Strategic Factor Markets: Expectations, Luck, and Business", Management Science, 32(10), 1231 – 1241.

Barney J. B.(1991b), "The Resource – Based Model of the Firm: Origins, Implications, and Prospects", *Journal of Management*, 17(1), 97 – 98.

Berg, N. A.(1973), "Corporate Role in Diversified Companies", in B. Taylor & K. Macmillan(eds.), *Business Policy: Teaching and Research*, New York, Wiley, 298 – 347.

Bettis, R. A.(1981), "Performance Differences in Related and Unrelated Diversified Firms", *Strategic Management Journal*, 2, 379 – 394.

Bogaert, I., Martens, R. & Van Cauwenbergh, A.(1994), "Strategy as a

Situational Puzzle: The Fit of Components", in G. Hamel & A Heene(eds.), *Competence Based Competition*, New York: John Wiley & Sons, 57－74.

Bogner, W. C. & Thomas, H.(1994), "Core Competence and Competitive Advantage: A Model and Illustrative Evidence from the Pharmaceutical Industry", in G. Hamel & A. Heene(eds.), *Competence Based Competition*, New York: John Wiley & Sons, 111－144.

Cappelli, P., & Singh, H.(1992), "Integrating Strategic Human Resources and Strategic Management", in Lewin, D., Mitchell, O. S. & Sherer(ed.), *Research Frontiers in Industrial Relations and Human Resources*, Madison, 165－192.

Chatterjee, S. & Wernerfelt, B.(1991), "The Link between Resources and Type of Diversification: Theory and Evidence", *Strategic Management Journal*, 12, 33－48.

Child, J.(1972), "Organizational Structure and Strategies of Control: A Replication of the Aston study", *Administrative Science Quarterly*, 17(2), 163－177.

Collis, D. F. & Montgomery, C. A.(1995), "Competing on Resources: Strategy in the 1990s", *Harvard Business Review*, July－August.

Day, R. H. & Wensley, R.(1988), "Assessing Advantage: A Framework for Diagnosing Competitive Superiority", *Journal of Marketing*, 52, 1－20.

Dess, G. C. & Davis, P. S.(1984), "Porter's Generic Strategies as Determinants of Strategic Group Membership and Organizational Performance", *Academy of Management Review*, 27, 467－488.

Dierickx, I. & Cool, K.(1989), "Asset Stock Accumulation and

Sustainability of Competitive advantage", *Management Science,* 35, 1504 – 1511.

Duncan, R. B.(1979), "What is the Right Organization Structure?", *Organizational Dynamics.*

Emerson, R. M.(1962), "Power – Dependence Relations", *American Sociological Review,* 27, 31 – 41.

Ghoshal, S. & Nohria, N.(1989), "Internal Differentiation within ultinational Corporations", *Strategic Management Journal,* 10, 323 – 337.

Govindarajan, V. & Fisher, J., "Strategy, Control Systems, and Resource Sharing: Effects on Business – Unit Performance", *Academy of Management Journal,* 33(2), 259 – 285.

Govindarajan, V.(1988), "A Contingency Approach to Strategy Implementation at the Business – Unit Level: Integrating Administrative Mechanisms with Strategy", *Academy of Management Journal,* 31, 828 – 853.

Govindarajan, V.(1986a), "Decentralization Strategy, and Effectiveness of Strategic Business Units in Multibusiness Organizations", *Academy of Management Review,* 11, 844 – 856.

Grant, R. M.(1991), "The Resource – Based Theory of Competitive Advantage: Implications for Strategy Formulation", *California Management Journal,* 33(3), 114 – 135.

Gupta, A. K., & Govindarajan, V.(1986), "Resource Sharing among SBUs: Strategic Antecedents and Administrative Implications", *Academy of Management Journal,* 29, 695 – 714.

Gupta, A. K.(1987), "SBU Strategies, Corporate – SBU Relations, and SBU Effectiveness in Strategy Implementation", *Academy of Management Journal,* 30, 477 – 500.

Hall, R. H.(1982), Organizations: Structure and Process, New York: Prentice−Hall.

Hambrick D. C.(1983), "An Empirical Typology of Mature Industrial Product Environments", *Academy of Management Journal*, 26, 213−230.

Hamermesh, R. G. White, R. E.(1984), "Management beyond Portfolio Analysis", *Harvard Business Review*, 62(1), 103−109.

Hitt, m. A., Ireland, R. D. & Palia, K. A.(1982), "Industrial Firms, Grand Strategy and Functional Importance: Moderating Effects of Technology and Structure", *Academy of Management Journal*, 24, 265−298.

Hofer, C. W., & Schendel, D. E.(1978), *Strategy Formulation: Analytical Concepts*, West Publishing, St. Paul, MN.

Lado, A. A. & Wilson, M. C.(1994), "Human Resource System and Sustained Competitive Advantage: A Competence−Based Perspective", *Academy of Management Review*, 19(4), 699−727.

Lado, A. A., Boyd, N. G. & Wright, P.(1992), "A Competency−Based Model of Sustainable Competitive Advantage: Toward a Conceptual Integration", *Journal of Management*, 18, 77−91.

Lawrence, P. R. & Dyer, D.(1983), *Renewing American Industry*. Free Press, New York.

Lawrence, P. R. & Lorsch, J. W.(1967), *Organization and Environment*, Graduate School of Business Administration, Harvard University, Boston, MA.

Levine, S. & White, P. E.(1961), "Exchange as a Conceptual Framework for the Study of Interorganizational Relations", *Administrative*

Science Quarterly, 5, 583 – 601.

Lippman, S. A. & R. P. Rumelt(1982), "Uncertain Imitability: An Analysis of Interfirm Differences in Efficiency under Competition", *Bell Journal of Economics,* 13, 418 – 438.

Lorsch, J. W. & Allen, S. A.(1973), *Managing Diversity and Interdependence: An Organizational Study Multidivisional Firms,* Division of Research, Graduate School of Business Administration, Harvard University, Boston, MA.

Mahoney, J. T.(1995), "The Management of Resources and the Resource of Management", *Journal of Business Research,* 33, 91 – 101.

McCann, J. E. & Galbraith, J. R.(1981), "Interdepartmental Relations", in P. C. Nystrom & W. H. Starbuck (eds.), *Handbook of Organizational Design,* Vol.1, New York: Oxford University Press, 60 – 84.

Miller, D. & Friesen, P. H.(1982), "Innovation in Conservative and Entrepreneurial Firms: Two Models of Strategic Momentum", *Strategic Management Journal,* 3, 1 – 25.

Miller, D.(1988), "Relating Porter's Business Strategies to Environment and Structure: Analysis and Performance Implications", *Academy of Management Journal,* 31(2), 280 – 308.

Miller, D.(1987), "The Structural and Environmental Correlates of Business Strategy", *Strategic Management Journal,* 8, 55 – 76.

Mintzberg, H.(1985), "Of Strategies, Deliberate and Emergent", *Strategic Management Journal,* 6, 257 – 272.

Mintzberg, H.(1983), *Power In and Around Organizations,* Englewood Cliffs, NJ.: Prentice – Hall.

Peteraf, M. A.(1993), "The Cornerstones of Competitive Advantage: A

Resource—Based View", *Strategic Management Journal,* 14(3), 179—191.

Pettigrew, A. M.(1977), "Strategy Formulation(Implementation) as a Political Process", *International Studies of Management and Organization,* 7(2), 78—87.

Pfeffer, J & Salancik, G. R.(1978), *The External Control of Organizations: A Resource Dependency Perspective,* Harper & Row, New York.

Pfeffer, J.(1981), *Power in Organizations,* Pitman, Boston, MA.

Pitts. R. A.(1977), "Strategies and Structures for Diversification", *Academy of Management Journal,* 20, 197—208.

Pondy, L. D.(1970), "Toward a Theory of Internal Resource Allocation", in M. N. Zald(ED), *Power in Organizations*: Nashville, Tenn: Vanderbilt University Press, 270—311.

Porter, M. E.(1985), *Competitive Advantage,* New York: Free Press.

Porter, M. E.(1985), *Competitive Strategy,* New York: Free Press.

Prahalad, C. K. & Bettis, R. A.(1986), "The Dominant Logic: A New Linkage between Diversity and Performance", *Strategic Management Journal,* 7(6), 485—501.

Prahalad, C. K. & Hamel, G.(1990), "The Core Competence of the Corporation", *Harvard Business Review,* May—June, 79—91.

Quinn, J. B.(1980), *Strategies for Change: Logical Incrementalism,* Homewood, IL: Irwin.

Rumelt, R. P.(1987), "Theory, Strategy, and Entrepreneurship" in Teece, D. (ed.), *The Competitive Challenge,* Cambridge: Ballinger.

Rumelt, R. P.(1982), "Diversification Strategy and Profitability", *Strategic Management Journal,* 3, 359—369.

Rumelt, R, P.(1974), *Strategy, Structure, and Economic Performance.* Boston: Division of Research, Harvard Graduate School of Business Administration.

Schmidt, S. M. & Kochan, T. A.(1977), "Interorganizational Relationships: Patterns and Motivations", *Administrative Science Quarterly*, 22, 220−234.

Thompson, J. D. & Strickland, A. J.(1993), *Strategic Management*: Concepts & Cases, 7th, IRWIN.

Vancil, R. F.(1980), *Decentralization: Managerial Ambiguity by Design,* New York Financial Executives Research Foundation.

Weick, K.(1979), *The Social Psychology of Organizing,* Reading, Mass Addison−Wesley.

Wernerfelt, B.(1984), "A Resource−Based View of the Firm", *Strategic Management Journal,* 5(2), 171−180.

· 저자 ·

권기대   •약 력•
(權奇大)   연세대학교 경영학박사(마케팅·유통물류)
            (현) 국립공주대학교 산업유통학과 교수
            (재)한국학술진흥재단 프로그램 매니저(PM)
            국립공주대학교 종합인력개발원장, 학생지원처부처장
            농촌진흥청 특화사업 겸임연구관, 농림기술관리센터 평가위원

            •주요논저•

            「벤처기업의 대기업에 대한 관계학습촉진을 통한 관계성과전략」
            「A Study on Collaboration between Venture Business and Large Firms」
            『조직간 협력연구』(2007, 한국학술정보(주))
            『뉴 마케팅』(2007, 삼우사)
            『농산물마케팅전략』(2006, 삼우사) 외 다수

김현규   •약 력•
(金賢圭)   미시간주립대학교 경영학박사
            (현) 국립공주대학교 경영학과 교수
            한국생산관리학회 이사, 한국정보기술응용학회 이사
            중소기업청 경영기술지원단 자문위원

            •주요논저•

            「신 생산기술의 투자전략의 실증적 분석: 한국제조업체를 대상으로」
            「CRM 프로세스와 연계성 및 전략적 통합성과 성과와의 관계」
            「A Dynamic Model Manufacturing Flexibility, Quality, Cost Structure, Information
            Technology Investment」
            「Strategic Evaluation of the Acquisition of Process Technology」 외 다수

'협력'의 경영전략

• 초판 인쇄	2008년 10월 6일
• 초판 발행	2008년 10월 6일
• 지 은 이	권기대 · 김현규
• 펴 낸 이	채종준
• 펴 낸 곳	한국학술정보㈜
	경기도 파주시 교하읍 문발리 513-5
	파주출판문화정보산업단지
	전화 031) 908-3181(대표) · 팩스 031) 908-3189
	홈페이지 http://www.kstudy.com
	e-mail(출판사업부) publish@kstudy.com
• 등 록	제일산-115호(2000. 6. 19)
• 가 격	26,000원

ISBN 978-89-534-0249-2 93320 (Paper Book)
       978-89-534-0250-8 98320 (e-Book)